阅读公式

余地·著

YUEDU GONGSHI

这是孩子最好的礼物！

电子科技大学出版社

图书在版编目（CIP）数据

阅读公式 / 余地著. -- 成都：电子科技大学出版社，2017.5（2018.1重印）

ISBN 978-7-5647-4326-0

Ⅰ. ①阅… Ⅱ. ①余… Ⅲ. ①阅读课－小学－教学参考资料 Ⅳ. ①G624.233

中国版本图书馆 CIP 数据核字（2017）第 071452 号

阅读公式

余地　著

出　　版：电子科技大学出版社（成都市一环路东一段159号电子信息产业大厦 邮编：610051）
策划编辑：高小红
责任编辑：高小红
主　　页：www.uestcp.com.cn
电子邮箱：uestcp@uestcp.com.cn
发　　行：新华书店经销
印　　刷：四川煤田地质制图印刷厂
成品尺寸：185mm×260mm　　印张 21.5　　字数 410 千字
版　　次：2017年5月第一版
印　　次：2023年5月第一次印刷
书　　号：ISBN 978-7-5647-4326-0
定　　价：58.00元

前言

阅读是一个理解与审美艺术的过程，作文是一个分享的过程。《阅读公式》是《作文公式》的姊妹篇。《阅读公式》也是国内第一本将小学生高难度的阅读理解简化到不能再简单的公式化阅读理解书。何为阅读公式？就是一种全新的创新阅读理解的程式与方法，将阅读理解中的重点、要点、理解方法，简化成一套答题格式与技巧，只要记住这种程式，阅读、答题时脑海里就自然地显现一个样本出来，将类同的理解方法与答题方案往这种程式化答题格式的样本上套即可，将复杂高难的阅读理解紧缩、简化到极点，阅读理解就如同记公式那么容易。

本书的价值与亮点：

一、考点知识全面

各种体裁（记叙文、说明文、议论文、应用文、文言文、古诗词、诗歌）阅读理解的知识点、考点全面覆盖，细致入微深入地讲解。无须大量繁琐的各种教辅资料，有效集中各种体裁阅读理解知识考点的重点、难点。查阅时直观、快捷，犹如“阅读理解知识考点宝典”，阅读方面的问题在这一本书中几乎都能查阅。学习起来轻松简单，可显著提高学习效率与增强学习乐趣。

二、方法制胜

公式化的答题技巧与格式一目了然，考点答题格式出奇制胜。重大突破性地创新阅读理解方法，显著提高理解能力，阅读理解时思路清晰、思维活跃，各种答题方法巧妙转换，答题时脑海里可自然地显现出一个样本，将类同的答案往公式化答题格式的样本上套即可，将复杂高难的阅读理解紧缩、简化到极点，阅读理解就如同记公式那么容易。

三、针对性强

在例题讲解中，大量运用了与教学大纲同步的阅读文章、现代诗歌、古诗词、文言文等，有效地与教学大纲衔接、过渡，在提高孩子学习能力的同时又有效地提高了孩子的学习成绩，可谓“一举多得”。

四、入门性强

本书内容通俗易懂，是一本最能让人读懂的书。书中没有高深的理论，没有华丽的文字修饰，浅显易懂，答题格式与技巧一目了然。家长、老师使用起来方便快捷。阅读理解基础差的孩子可看着阅读公式理论知识的答题格式“依样画葫芦”举一反三，既提高学习兴趣又提高学习能力。三年级以上孩子就可独立完成阅读理解，减轻家长、老师陪读与讲解的负担。

五、趣味性、意义性强

有些章节后面的中转站还附加了大量有趣味又有意义的阅读，如百科知识、脑筋急转弯、猜成语等。

六、适用人群广泛

适用于小学至初中的学生及其老师、家长。

小学语文学习的重点难点就在于阅读与作文，很多孩子阅读理解时读不懂，理解不了词义、句意；分不来段、写不出段意、归纳不了中心、概括不了主要内容……归根结底就是没有好的阅读方法。本书最大的价值亮点，就在于创造了一种极其容易掌握的全新阅读方法、全新的答题技巧与格式（虽然有些套路模式化，但也是一种最有效的阅读“捷径”。有了这种“捷径”，阅读的基本功才能得到有效的锻炼），将小学生高难度的阅读理解，简化到不能再简单的公式化阅读理解，可提升学生的阅读理解基本功与兴趣。孩子只有具备了扎实的基本功与阅读能力后，才有兴趣去尝试阅读理解这个审美艺术的过程。

这是一本拥有一套出奇制胜的答题方法与技巧、格式的书。它既是一本很好的阅读教辅书，也是一本很好的阅读工具书，实实在在解决学生、家长、老师在阅读上的各种问题，具有很高的实战指导价值！

目录

导 读

第一部分 记叙文的阅读理解

第一章 阅读中词语的理解

第二章 阅读中语句的理解

第三章 文章的段落

第四章 文章的层次

第五章 文章的主要内容

第六章 文章的中心思想

第七章 文章中心句

第十三章　记叙文的线索

第十四章　阅读中的修辞手法

第十五章　阅读中的句式问题

第十六章　图、表、文转换技巧

第二部分　说明文的阅读理解

第三部分　议论文的阅读理解

第四部分 应用文阅读

第五部分 文言文的阅读理解

第六部分 古诗词的阅读理解

第七部分 现代诗歌的阅读理解

第八部分 阅读理解基础知识

第一章 汉语拼音

第二章 “一、七、八、不、啊”的变调规律

第三章 汉字的演变及其造字方法

第四章 标点符号

第五章 写字笔顺规则、口诀

第六章 词性的区分

第七章　关联词

第八章　句子仿写技巧

第九章　怎样修改病句

第十章　成语　谚语　俗语　歇后语　格言　警句

第九部分　参考答案

导读

一、阅读的重要与意义

文学的第一要素是语言，而语言是由阅读中学到的知识积累起来的，因此才有“熟读唐诗三百首，不会作诗也会吟”的这种高层境界。语文中最重要的知识点就是阅读与写作。古人云，“读书破万卷，下笔如有神”，这句话有力地阐释了阅读与写作的关系。《语文课程标准》上写道：“阅读是收集信息、认识世界、发展思维、获得审美体验的重要途径；写作是运用语言文字进行表达和交流的重要方式，是认识世界、认识自我、进行创造性表述的过程。”阅读与写作既有相对独立性，又有密切联系。可以说，没有阅读就没有写作，阅读是写作的基础；而写作的素材往往又来源于阅读中的间接感受，唯有充分的阅读，才能有精彩的写作。阅读是知识积累的有效途径之一， 看的书越多，视野越开阔，越能辨真假、明优劣、去糟粕、存精华。学生通过阅读开阔了视野，丰富了思想，积累了素材，如此，写作时才能左右逢源，信手拈来，充分地表达自己的思想和观点。阅读可以影响个人的情感态度和价值观，个人的思想和观点一旦形成势必会影响下一步的写作活动；同样，写作也会影响阅读作品的选择、阅读的倾向以及阅读的方式。小学生今天写作某一篇文章，其实就是综合地表现他今天、以前知识、思想、语言等方面的积累。

歌德说：读一本好书，就是和许多高尚的人谈话。是，阅读意味着你能够与遥隔千载的先人们进行超越时空的精神对话，意味着你的心灵之翼可以自由自在地在另一个想象的世界里翱翔，意味着你能够体验你今生无缘亲历的许许多多浪漫奇异、惊心动魄的生活……而对于一个审美观、道德观、人生观都正处在形成时期的少年儿童，阅读的作用尤其重要。因为优秀的文学作品总是借助于各种方式，表达了人类社会的一些共同的基本准则，如正直、勇敢、忠诚、互助等，也表达了人类最美好的感情，如亲情、爱情、友情等，以及对美和理想的永恒的追求，它能够潜移默化地影响少年儿童的心灵，帮助他们抵御世俗的种种浸染，从而建立起自己的审美观、道德观和人生观。在文学经典名作中，我们一次又一次地体验到什么叫“神圣”“崇高”“博大”“尊严”……对于许多人来说，这种体验最初往往来自书籍，而不是来自生活——也就是说，一个人的精神的启蒙往往是由阅读开始的。这种启蒙犹如一束来自形而上的世界的光，照亮人的灵魂。而只有当他有了这种体验之后，他才会在自己的生活中去寻找和追求这些东西。这便是钱理群先生所说的“打下精神的底子”，亦是阅读之于人的最深层的意义所在。

今天的孩子在获取知识的方式上已有了更多的选择余地，如电影、电视、广播、网络等，然而阅读仍是不可代替的，因为视频的声音、图像、节奏，一切都是设定好的，转瞬即逝的，他只是一个被动的、消极的接受者。而当一个孩子手里捧着一本书躲在一个无人的角落时，他的心灵会处在十分宁静而自由的状态——他打开全身所有的感官来体验、捕捉书中所描绘的一切，哪怕是一缕叹息、一声静夜里的狗吠，或是第一束染红黎明的天边的曙光……语言文字为他提供了无限的想象空间，每一个字，每一句话都要通过他的感觉、想象以及他以往的经验，转化成色彩、声音、动作，转化成一幅幅栩栩如生的画面，呈现于他的脑海，使他如身临其境，引起他的欢乐、痛苦、喜悦、悲伤……而这一切，又完全是因人而异的，因此阅读的过程也是一个再创造的过程，从这个意义上讲，阅读是最能激发孩子的想象力和创造力的。并且，由于每个孩子个性气质的差异，往往自然地倾向于自己所喜欢的某一类书，如历史、哲学、侦探、科幻、旅行、武侠等。这种带有倾向性的阅读反过来又加强了孩子个性的发展。

如果说，一个人的人生经验往往是由直接经验和间接经验两部分构成，即使一个阅历再丰富的人，他的直接经验也是有限的，那么，阅读所给予人的便是间接经验。这种经验能丰富一个人的心灵，激发一个人的感受力和想象力，拓宽一个人的人生视野，使他更容易理解他人，更富于同情心，更具有判断力。

当前，素质教育越来越受到社会的重视，学校为此开展各种活动，如组织课外兴趣小组、参观博物馆、到贫困地区体验生活等。这些活动对学生固然都有一定好处，但其本身要受许多客观条件的限制，而阅读是长期的、日积月累的、潜移默化的，是伴随人一生的。更重要的是，阅读所影响的是一个人素质中最基本、最核心的东西——审美观、道德观和人生观。“腹有诗书气自华”“知书达理”所指的就是这个影响。同时，阅读既是一个人了解世界和思考世界的过程，又是一个人的心灵自我观照过程，即通过阅读来反刍自我、提升自我，从而养成内省和深思的习惯，这对一个人的精神成长至关重要。我们很难想象，一个从来不读书的人是一个修养良好、内心丰富的人。因此，我以为，我们的学校应该把开展课外阅读以使学生养成爱读书的习惯，当作素质教育的一项重要任务来抓；而且，我们的语文课应该义不容辞地担当起这个任务，要把这个工作看成是语文教育改革实践的一个重要的不可缺少的组成部分。归根结底，语文课的最重要的功能就是培养学生读和写的能力，其中读是根本，是前提。

经过两年多的有关中国语文教育的大讨论，教育部于2000年3月颁布了经修订的《九年制义务教育语文教学大纲》。与老大纲相比，修订后大纲中课外阅读的内容比过去明显增多，要求小学五年制不少于100万字，六年制不少于150万字；初中每学年不少于80万字；并附有古诗文背译推荐篇目和课外阅读推荐书目。这使课外阅读在语文课中的地位有了一个政策意义上的规定。

二、如何培养阅读兴趣

阅读可以陶冶人的情操，培养审美能力，提高学习能力，提高语文水平，提高文化素养……

阅读理解能力要想提高，前提是要有阅读兴趣；如果一个孩子没有阅读兴趣，其阅读理解能力是很难提高的。因而培养阅读兴趣是至关重要的。如何来培养孩子的阅读兴趣，其方法有以下几种。

（一）确认读好书的目的 只有认定了读好书的目的，才能主动读书学习，才有明确的目的，才能在达到自己所预期的成绩时，感受成功的喜悦，兴趣自然就会产生。家长与老师要向孩子“灌输”读好书的作用与前途，让孩子明白“知识就是财富”“知识改变命运”“书籍是人类进步的阶梯”等道理。

读书的目的有多种形式，每种形式又能分为若干种不同的层次。如果读书的目的是为了考试，就可视为一种目的；并且可以把这一“读书目的”分为数个层次，比如把完成了的层次作为近程目的，还没完成的层次作为远程目的。

例如，为求证某项假设可视为一种目的，凡是与该假设有关的书面资料，都会引起人们的注意；凡是有助于人们求证的资料，都会使人产生兴趣。为查寻某一资料，可把其视为一种目的，有目地的查寻，可以使人保持注意。

因此，无目地的读书只能用于读消遣读物，不能用于读知识性的书。在知识爆炸的今天，你必须学会有目的地选择知识，而不是被动地等候知识。

（二）表演性互动阅读 选用故事内容演绎性强的篇章，把阅读资料当剧本，让孩子阅读完后对所阅读的故事内容进行揣摩表演。要求将故事内容表演得连贯，把对文章的体会表现出来。特别要注重动作、语言和对神态的刻画，最好有几个孩子或家长配合，其效果更好。通过表演既增强了阅读的趣味性，又提高了对文章的进一步理解，还锻炼了孩子的胆量与表现欲，可谓一举多得。

（三）“讲故事”阅读，激发孩子阅读欲望 听故事是孩子最喜爱的一种文学形式，是儿童认识世界的门户。通过讲故事的情境吸引孩子，尤其是小孩子，一听家长、老师要讲故事，都会挺直身子，竖起耳朵，两眼闪烁着兴奋的目光，嘴角露出甜甜的微笑，听得津津有味。所以，这时候，当家长、老师讲完故事，向孩子推荐课外书时，这效果肯定比任何说教都有效。但是，仅仅靠家长、老师讲故事而孩子听，还远远不够。讲故事的形式可以多变，不仅家长、老师讲，还可以让孩子讲，还可以比赛“讲故事”。这样，孩子有了自主的发言权，就会千方百计地寻找自己感兴趣的课外书，选择自己所喜欢的故事，或有趣，或惊险，或奇特，或感人……每一个故事，都是一剂培养孩子阅读兴趣的催化剂。让讲述者感受成功的喜悦，从而激发他们热爱课外阅读；让听者在讲述者绘声绘色的讲述中感受课外阅读的诱惑。

孩子的阅读就从他们最感兴趣的故事入手，从听故事、说故事、读故事开始，逐渐培养他们的阅读能力。例如给孩子讲《司马光砸缸》《曹冲称象》等故事，会使孩子听得津津有味，听后还会积极地去找书籍来读。通过这样的引导、推荐，不知不觉间激发了孩子强烈的阅读欲望。

（四）读自己能读懂的书 读书是一个读者与作者进行思想沟通的过程。假如不了解所读之书的内容，读者与作者就无法进行思想沟通，再有价值的内容，也不会让读者产生兴趣。而且，书的难度要适中，太难的书读者读不懂就没有兴趣；而太容易的书则会让人有老生常谈的感觉，引不起读者的兴趣。

（五）辩论式互动阅读 读书心得是一种满足。表现出读书心得将会对读书时寻求心得的兴趣有利。

有很多表现读书心得的方式。例如，与大家一起讨论并表达自己的看法是一种方式。最好挑选一些有辩论性的阅读文章，对文章所具有的对立性观点进行辩论，家长与老师也可设计一些对立性环节，这样增强阅读兴趣的同时还可锻炼口才。

（六）阅读的要求要适当，要创设轻松的阅读环境 在启发孩子阅读初期，重在激发兴趣。一般来说，孩子碰到所喜欢的书籍时，总喜欢一口气地把书读完，以满足内心的渴望。如果在孩子有点读书的兴趣时，要求孩子做读书笔记，想必孩子阅读的兴趣便会减少，甚至会把阅读误认为是一种负担，久而久之，对阅读也就失去了兴趣。因此，在孩子阅读还没形成习惯之前，可以尽情地鼓励其去阅读，让其轻轻松松遨游在知识的海洋中，感受阅读所带来的快乐。

当孩子喜欢阅读，自觉地去阅读时，可以通过做书签、摘抄让他感动的语言等方式引导孩子的阅读所得。通过创设空间让孩子去展示自己的才华，因而阅读也促进了他们的发展。此时做笔记就成了爱好而非包袱。

（七）阅读的内容要广泛 阅读是个性化的一种行为，孩子喜欢阅读什么书，由他们的兴趣决定，家长、老师可以适当点拨但不必做太多的干涉。例如，中低年级的孩子喜欢阅读卡通绘本，他们通过观察画面以及他们的语言就可感受绘本所传递的信息。如果一味地强调阅读与学习有关的书目，势必扼杀了孩子阅读的兴趣。

（八）合理提供书目，促进阅读爱好 现在社会，家庭条件一般还可以，所以孩子要啥买啥。有些孩子心血来潮，什么书都买，可回家只当摆设。因为所选择的书目太多，孩子心也选花了，走马观花，对书籍内容不深入研读。所以当选择的机会太多时，孩子反而不知如何选择了，就不选择了。因此，买书时，一定要根据孩子的兴趣与能力购买，认真看完了再选购。在节假日期间，家长可以带孩子到附近图书馆去借阅图书。有的孩子自己的书不爱读，就喜欢读别人的书。借阅别人的书时因有相应的限制，从某种角度来讲，对积极性有一定的提高。所以根据孩子这种心理特点，做适当引导来培养其阅读兴趣，效果是不错的。

（九）家长以身作则 家庭文化的熏陶非常重要。一般来说，父母爱看书的，孩子也爱看书，此即所谓耳濡目染、潜移默化。

（十）“心理暗示”阅读法 常常给孩子一些心理暗示，称赞孩子是爱读书的好孩子，引导孩子的兴趣。因为“兴趣是最好的老师”。兴趣是指对事物喜好或关切的情绪。心理学上认为它是人们力求认识某种事物和从事某项活动的意识倾向，表现为人们对某件事物、某项活动的选择性态度和积极的情绪反应。它能推动孩子去寻求知识，开阔眼界。对学习感兴趣的孩子，学习会更加主动积极，从而会提高自己学习活动的效率和效果。因此，在指导孩子学习的过程中，应采用“以疑激趣”的办法来激发孩子自学的兴趣。孩子在学习过程中遇到疑问时，家长、老师应因势利导，以激起他们自学的欲望和兴趣。所以，在指导孩子阅读课文时，应强调其要一边读一边想，特别要在“想”字下功夫，学会设疑、释疑。如先抓住主要的问题来设问，然后让孩子带着问题阅读，孩子学习情绪极佳，很快便会弄清文章的大概意思，并把握整篇文章的脉络。

（十一）“推理”阅读法 根据文中的故事情节，当孩子读到故事的起因或文中某一转折点时，可提问孩子接下来的故事会怎样发展，根据文中提供的线索或信息进行逻辑推理，培养孩子的思考、推理能力与兴趣。

第一部分

记叙文的阅读理解

记叙文 以记叙、描写为主要表达方式，以记人、叙事、写景、状物为主要内容的一种文体。

小学阶段学习的大部分文章是记叙文，阅读考点、考题大部分也出自记叙文。记叙文的阅读考点、考题是最为复杂多变的，本书主要针对记叙文的理解方法及答题技巧做全面的最细致入微的深入讲解。

● 记叙文常见的知识考点（列举几项常见考点的答题格式）

小学阶段阅读考试的文章主要以记叙文为主，在记叙文的考点中，又以词句的理解、词句的作用、分段、写段意、给自然段分层、写层意、概括文章的主要内容、归纳文章的中心思想、修辞的方法与作用、语段的作用、描写的方法与作用、文章的记叙方法与文章的线索等为主。现列举几个考点及答题格式。

（一）分段

1. 按事情的发展顺序分段。文章内容少分为两段（起因‖经过结果）或（起因经过‖结果）；文章内容不多不少分为三段（起因‖经过‖结果）；文章内容多分为四段（起因‖经过‖高潮‖结果）

2. 按时间顺序分段。（少数写事、写景、写人等文章一般采用此方法）

3. 按空间及方位转换顺序分段。（写景、游记、活动等文章一般采用此方法）

4. 按文章的结构分段。（写人、写物、说明文等文章一般采用此方法）

（二）概括文章的主要内容

一般答题格式　本文主要讲述了……时间……地点……有哪些人物，发生了一件什么的事，（起因）经过怎样，结果如何的一个故事。也就是把记叙文的六要素回答清楚。

（三）归纳文章的中心思想

一般答题格式　本文通过……时间……地点……有哪些人物，发生了一件什么的事（起因）经过怎样？结果如何？的一个故事，表现了作者……的思想情感；或歌颂了谁怎样的精神；或说明了什么问题等。

（四）修辞的作用

常见修辞一般的答题格式：

1. 比喻：使语句更加生动形象或更加生动形象地写出了事物的特点。

2. 拟人：把某种事物人格化，使语言更加生动形象。

3. 对比：突出了……

4. 夸张：突出了或加强了……

5. 反问：使句子的语气更加强烈。

6. 排比：增强语势，加强表达效果。

7. 设问：提醒注意，引起思考或引起读者对……的注意和思考。

8. 对偶：高度概括所要表达的内容，增强节奏感，使语言整齐，语句匀称。

9. 反复：突出某个意思，强调某种感情。

第一章
阅读中词语的理解

词语是构成句子的主要单位，词语包括了成语。有些同学认为成语比词语的范围更大，因为成语的字数更多，这是个误解。词语包括一个字的，如“走”“吃”等；两个字的，如“理解”“支持”等；三个字的，如“莫须有”“父母官”等；四个字的，如“坚持不懈”“画蛇添足”等。另外还有五个字的，六个字的等等。

● **词语知识的主要考点**

理解词语意思；词语的替换与删除；加点词的使用好处；词语的表达作用等。

一、词语的理解方法

（一）难字突破法 把这个词中最难的一个字找出来加以反复推敲琢磨，我们可用汉字的特点来解决这个问题。

例如 “心急如焚”：这个词中最难的是“焚”字，看看“焚”字的特点：上面是“林”，林里面是木，下面是“火”。“木”的下面有“火”，结果会怎样？当然是燃烧了。再把词中简单的三个字解释出来：“心”就是心里，“急”就是着急，“如”就是好像，结合这个稍难的“焚”字，按一定的顺序和连接，词语就理解到了：心里急得就像火在烧一样。形容很着急。

（二）串字成句法 把每个字的意思解释出来然后连接起来。这是一种常用的方法。

例如 “争先恐后”中“争”是争抢；“先”是前面、第一；“恐”是害怕；“后”是落后。然后连接每个字的意思：指争抢第一，害怕落后。

（三）引申理解法 一般源自寓言故事、历史故事或典故的成语、俗语、熟语，是不能按词语字面意思理解的，这样的词语往往是通过一个故事来阐明一个道理。

例如 “掩耳盗铃”不能解释为捂着耳朵偷铃铛，而是原指捂着耳朵偷铃铛，现常比喻自欺欺人，明明不能掩盖的事实还要去掩盖。

（四）语境联系法 指联系上下文，结合特定的语言环境来解释词义。

例如 “地下”一词人们都知道它的含义，但在“地下革命党”中，“地下”则指隐藏自己的真实身份不被敌人发觉。

（五）近义替换法 这是对于不认识的词语的另一种有效理解方法，就是根据文中语言环境的意思寻找一个用在此处恰当的词语，理解替换词语的意思也就基本理解到了原词的意思。

例如 招徕——招来或招揽或招呼。

（六）词性理解法 “词”按感情色彩可分为：褒义词、贬义词、中性词，词性理解就是从词性的褒贬入手。

例如 “骄傲”，在不同的语言环境或是褒义或是贬义。“我为我是一个中国人而骄傲”，这里的“骄傲”是褒义词，指自豪的意思；“他一进步就骄傲”，这里的“骄傲”是贬义词，指自满的意思。

（七）分合组词法 即先把构成词语的关键字或词拆开，分别注解，然后再综合起来确定整个词语的意思。

例如 湖中的水草真柔美。说说“柔美”的意思。先拆开：柔——柔软；美——美丽。因此，“柔美”的词义可解释为“柔软、美丽”。

（八）定义法 即用简明的语言，对该词所反映概念的本质特征做确切的解释。

例如 视野——视力所及的范围；拂晓——天快亮的时候。

（九）反义否定法 即用反义词“不”或“没有”的否定形式来解释词义。

例如 模糊——不清楚；讨厌——不喜欢。

二、词语理解的答题格式示例

（一）一般性词语的答题格式 “一般性的词语”只需说出词本身意思即可。一些同学却把解释当作词语造句一样，说一些多余的话。例如：“迫不及待”一词，有同学会作答：指一个人很想去做什么事，不想再等了。这就画蛇添足了，只需说出词本意就好。应规范解答为：急迫的不能等待。形容心情急切。

基本答题格式　……形容（指、表示）……

（二）来自寓言或历史故事的成语答题格式　成语故事的词语一般来自寓言和历史故事，这样的词语往往用来说明什么道理之类的，一般要说明词语原来的来历，再说明现在比喻什么。

例如　画蛇添足：原指画蛇时给蛇添上脚。现比喻做了多余的事，非但无益，反而不合适。

基本答题格式　原指……现比喻……

（三）解释词语在文中意思的答题格式　这种题意除了解释词语本身意思外，还要说出在文中的意思，也就是在文中指的什么。

例如　解释色彩斑斓，并说出在文中意思。（选自《自由与生命》）色彩斑斓：指色彩多而鲜艳美丽，文中指蝴蝶的颜色很漂亮。

基本答题格式　原指……文中指……

注：对于难度大的词语，如果文章中心是表扬之类的褒义内容，一般往“好”的方面理解；如果文章中心是批评之类的贬义内容，一般往“不好”的方面理解。

三、词语的替换与删除常用答题格式

凡是提问词语是否可被替换与删除时，一般答“不可以”，因为这样就不能与前文的某个词语或某个内容照应（呼应）或替换与删除词后，与原文比较，通过比较，体会适当与否，分析原因，做出判定。

基本答题格式　不可以，因为这样就不能……

四、词语在表达上的好处或作用常用答题格式

一般说来，只有“动词”与“形容词”起到“作用”与“好处”。

基本答题格式　动词：准确生动（深刻）的描写了做某事的过程或者行为表现，表现了人物某种情感等。

基本答题格式　形容词：生动描写了某物的状态，体现某种心理、情感等。

五、词语理解方法总结公式表

词语理解方法总结公式表

（一）**难字突破法** 把这个词中最难的一个字找出来加以反复推敲琢磨，我们可用汉字的特点来解决这个问题。例子详见P9。

（二）**串字成句法** 把每个字的意思解释出来然后连接起来。这是一种常用的方法。例如：“争先恐后”中“争”是争抢；“先”是前面、第一；“恐”是害怕；“后”是落后。然后连接每个字的意思：指争抢第一，害怕落后。

（三）**引申理解法** 一般源自寓言故事、历史故事或典故的成语、俗语、熟语，是不能按词语字面意思理解的，这样的词语往往是通过一个故事来阐明一个道理。例如：“掩耳盗铃”不能解释为捂着耳朵偷铃铛，而是原指捂着耳朵偷铃铛，现常比喻自欺欺人，明明不能掩盖的事实还要去掩盖。

（四）**语境联系法** 指联系上下文，结合特定的语言环境来解释词义。例如：“地下”一词人们都知道它的含义，但在“地下革命党”中，“地下”则指隐藏自己的真实身份，不被敌人发觉。

（五）**近义替换法** 这是对于不认识的词语的另一种有效理解方法，就是根据文中语言环境的意思寻找一个用在此处恰当的词语，理解替换词语的意思也就基本理解到了原词的意思。例如：招徕——招来。

（六）**词性理解法** “词”按感情色彩可分为：褒义词、贬义词、中性词，词性理解就是从词性的褒贬入手。例如：“骄傲”，在不同的语言环境或是褒义或是贬义，“我为我是一个中国人而骄傲”，这里的“骄傲”是褒义词，指自豪的意思；“他一进步就骄傲”，这里的“骄傲”是贬义词，指自满的意思。

（七）**分合组词法** 即先把构成词语的关键字或词拆开，分别注解，然后再综合起来确定整个词语的意思。例如：湖中的水草真柔美。说说“柔美”的意思。先拆开：柔——柔软；美——美丽。因此，“柔美”的词义可解释为“柔软、美丽”。

（八）**定义法** 即用简明的语言，对该词所反映概念的本质特征做确切的解释。例如：视野——视力所及的范围；拂晓——天快亮的时候。

（九）**反义否定法** 即用反义词“不”或“没有”的否定形式来解释词义。例如：模糊——不清楚；讨厌——不喜欢。

六、词语知识总结答题格式表

词语知识总结答题格式表

（一）词语理解的答题格式

1. 一般性词语 “一般性的词语”只需说出词本身意思即可。一些同学却把解释当作词语造句一样，说一些多余的话。例如：“迫不及待”一词，有同学会作答：指一个人很想去做什么事，不想再等了。这就画蛇添足了，只需说出词本意就好。应规范解答为：急迫的不能等待。形容心情急切。

基本答题格式 ……形容（指、表示）……

2. 来自寓言或历史故事的成语 成语故事的词语一般来自寓言和历史故事，这样的词语往往用来说明什么道理之类的，一般要说明词语原来的来历，再说明现在比喻什么。例如：画蛇添足：原指画蛇时给蛇添上脚。现比喻做了多余的事，非但无益，反而不合适。

基本答题格式 原指……现比喻……

3. 解释词语在文中意思 这种题意除了解释词语本身意思外，还要说出在文中的意思，也就是在文中指的什么。例如：解释色彩斑斓，并说出在文中意思。（选自《自由与生命》）色彩斑斓：指色彩多而鲜艳美丽，文中指蝴蝶的颜色很漂亮。

基本答题格式 原指……文中指……

（二）词语的替换与删除的答题格式

凡是提问词语是否可被替换与删除时，一般答“不可以”，因为这样就不能与前文的某个词语或某个内容照应（呼应）或替换与删除词后，与原文比较，通过比较，体会适当与否，分析原因，做出判定。

基本答题格式 不可以，因为这样就不能……

（三）词语在表达上的好处或作用的答题格式

一般说来，只有“动词”与“形容词”起到“作用”与“好处”。

基本答题格式 **动词**：准确生动（深刻）地描写了做某事的过程或者行为表现，表现了人物某种情感等。

基本答题格式 **形容词**：生动描写了某物的状态，体现某种心理、情感等。

七、例题解析

（一）词语的理解

水池里有几桶水

从前，某国王有个习惯，每日早上接受大臣朝拜后，便让众臣陪同他在皇宫周围散步。一日，他们来到御花园观景。国王瞧着面前的水池忽然心血来潮，问身边的大臣："这水池里共有几桶水？"

这个问题问得稀奇古怪，几桶水？谁能答得确切？大臣们一个个面面相觑。

国王很不高兴，此时，有个大臣诚惶诚恐地伏地奏道："国王息怒，我等不才，无法解答您的问题，城东门有个孩子很聪明，是不是把他唤来一试？"

…………

"行了，完全对！"国王重赏了这个孩子。

众臣一个个呆若木鸡，自愧弗如。

根据文章内容，解释下列词语的意思。

面面相觑______________________________

妙手解题

面面相觑 有些同学可能还不认识"觑"字，更别说解释了。在不查资料的情况下，试试看，如果大臣们能解答国王的问题，他们就不会去找小孩了，由此推断："面面相觑"与无法解答问题有关。再看"觑"字的特点，有一个"见"字，说明与"看"有关系，还有"面面"两字，"面"指脸面、脸色，"脸面""脸色"是用眼睛看的，再次确定"觑"与"看"有关了。为什么要"看"呢？因为大臣们都不知道答案，会相互看；为什么要相互看呢？因为大家都希望有人知道答案，国王才不会生气呀！根据文章内容再结合文字的特点，词语的意思就是：大家相互看，都不知道如何是好。形容人们因恐惧或无可奈何而相互看着，都不说话。

那稚嫩的叫卖声

文远祥

①星期天，我和妈妈上街去买东西。嘿！街上可真热闹。人群熙熙攘攘，摊点密密麻麻。在汽车的鸣叫声、高音喇叭中夹杂着一阵阵的叫卖："喂！快来买呀，

上等的西服、牛仔装！”“哎！大降价啦！女工皮鞋、羊毛衫！”卖主们一个比一个声高，一个比一个劲大，正比赛着招徕顾客的招数哩。

②我循声望去，在那些高声叫卖的小商贩中，竟有一些只比我稍大一点的大哥哥、大姐姐们。他们有的用手指蘸口水数着手中的钞票；有的与顾客讨价还价，争得面红耳赤；有的……这一切使我想起我们班上的吴小玲来……

③她是从农村来借读的孩子，由于家境困难，四年级时，她就退学了。以后的两年里，我没再见过她。前不久，我发现她常常骑着又大又旧的自行车从学校门口经过，不知在忙什么。偶然一次，我又看见她了：她背对着我，坐在工地的小棚子里干着什么。我走近一看，愣住了。她一边往一口大灶里续着木柴，一边翻看着一本小学四年级的语文书，是那样聚精会神，连有人走近身边也不知道。我叫了她一声，她看见我，不好意思地将书卷起来……我不好再问她什么，只希望她能早日返校继续成为我的同学，我想，我们全班同学一定也是这么希望的。

④“喂，快走，发什么呆呀？”妈妈轻轻推我。我怅惘地从那些“小商人”身上收回了视线，可怎么也收不回那连绵的思绪呀。一路上，我眼前总浮现着那些大哥哥大姐姐们数钱时的神情——贪婪而猥琐，喜悦且忧郁，耳边总回荡着那一阵阵令人心惊的稚嫩的叫卖声。我心里很不平静：他们的父母为什么这么狠心，不让他们上学呢？他们还是孩子呀……那令人心惊的、稚嫩的叫卖声哟……

结合上下文理解下列词语。

猥琐______________________________

怅惘______________________________

招徕______________________________

妙手解题

猥琐　对于识字不多的同学，可能还不认识，更别说如何去解释了。所以有些同学在遇到类似考题时，往往不愿动脑筋再看看文章。实际上只要再把文章认真读一下，不认识的词语一样可以推敲出来。可以看看与该词语前后搭配的词语，可以看到“猥琐”与“贪婪”连接着；“贪婪”很简单，只要“贪”就可以理解该词的意思：贪心。“猥琐”与“贪心”连接搭配使用，说明它也与贪心有些关系。什么样的人才会贪心呢？或者贪心的人一般是什么样的人呢？根据文章中心思想，作者主要想批评那些未成年人不应该辍学，小小年纪不应该去学做生意。所以该词也要往不好的意思方面去理解。文中未成年人没读书去做生意，说明他们没文化，没文化一般庸俗、俗气……所以结合文章中心以及所搭配的词语，就大致理解成庸俗、俗气即可。

怅惘 从该词出现的地方可以看出该词是描写作者心理的。作者对那些辍学做生意的孩子同情，对他们的做法持反对态度，但自己又爱莫能助，所以有些伤感、失意、愁闷，为他们的将来而忧心。由此大意可理解成伤感、失意、愁闷即可。

招徕 “招徕”是最易理解的了，用近义词替换法理解即可，换个近义词就是“招呼”或“招揽”或“招来”，再把这些近义词的任何一个放到文中去，读起也通顺。

（二）词语的替换与删除

突然，从幼年起始的求学、投考、从师、做动物解剖、写学术论文……一幕幕情景交替地在脑海中快速闪现（呈现）。“难道自己的科学生涯就结束了？就这样坐以待毙？”这位已经知道死神在叩门的67岁科学家痛苦地思索。（选自《最后的日记》）

能不能将“闪现”换成“呈现”？为什么？

妙手解题

但凡问及类似的替换或删除，一般答“不可以”。本句情景中，“闪现”表现“快”，与前面的“快速”相呼应，而“呈现”不能与“快”相呼应。所以不能换。

（三）词语在表达上的好处或作用

孩子，不要为自己的外形担忧。理想锻造你的气质，而最美貌的女人也会因为庸俗而令人生厌。通向理想的道路往往不尽人意，而你亦会为此受尽磨难。

文段“理想锻造你的气质”一句中使用“锻造”一词有什么好处？

妙手解题

依照答题格式“深刻地……”作答：“锻造”一词一般用在金属材料方面，本文用在人的内在“气质”的养成上，深刻地表现了理想对气质形成的重要作用。

中转站1

百科知识（答案见327页）

1. 在自然界里，什么颜色的花最多？ 2. 月亮和太阳相比，哪个离地球最近？

3. 哪种颜色会让人有欢快、喜悦的感觉？ 4. 彩虹有几种颜色？

5. 万里长城东起山海关，西至哪里？

6. 低年级儿童一般一次阅读不能超过多少时间？

7. 因看到苹果落地现象而发现地球有吸引力的是哪位科学家？

8. 黄鹤楼在我国的哪一个省？ 9. 被称为“天府之国”的是哪个省？

10. 计算机病毒也是一种生物，对吗？为什么？

脑筋急转弯（答案见327页）

1. 为什么现在的猴子越来越少了？

2. 小明整天说个不停，为什么今天一句话也不说了？

3. 为什么新买的袜子有两个洞？

4. 为什么一匹大青马掉进饭碗里淹死了？

5. 抓到什么贼后可以马上处死刑？

6. 一只毛毛虫（八只脚）爬上一堆牛粪，下地以后却发现只有六只脚印，为什么？

7. 有一座桥只能承重70千克。一个人重65千克，他要带两个分别重2.6千克的球过桥，没借用任何东西就从桥上把两个球带了过去，他是怎么过去的？

8. 平时吃晚饭都是爸爸洗碗，可今天爸爸为什么吃完饭却不洗碗？

9. 有一只毛毛虫要过河，前面没有桥，问它是怎么过去的？

10. 什么动物你打死了它，却流了你的血？

猜成语（答案见327页）

1. 菜单——　2. 参观抗联事迹——　3. 残花败叶落江去——

4. 残食——　5. 仓库盘点——　6. 苍蝇吹喇叭——

7. 苍蝇护狗粪——　8. 藏书本——　9. 藏书楼——

第二章 阅读中语句的理解

明确句子的含义，并不是指其字面上的意思，而是蕴涵在句里、没有说出来的意思、感情、思想。要把握句子的含义，必须在理解句子字面意思的基础上，进一步思索，才能体会得到。

●句子的考点

句子的意思；句子描写有哪些作用或好处；句子的表达效果等。

一、理解语句的基本步骤

理解重点词→弄清句子本意→体会句子的含义和作用。

基本方法：抓关键词语、关键部分理解含义；“弄清词义，句义也就理解了”。

理解语句有以下几种基本的方法，但有时要将各种方法相互结合，灵活运用。

二、理解句子意思的方法与技巧

（一）抓关键词语 讲有些句子的含义时，要先找出关键词语，弄清这些词语的意思，句子的含义也就理解了。

例如 “四周黑洞洞的，还不容易碰壁吗”这一句，用“黑洞洞”暗示旧社会的黑暗，用“碰壁”来比喻人民丝毫没有自由，处处受迫害；理解了这两个词的意思，我们就能体会这句话的含义。

（二）抓关键部分 找出关键部分，弄清这些词语的意思，句子的含义也就理解了。

例如 “舟行碧波上，人在画中游”中“人在画中游”是关键部分，意思是说人好像在图画中游玩一样。还得想想：为什么作者会这样说呢？原来是作者觉得这山水太美了，句子的意思是人们划着小船在漓江上游玩，就好像是进入了一幅连绵不绝的画卷一样，表达了作者对桂林山水的赞美。

（三）弄清修辞的意义 注意修辞手法，先弄清句子意思，再理解句子内在含义。

例如 “为了整个班，为了整个潜伏部队，为了这次战斗的胜利，邱少云像千斤巨石一般，趴在火堆里一动也不动”这个句子中，运用了两种修辞手法——排比、比喻：排比部分说明了邱少云不动的原因，比喻部分说明了邱少云意志坚强。整个句子表现了邱少云“为了整个班、整个潜伏部队和这次战斗的胜利”而严于律己、勇于献身的精神。理解句子的含义一定要联系文章思想内容，要注意这句话是在文章的什么地方出现，跟上下文有什么联系。

（四）联系上下文了解时代背景 要联系上下文，注意时代背景来体会言外之意。这类句子的表面意思好懂，但更深刻的意思就必须结合作者所处的时代，联系上下文才能体会得出来。

例如 在《詹天佑》中“能在南口以北修筑铁路的中国工程师还没有出世呢”这句话，要理解，首先就要了解我国的历史条件，即当时中国的科技水平还不发达，所以外国人很藐视中国，帝国主义者认为能在南口以北修筑铁路的中国工程师当时根本不可能有。

（五）引申理解法 主要是根据文章的思想内容，透过句子字面上的意思来理解作者的本意。首先须明确，句子的含义并不是字面上的意思，而是蕴涵在句里没有明白说出来的意思、感情、思想。要把握句子的含义，必须在理解句子字面意思的基础上，进一步思索，才能体会得到的。

例如 《长征》诗中“万水千山只等闲”，字面上所讲的是长征路上有很多山山水水，红军都不怕，但句子所蕴涵的意思是：红军把长征路上所遇到的艰难险阻只看成是平平常常的事，表现了红军战士蔑视困难的英雄主义气概。

（六）问“为什么”法 把陈述句当疑问句，多问几个为什么。

例如 《我的战友邱少云》中“我不敢朝他那儿看”但又“忍不住不看”，只要探询这是为什么呢？就能体会到：“我”当时心情的矛盾、焦虑和痛苦，既担心年轻的战友会忍受不住烈火的煎熬，又不忍心看着战友牺牲，心情既矛盾又痛苦。

（七）分析法 主要是抓住句子的重点词语，体会其中的思想感情。一篇文章有关键之词、警策之句，拎出关键词句便可牵住全文。

例如 《长城》一课，有“站在长城上，踏着脚下的方砖，扶着墙上的条石，很自然地想起古代修筑长城的劳动人民来”这样一句话。抓住其“站在”“踏着”“扶着”“想起”这些动词，明白这是因触景生情而展开的自然联想。这一段中“凝结”是重点词。长城由什么凝结而成的呢？是劳动人民的“血汗和智慧”凝结而成的。为什么？因为：1. 条石多，多到数不清；2. 条石重，一块有两三千斤；3. 没有先进的运输工具，“就靠无数的肩膀，无数的手”；4. 山势“陡峭”。在这样艰难的条件下，修筑了这样艰巨伟大的工程，反映了我国劳动人民的智慧和力量。

（八）归纳法 主要是领会句子中的内容要点，概括出句子要表达的主要意思。

例如 《詹天佑》中有一句话：“遇到困难，他总是想，这是中国人自己修筑的第一条铁路，一定要把它修好，否则，不但那些外国人要讥笑我们，而且会使中国工程师失掉信心。”教师可提问：“遇到困难时，詹天佑怎么想？”“为什么要这样想？”“修不好将会产生什么后果？”——如铁路修不好，外国人会讥笑我们，中国工程师也会失掉信心。“如修好会有什么结果？”——可以给藐视中国的帝国主义一个有力的回击，又可以提高中国工程师的自信心。所以，“詹天佑怎么想？”这句话，表现了詹天佑怎样的心情呢？所指的是什么？在弄清词语意思的基础上，“詹天佑”有怎样的感情和决心呢？”归纳起来，这句话充分体现了詹天佑热爱祖国的思想感情和为国争光的决心。

注：若理解不到文中的语句，或者语句中有不认识的词，就看看文中与该句相搭配的语句，通常理解为与搭配的语句意思接近即可。再者就是看文章的中心，如果文章的中心是表扬、歌颂之类的褒义内容，一般往“好”的方面理解；如果文章中心是批评之类的贬义内容，一般往“不好”的方面理解。

三、句子在不同位置的表达作用

从结构位置及特殊句来看，有以下几种情况：

（一）开头 一般是文章的总起句，起到总领全文、点题，为后文做铺垫、埋下伏笔的作用；环境描写、社会描写则是烘托渲染气氛，奠定情感基调；倒叙、反问、设问起到设置悬念，引起读者的兴趣的作用。与结尾的某句是什么关系？相互照应的关系。

（二）文中 过渡的作用：承上启下或引出下文等。

（三）结尾 总结全文，点明中心，或耐人寻味、引人思考。与开头的某句是什么关系？是呼应前文，相互照应的关系。

（四）中心句 一般出现在文章的开头与结尾的语句是文章的中心句：点明中心的作用。

（五）情感句 抒发强烈的情感，直抒胸臆。

（六）矛盾句 从字面上看似自相矛盾，但作者却寄寓了深刻的用意。揭示深刻内涵，表达深刻见解。

（七）线索句 贯穿全文的线索。

四、句子理解方法总结公式表

句子理解方法总结公式表

（一）**抓关键词语** 讲有些句子的含义时，要先找出关键词语，弄清这些词语的意思，句子的含义也就理解了。例如“四周黑洞洞的，还不容易碰壁吗”这一句，用“黑洞洞”暗示旧社会的黑暗，用“碰壁”来比喻人民丝毫没有自由，处处受迫害。

（二）**抓关键部分** 找出关键部分，弄清这些词语的意思，句子的含义也就理解了。例如“舟行碧波上，人在画中游”中“人在画中游”是关键部分，意思是说人好像在图画中游玩一样，就好像是进入了一幅连绵不绝的画卷一样，表达了作者对桂林山水的赞美。

（三）**弄清修辞意义** 注意修辞手法，先弄清句子意思，再理解句子内在含义。例如“为了整个班，为了整个潜伏部队，为了这次战斗的胜利，邱少云像千斤巨石一般，趴在火堆里一动也不动”。这个句子中运用了两种修辞手法——排比、比喻：排比部分说明了邱少云不动的原因，比喻部分说明了邱少云意志坚强。

（四）**联系上下文了解时代背景** 要联系上下文，注意时代背景来体会言外之意。这类句子的表面意思好懂，但更深刻的意思就必须结合作者所处的时代，联系上下文才能体会得出来。

（五）**引申理解法** 根据文章的思想内容，透过句子字面上的意思来理解作者的本意。首先明确句子的含义，并不是字面上的意思，它是蕴涵在句子里，而没有说出来的意思，没有说出来的感情，没有说出来的思想。

（六）**问“为什么”法** 如《我的战友邱少云》中“我不敢朝他那儿看”但又“忍不住不看”，要探询这是为什么呢？就能体会到：“我”当时心情的矛盾、焦虑和痛苦，既担心年轻的战友会忍受不住烈火的煎熬，又不忍心看着战友牺牲，心情既矛盾又痛苦。

（七）**分析法** 抓住句子的重点词语，体会其中的思想感情。一篇文章有关键之词、警策之句，拎出关键词句便可牵住全文。

（八）**归纳法** 领会句子中的内容要点，概括出句子所要表达的主要意思。

五、例题解析

（一）语句的理解

鲁迅的书桌上刻着一个小小的“早”字。字横着，很像一个还没开放的花骨朵，又像一支小小的火把。这个“早”字有一段来历。鲁迅的父亲害了病，鲁迅一面上书塾读书，一面帮着母亲料理家务，几（jī）乎天天奔走于当铺（pù）和药铺之间，把家里的东西拿到当铺去换了钱，再到药铺去给父亲买药。有一天早晨，鲁迅上学迟到了。教书认真的寿（shòu）镜吾老先生严厉地对他说：“以后要早到！”鲁迅默默地回到座位上，就在那张旧书桌上刻了个“早”字，也把一个坚定的信念深深地刻在心里。从那以后，鲁迅上学再没有迟到过，而且时时早，事事早，毫（háo）不松弛（chí）地奋斗了一生。

说说你对“‘早’字横着，很像一个还没开放的花骨朵，又像一支小小的火把”这句话的理解。

妙手解题　对这句话的理解可以先看它所使用的修辞手法，结合修辞的作用加以理解就不难了。这句话所用的是比喻的修辞，比喻的作用就是更加形象地说明了什么。把句中的重点词找出来，先理解重点词：“花骨朵”是植物，植物往往象征着生命；“火把”是火，往往象征着热情和力量。结合文意可以理解为：“像一个还没开放的花骨朵”形象地说明了“早”字生机勃勃，充满了生命力；“像一支小小的火把”，则说明了“早”字充满了热情和力量。结合起来这句话的意思是：通过比喻，形象地说明了“早”字充满了生命力、热情和力量，表现了鲁迅对老师的尊重、对时间的珍惜以及对学习的热爱。

我看到了一条河

童年在我的记忆中比较模糊，但其中有几个片段却令我记忆犹新。

我4岁那年，有一次，妈妈开车带我回家。路上，她让我在离家几英里（1英里约合1.6千米）的农田边下车，然后自己找回家。虽然那次以我彻底迷路而告终，但此事对我影响很大。在这样的环境中，我从小就乐于寻找挑战。

…… ……

我慢慢地蹬腿，双臂划水，突然我发现自己正游过河面。我仍然忽上忽下，姿势完全不对，但我成功了。我能游泳了！我不顾湍急的水流，骄傲地游到河中央。透过流水的怒吼声，我似乎听见大家拍手欢呼的声音。等我终于游回岸边，在50米以外的地方爬上岸时，我看到朱迪斯姑姑正在大手提袋里找她的钱包。我拨开带刺的荨麻，向他们跑去，我也许很冷，也许浑身是泥，也许被荨麻扎得遍体鳞伤，但我会游泳了。

说说你对“我也许很冷，也许浑身是泥，也许被荨麻扎得遍体鳞伤，但我会游泳了”这句话的理解。

妙手解题

这句话里有三个“也许”，也许是不确定的意思。作者为什么不确定自己对冷、痛的感受，因为作者学会游泳后的喜悦心情冲淡了他对冷、脏、痛的感觉。用问“为什么”法理解，所以可理解为：作者学会游泳后极其兴奋，以至于不能明显地感受到冷、脏、痛的感觉。

我感觉是甜的

很小很小的时候，我哭泣的时候，妈妈就会给我糖吃，感觉到甜甜的味道，我便不再哭闹。那时候的我认为糖果是世上最甜最美的味道……

“妈妈，妈妈，今天我考试得了65分，老师表扬了我。”我几乎在惊叫，没想到平时只考二三十分的我，这次居然考了65分。这是我从一年级读到四年级第一次考及格。妈妈看着我涨红的小脸，眼睛湿润了，把我紧紧地搂在怀里，抚摸着我新长出头发没多久的小脑袋哽咽道：“我说过你行的，你能行的，有一天你还能做得更好……”小时候因为生活窘迫、营养不良，我总是生病，长得面黄肌瘦，三天两头留在家吃妈妈抓的草药。学习不好，也没朋友，还常常遭到同学的嘲弄。她是多么希望她含辛茹苦、担惊受怕养育的女儿能够平安长大，不被人欺负啊！听着妈妈的话，我仿佛咀嚼糖果一般——甜的，甜甜的。“妈妈，你不用担心难过，”我昂起头，睁大眼，鼓圆鼻孔，像个大人一样坚定地对妈妈说道，“我会改变的，我一定好好吃药，锻炼身体，努力学习，考上大学！”

“老师，写人和记事的文章我区分不来？”“呵……呵呵……”有同学阴阳怪气地嘲笑。

“老师，请问‘飞流直下三千尺’只能形容庐山瀑布吗？我想写别处的小瀑布可以借用它吗？”“当然可以，借用恰当能在文章中起到画龙点睛的作用，余地问得很好……”老师赞许道。教室里很安静。

“老师，写动物的外貌和写人的外貌也要按一定的顺序吗？”有同学投来了友好的目光……这感觉真好，比我最爱吃的糖果还要甜……

“余地，这道题怎么做？”有同学问我。

“余地，等等我！”是同学红红在叫我，“我们一起走好吗？”“好呀！”我高兴极了。

“余地，你来！”是邻居李婶叫我。“李婶，什么事？”我蹦蹦跳跳地跑向了她。“你佳佳姐要去外地上大学了，她有一条裙子穿不了。原来你又瘦又小，但从你上初中后就长高了不少，想给你试试。”李婶又要给我东西了，在我的记忆中，她是在生活中给我最多帮助的人。妈妈常对我说：“不要拒绝别人的帮助，不管人家给什么，都要笑眯眯地接受，好好记得，不要辜负了别人的帮助，一定要回报人家……”那个时代，大家的生活都很艰辛，能给的也只能是些旧衣旧裤、红薯玉米之类的。虽然那时妈妈的有些话让我似懂非懂，但很快我就明白做人不卑不亢，积极乐观，勇于接受，也会乐于奉献的道理。李婶拿出裙子一边给我比划一边问：“听你妈妈说，你每天早晨六点就起床跑步，跑完步又扯着嗓子朗诵，晚上除了完成老师布置的作业外还要学习两三个小时，是这样吗？”“是的，李婶，因为我身体不好，胆子又小，说话声音不洪亮，学习跟不上，同学们不喜欢我，我想改变。我妈妈说我能行的，老师也是这样说的。老师总是赞扬我勤奋，说我虽然不是天生聪明的人，但他说只有勤奋才会让人变得真正聪明有智慧。原来我真的可以，别人能做的我也能做，我也要像佳佳姐一样考上大学！”尽管我都上初一了，但说话还是很稚气。“是呀，笨鸟先飞，只要你勤奋、坚持，一定能考上大学！”李婶是个温和的人，她总是让我很有尊严地接受她的帮助。她时常面带微笑说话：“来，试试，你差不多能穿，大了就改改。”“不用改，李婶，大了就让我大姐先穿，她穿了我再穿就合适了。别人送的衣服大了都这样，妈妈说好好的衣服剪了就可惜了。”李婶没说话，但表情明显不一样了，想说什么，又咽了回去……

经过一段苦涩漫长的努力后，我的身体和学习都有了巨大的改变与进步，我才真真切切地感受到那种饭比过去香，腰比过去直的无比喜悦与自信！

“妈妈，妈妈，大学通知书！”我像个孩子似的手舞足蹈，欣喜若狂。

“真的？真的？是你最想去的大学吗？”妈妈急切地问道。

“是，是的！”我高呼道，生怕别人听不见似的。妈妈看上去有些不知所措。

她识不了几个字，总说自己没文化，教不了孩子，但她却对女儿信心百倍，她相信这一天迟早会到来。她生怕把通知书弄脏弄坏了，手在围裙上擦了又擦，双手捧着，在阳光下端详着。“妈妈，你高兴吗？”我明知妈妈高兴，可我还是要问。“高兴，高兴，真是苦了你了，实在不容易啊！我高兴！这心呀比吃了糖还要甜啊……”妈妈不停地重复着高兴的话儿，晶莹的泪珠滚落下来，在阳光的照射下，闪烁着耀眼的光芒。原来妈妈也爱吃糖……看着妈妈满脸泪花，我笑眯眯，甜滋滋的，我感觉是甜的……

1．第二自然段里作者小时候为什么要像个大人似的？而第十自然段作者长大后却又为什么要像个孩子似的？

妙手解题

作者在那一刻像个大人是因为想让妈妈放心，让妈妈相信作者，对作者要有信心。作者拿到大学通知书时像个小孩，是因为作者难以抑制内心的喜悦，欣喜若狂。

2．说说你对“做人不卑不亢，积极乐观，勇于接受，也会乐于奉献”这句话的理解。

妙手解题

做人不自卑不高傲，乐观自信，对于别人的帮助不要嫌弃，要勇于接受，有了这样的品质，也会有乐于帮助他人的精神。

3．请理解“她总是让我很有尊严地接受她的帮助”的意思。

妙手解题

需要帮助的人往往是在某些方面有困难的人，在帮助他们时不要表现出一种施舍，一种同情，要尊重他们，让他们有尊严地接受，这样的帮助更有意义。同时表现出了李婶是一个懂得尊重别人，也受人尊重的人。

4．作者拿到大学通知书为什么会高呼？作者是想炫耀吗？

妙手解题

作者拿到大学通知书时难以抑制内心的喜悦，高兴到了极点。因为作者的这一刻来得实在不容易，付出了太多的努力，经历了太多的辛酸，并不是炫耀，是高兴得发了狂。

5．文章最后自然段中，作者说“原来妈妈也爱吃糖”，是指作者的妈妈真的喜欢吃糖吗？

妙手解题 “原来妈妈也爱吃糖”是指作者的妈妈也是一个乐观积极的人。从文中“她识不了几个字，总说自己没文化，教不了孩子，但她却对女儿信心百倍”可以看出，妈妈的这种坚强与乐观给作者带来了巨大的影响，鼓舞着作者一步一步朝前走。这也是作者对母亲的赞美。

（二）句子在不同位置的表达作用

自由与生命

八月的一天下午，天气暖洋洋的，一群小孩在兴致勃勃捕捉那些色彩斑斓的蝴蝶，这时，我不由自主地想起童年时代发生的一件印象很深的事情。那时我才十二岁，住在南卡罗来纳州，常常把一些野生的活物捉来放到笼子里，而那件事发生后，我这种种兴致就被抛得无影无踪了。

我家住在林子边上，每当日落黄昏，便有一群美洲画眉鸟来到林间歇息和歌唱。那歌声美妙绝伦，没有一件人间的乐器能奏出那么优美的曲调来。

…………

从此以后，我再也不捕捉任何活物来关进笼子里。因为我知道：任何生物都有对自由生活的追求，而这种追求无疑是值得肯定的。

1．文章第一段里“而那件事发生后，我这种兴致就被抛得无影无踪了。”这句话的表达有什么作用？

妙手解题 出现在文章开头的语句一般是总起句，起到总领全文，点题，为后文做铺垫、埋下伏笔的作用；环境描写、社会描写则是烘托渲染气氛，奠定情感基调；倒叙、反问、设问起到设置悬念，引起读者的兴趣的作用。从“而那件事发生后，我这种兴致就被抛得无影无踪了。”这句话先说出了事情的结果，不按事情的顺序记叙，这种记叙方法是倒叙。因此这句话起到了设置悬念，引起读者兴趣的作用。

2. 文章最后一段里“任何生物都有对自由生活的追求，而这种追求无疑是值得肯定的。”这句话有何表达作用？

妙手解题 一般出现在文章的开头与结尾的语句是文章的中心句：点明中心的作用。答：这句话是文章的中心句，点明中心的作用。

我感觉是甜的

“妈妈，妈妈，今天我考试得了65分，老师表扬了我。”我几乎在惊叫，没想到平时只考二三十分的我，这次居然考了65分。这是我从一年级读到四年级第一次考及格。妈妈看着我涨红的小脸，眼睛湿润了，把我紧紧地搂在怀里，抚摸着我新长出头发没多久的小脑袋哽咽道：“我说过你行的，你能行的，有一天你还能做得更好……”小时候因为生活窘迫、营养不良，我总是生病，长得面黄肌瘦，三天两头留在家吃妈妈抓的草药。学习不好，也没朋友，还常常遭到同学的嘲弄。她是多么希望她含辛茹苦、担惊受怕养育的女儿能够平安长大，不被人欺负啊！听着妈妈的话，我仿佛咀嚼糖果一般——甜的，甜甜的。“妈妈，你不用担心难过，”我昂起头，睁大眼，鼓圆鼻孔，像个大人一样坚定对妈妈说道，“我会改变的，我一定好好吃药，锻炼身体，努力学习，考上大学！”

…………

经过一段苦涩漫长的努力后，我的身体和学习都有了巨大的改变与进步，我才真真切切地感受到那种饭比过去香，腰比过去直的无比喜悦与自信！

“妈妈，妈妈，大学通知书！”我像个孩子似的手舞足蹈，欣喜若狂。

文中画线部分：“小时候像个大人，而长大后又像个孩子”是不是有些矛盾？

妙手解题 看似作者小时候像个大人，实际上是作者在那个时刻想让妈妈放心，相信自己，深刻地表明了作者的决心。作者长大后考上大学像个孩子，表现作者高兴得发了狂的样子，因为这一刻对于作者来说，来得比一般人更不容易。所以两个语句并不矛盾，是更加深刻地体现了作者当时的决心和喜悦的心理。

中转站 2

百科知识（答案见 327 页）

1. 郑和下西洋，最远到达了哪里？
2. 狗热时吐出舌头起什么作用？
3. 世界上最大的岛屿是哪个？
4. 民航客机在高空中飞行时，一般处于大气的哪个层次？
5. 我国面积最大的岛屿是哪个？
6. 蚊子晚上靠什么发现目标？
7. 世界上地震最频繁的是哪个国家？
8. 所有的植物都有种子吗？
9. 蚊子发出“嗡嗡”的声音是如何产生的？
10. 雪花是什么形状？

脑筋急转弯（答案见 327 页）

1. 一个人，他感觉地球在颤动，为什么？
2. 什么人喜欢天天下雨？
3. 哪座桥不能开车也不能走人？
4. 有人说吃鱼可避免患近视眼，为什么？
5. 一双鞋卖16元，一只鞋卖多少钱？
6. 哈巴狗去掉尾巴最像什么动物？
7. 小华的爷爷有7个儿子，每一个儿子又各有一个妹妹，请问：小华的爷爷有多少个儿女？
8. 地上掉了一张5元和一张50元的钞票，你看见了会捡哪一张？
9. 将军为什么不用出城作战？
10. 世界上谁的头力气最大？

猜成语（答案见 327 页）

1. 猜谜能手——
2. 望文生义——
3. 才揭盖的蒸笼——
4. 财迷——
5. 裁判——
6. 采购象棋——
7. 漂亮话——
8. 踩高跷上高墙——
9. 蹬鼻子上脸——

第三章
文章的段落

●记叙文段落典型考点

给文章分段写段意，段意的作用等。

一、给文章划分段落的方法

一篇文章由若干个自然段组成，如何给文章分段落？一般来说，根据文章内容的长短，常见的多分为三段，极短的可分为两段，长的可分为四段。小学阶段主要以写人、记事、描景、状物的记叙文为主。写人、记事的文章主要按照起因、经过、结果来分，这是常说的“老三段”的分法。如果篇幅长的话，就应按照起因、经过、高潮、结果来分；如果文章内容短，就分为两段，一般把起因、经过分为一部分，结果分为一部分。当然也得看起因是跟经过密切些还是经过与结果更密切些，如果经过与结果更密切些就把起因分为一部分，经过与结果分为一部分。分段的时候看看该自然段与相连的两个自然段能不能分开，如果关系很紧密，无法分开，说明在此处分段就错误。描景文章一般按方位顺序或游览路线分段。分段落若文章没有特别要求的，一般使用“‖”划分。

（一）按事情的发展顺序划分段落 记事文章是按事情的起因、经过、结果发展的，所以记事文章一般按事情的发展顺序划分段落，即：起因‖经过‖结果；或起因‖经过‖高潮‖结果；或起因、经过‖结果；或起因‖经过、结果。记事的文章只有这几种分法。

记叙事情的文章，都要把事情发生的原因、经过、结果写清楚。有时作者采用“顺叙”的方法，先写原因，接着写经过，最后写结果；有时作者采用“倒叙”的方法，先写结果，再写原因和经过。一般地说，不管文章怎么记叙，只要把文章起因、经过、结果这几个不同的阶段找出来，就可以把每一个阶段归纳为一段。

（二）按人物活动场所的转移以及空间转换即方位顺序划分段落 一般游记、参观、访问类的文章多采用此种方法。我们阅读时需要把文章中标明地点的词语或句子找出来，如公园正门‖公园前左边‖公园中央‖公园右边；景点的山脚下‖半山腰‖山顶等。把属于同一个地点的内容归为一段，地点变了，就另换一段。

（三）按时间的先后顺序划分段落 有些文章是以时间的变化来叙述的。如春‖夏‖秋‖冬；早晨‖中午‖夜晚；小学‖中学‖大学等。阅读时，我们先找出文章中表示时间的词语或句子，然后分析文段内容与时间的联系，再将同一时间的内容归为一段。注意：不能每见到一个表示时间的词句就把文段合为一段，而应以一个时间段的内容联系为主。

（四）按事物的不同内容和性质分段 一般状物、写人的文章，多可采用这种方法分段。如写动物的文章，按动物的外貌（一般是文章的开头部分）‖动物的生活习性（一般是文章的中间部分）‖作者对动物的感情（一般是文章的结尾部分）分段；写人物的文章，按人物的外貌（一般是文章的开头部分）‖人物的性格特点、精神品质（一般是文章的中间部分）‖对人物抒发的情感（一般是文章的结尾部分）等分段。我们在阅读时只要了解了作者从几个方面来描述人或物的，那么一个方面就可归为一段。

（五）按文章的结构（总分总的分法也俗称“老三段”）分段 有些文章的开头有个总起段或接尾有个总结段，有的两者都有，一般按总分总、总分、分总结构。对于这样的文章，我们在分段时把总起段和总结段各为一段，把中间分述的内容合为一段。一般议论文、说明性文章或记叙文中状物的文章常采用此方法。注：“老三段”，除了上述体裁外，一般写活动的文章按活动前‖活动时‖活动后来分段。

（六）其他划分段落的方法与技巧 将分出来的段落与紧邻的上下段联系起来，若与上段内容紧密相连，那就不能将此两段分开，若与下段内容紧密相连，那就不能将此两段分开。如一二自然段内容紧密相连分不开的，那就说明一二之间不能划分段落，以此类推，直到自然段与自然段内容是两方面，就可以划分开了。

注：当文章分段时，过渡段通常归下不归上,与下面的一段一起。但也不能绝对化，有时也要与内容最为紧密的分到一部分。

二、概括段落大意的方法

（一）摘抄归并法 这是最常见的方法。

1. 摘重点句法 摘总起句、总结句、中心句。此方法比较简单，就是直接从文章中摘出现成的句子作为段落大意。这种句子往往是这一段记叙、描写或议论的中心，因此，可以摘取它们作为段落大意。

例如 《松鼠》的首句“松鼠是种美丽的小动物”就可作为第一段落的段落大意；《猫》的首句“猫的性格实在有些古怪”也可作为第一段落的段落大意。《威尼斯的小艇》的第二段落有总起句“船夫的驾驶技术特别好”，可以作为这一段落的段落大意。

2. 摘抄过渡句 过渡句有承接上文、引起下文的作用。承上句是上一段的段落大意，启下句为下一段的段落大意。

例如 《赵州桥》中的过渡句“这座桥不但坚固，而且美观”，一句话承上启下，概括了上下两个段落的段落大意。承上句是上段的段意，启下句为下一段的段意。

（二）串联法（串联层意、节意、关键词） 如果一个段落只由一个自然段组成，先看看这段有几句话并了解每句话的意思，接着找出每句话中的重点词或中心词语，然后把这些词语连起来，组成一句通顺的话。如《古井》的第一段的四个句子：1. 古井的位置；2. 井水的特点；3. 乡亲们到古井取水；4. 井水的作用。综合四句意思，归纳段意为：古井的位置和作用。若一个段落由几个自然段组成，首先概括出各个自然段的意思，然后把这些自然段意思综合起来，最后用一句简洁的话归纳出段落大意。该种方法概括段落大意适用于逻辑段中无重点段、各叙述层次地位相当时，往往可抓住一个段落中的几个要点，把它们串联起来。如《太阳》（说明文）第一段中的三节分别写了太阳远、大、热三个特点，所以段落大意可串联为：太阳离我们很远，它很大、很热。

（三）概括缩集法 有些段落句子不多，但较长，可用缩句的方法来概括。为了做到这点，可用“去旁枝，抓主干”的方法进行归纳。在一个由几个自然段组成的段落里，与段的中心联系密切的、详写的自然段，就是重点自然段。归纳段落大意，就以重点自然段的意思为段落大意。如《小英雄雨来》第一大段有两层意思：雨来生活的环境和雨来的游泳本领高。第二层是主要的，可以做全段段落大意。

（四）综合法 有的段落既没有中心句，各自然段的意思也没有主次之分，但都围绕一个共同的内容来写。遇到这种情况，便可采用综合概括法来概括段落大意。如《给颜黎明的信》第一段分三层来写：1. 不要只看一个人的信；2. 不要只看文学书；3. 可以看世界旅行记和有益的电影。这三层都是围绕怎样读书写的，所以段落大意可归纳为：鲁迅谈怎样读书。

（五）抓体裁法 写人、写事的文章可以采用同一种概括段落大意的方法——谁在什么地方？（什么时间）干什么？结果怎样？而状物、写景的文章往往从事物的几个方面来写：如外形、性能、用途等。这类体裁的文章概括段落大意时就可用问答式来概括。

三、段落的作用

文章段落的作用一般是指自然段在文章结构上所起的作用，主要指开头段、中间某个自然段和结尾段。

（一）开头段 一般来说，文章开头第一段起统领全篇，解释说明，营造氛围，开篇点题，为下文做铺垫，设置悬念、引起读者兴趣等作用。

例如 我与父亲不相见已二年余了，我最不能忘记的是他的背影。（《背影》朱自清）开头一段在文中起开篇点题，为全文定下感情基调的作用。

（二）中间段 文章中间段一般起承上启下的作用；如果是插叙段，那就起补充说明的作用。

例如 国王又吃惊，又羡慕。（《阿凡提的故事》）这段起承上启下的作用。

（三）结尾段 文章末尾段起点题、总结全文、点明中心；或发人思考、耐人寻味、给读者留下想象空间的作用；或首尾呼应，使文章结构完整、严谨等。

例如 一个人，只要把自己的热情和爱诚实地献给他人，献给生活，他就会得到无穷尽的欢乐，我从此笃信不疑。（《欢乐在哪里》）结尾段起了总结全文，点明中心的作用。

四、文章分段方法总结公式表

文章分段方法总结公式表

（一）**按事情的发展顺序划分段落** 记事文章一般按事情发展的顺序划分段落，即：起因‖经过‖结果；或起因‖经过‖高潮‖结果；或起因、经过‖结果；或起因‖经过、结果。

（二）**按人物活动场所的转移以及空间转换即方位顺序划分段落** 一般游记、参观、访问类的文章多采用此种方法。我们阅读时需要把文章中标明地点的词语或句子找出来，如公园正门‖公园前左边‖公园中央‖公园右边；景点的山脚下‖半山腰‖山顶等。把属于同一个地点的内容归为一段，地点变了，就另换一段。

（三）**按时间的先后顺序分段落** 有些文章是以时间的变化来叙述的。如春‖夏‖秋‖冬；早晨‖中午‖夜晚；小学‖中学‖大学等。阅读时，我们先找出文章中表示时间的词语或句子，然后分析文段内容与时间的联系，再将同一时间的内容归为一段。

（四）**按事物的不同内容和性质分段** 一般状物、写人的文章，多可采用这种方法分段。如写动物的文章，按动物的外貌（一般是文章的开头部分）‖动物的生活习性（一般是文章的中间部分）‖作者对动物的感情（一般是文章的结尾部分）分段；写人物的文章，按人物的外貌（一般是文章的开头部分）‖人物的性格特点、精神品质（一般是文章的中间部分）‖对人物抒发的情感（一般是文章的结尾部分）等分段。

（五）**按文章的结构（总分总的分法也俗称“老三段”）分段** 有些文章的开头有个总起段或接尾有个总结段，有的两者都有，一般按总分总、总分、分总结构。对于这样的文章，我们在分段时把总起段和总结段各为一段，把中间分述的内容合为一段。一般议论文、说明性文章或记叙文中状物的文章常采用此方法。注：“老三段”，除了上述体裁外，一般写活动的文章按活动前‖活动时‖活动后来分段。

（六）**其他划分段落的方法与技巧** 将分出来的段落与紧邻的上下段联系起来，若与上段内容紧密相连，那就不能将此两段分开，若与下段内容紧密相连，那就不能将此两段分开。如一二自然段内容紧密相连分不开的，那就说明一二之间不能划分段落，以此类推，直到自然段与自然段内容是两方面的，就可以划分开了。

五、概括文章段意总结公式表

概括文章段意总结公式表

（一）摘抄归并法

1. 摘重点句法：摘总起句、总结句、中心句。此方法比较简单，就是直接从文章中摘出现成的句子作为段意。这种句子往往是这一段记叙、描写或议论的中心，因此，可以摘取它们作为段意。例如《松鼠》的首句“松鼠是种美丽的小动物”就可作为第一段的段意。

2. 摘抄过渡句：过渡句有承接上文、引起下文的作用。承上句是上一段的段意，起下句为下一段的段意。例如《赵州桥》中的过渡句“这座桥不但坚固，而且美观”，一句话承上启下，概括了上下两段的大意，承上句是上一段的段意，起下句为下一段的段意。

（二）串联法（串联层意、节意、关键词） 如果一个段落只由一个自然段组成，先看看这段有几句话并了解每句话的意思，接着找出每句话中的重点词或中心词语，然后把这些词语连起来，组成一句通顺的话。如《太阳》（说明文）第一个段落中的三节分别写了太阳远、大、热三个特点，所以段意可串联为：太阳离我们很远，它很大、很热。

（三）概括缩集法 有些段落句子不多，但较长，可用缩句的方法来概括。为了做到这点，可用“去旁枝，抓主干”的方法进行归纳。在一个由几个自然段组成的段落里，与段落的中心联系密切的、详写的自然段，就是重点自然段。归纳段意，就以重点自然段的意思为段意。如《小英雄雨来》第一大段有两层意思：雨来生活的环境和雨来的游泳本领高。第二层是主要的，可以做全段段落大意。

（四）综合法 有的段落既没有中心句，各自然段的意思也没有主次之分，但都围绕一个共同的内容来写。遇到这种情况，便可采用综合概括法来概括段意。如《给颜黎明的信》第一个段落分三层来写：1. 不要只看一个人的信；2. 不要只看文学书；3. 可以看世界旅行记和有益的电影。这三层都是围绕怎样读书写的，所以段意可归纳为：鲁迅谈怎样读书。

（五）抓体裁法 写人、写事的文章可以采用同一种概括段意的方法——谁在什么地方？（什么时间）干什么？结果怎样？而状物、写景的文章往往从事物的几个方面来写，如外形、性能、用途等。这类体裁的文章概括段意时就可用问答式来概括。

六、例题解析（分段落写段意）

（一）写人文章的分段方法

写人的文章一般按不同内容和文章的结构相结合的方法划分段落。

大部分写人物的文章，按人物的外貌（一般是文章的开头部分）‖人物的性格特点、精神品质（一般是文章的中间部分）‖对人物抒发的情感（一般是文章的结尾部分）等来划分段落。

我的爸爸

我爸爸今年40出头了，高高的个子，不胖不瘦。头发乌黑发亮，典型的国字脸，虽然戴着眼镜，但一样清晰可见那双炯炯有神的眼睛，标准的东方式鼻子，厚厚的嘴唇一点也不笨嘴拙舌，他总爱微笑着，露出的两排牙齿是那么的洁白整齐。别看他长得一表人才，他可是个“怪”人。‖

谁都会想爱笑的人应该脾气好吧，可我爸爸有时那是“笑里藏刀”——脾气很不好。有时我做错的只是一点小事，爸爸就会扇我耳光。就拿前两天才发生的事说吧：那天早上爸爸骑电动车送我去上学，天下着毛毛细雨，我觉得没必要穿雨衣，可爸爸非要我穿不可，说是要迟到了又担心我感冒，若我再不肯穿，他就要出手了。来回争论几句，我还是不穿，他就又扇我耳光，我真痛呀！还有就是我做作业只要错题超过三道以上，他就会打我耳光。爸爸说犯错不能有“三”，我知道我是有些马虎。可也不至于要如此惩罚我吧！真希望爸爸能语重心长、心平气和地跟我讲道理。

但说来也怪，如果学习上碰到很困难的问题时，爸爸比谁都有耐心。一次两次，三次五次，他会不厌其烦地给我讲。有时，不知怎么的，我的脑子就是会“短路”，爸爸怎么讲我也是不开窍，连在一旁的妈妈都看不下去了，忍不住出手打我，这时爸爸会挺身而出，劝妈妈别打。爸爸会安慰我，鼓励我，直到我弄懂为止，他才会停下，如果我再在他讲过的问题上出错，那就是他说的错不能有“三”了。

爸爸虽然有时凶巴巴的，但他却是一个很善良的人。一天，我家出现了一只很大的蜘蛛，我让爸爸把蜘蛛踩死，爸爸却拿出扫帚，让蜘蛛爬到上面，然后把它放在草丛里。爸爸教育我说“蜘蛛是益虫，它织的网可以捕捉蚊子、飞蛾等，做人要善恶分明。”

爸爸也是一个勤劳敬业的人，他常常早出晚归，努力挣钱养家，让我和妈妈过着丰衣足食的生活。‖

“谁言寸草心，报得三春晖”虽然这首诗是歌颂母爱的，虽然我的爸爸在某些方面是有点“怪”，但我却很爱他。我要努力学习，以优异的成绩来报答爸爸的养育之恩。

给文章划分段落并写出段意。

妙手解题 这篇写人物的文章，有很明显的分界线，开头部分是外貌，中间部分是人物的性格特点、精神品质，结尾部分是作者抒发对人物情感。可按人物的外貌（一般是文章的开头部分）‖人物的性格特点、精神品质（一般是文章的中间部分）‖对人物的抒发情感（一般是文章的结尾部分）来分段。第一段的大意：写爸爸的外貌；第二段的大意：写爸爸的性格特点、精神品质；第三段的大意：写“我”很爱爸爸。

有些写人的文章也可以按文章的结构总分总划分，（总分总的分法也俗称“老三段”）其结果都一样，如本篇文章。

（二）记事文章的分段方法

按事情的发展顺序划分段落：起因‖经过‖结果；或起因‖经过‖高潮‖结果；或起因、经过‖结果；或起因‖经过、结果；或按时间顺序划分段落。

马儿和蜗牛赛跑

马儿看到蜗牛在路边慢慢地爬行，觉得很可笑，就挖苦它说：“那么了不起的赛跑健将，你爬一百年也爬不了一百步路呢！”

蜗牛为了教训骄傲的马儿，故意说：“别看我爬得慢，要是和你比赛，保证不会落在你后面一百步以外！”

“啊，蜗牛！”马儿喊叫起来。

蜗牛接着说：“明天大清早，咱们来比一比。要是我输了，我愿意让你的蹄子踩得粉身碎骨！”

马儿立即同意了。

当天，蜗牛召集了它的家庭，来了足足有两万只。蜗牛把想好的巧计告诉大

家，大家决心团结一致，战胜马儿。‖

第二天黎明时分，马儿来了。

“好吧，蜗牛，你决心在我蹄下送命吗？奉劝你，现在取消比赛还来得及。”马儿傲慢地对蜗牛说。

蜗牛却说：“要是你不敢比赛，那就取消吧！”

马儿火了，大叫一声：“赶上来吧！”说罢就飞奔起来。它跑了一百步，扭头看看，发现蜗牛就在后面一百步的地方。它继续向前跑，跑了两百步，头也不回，嘲笑地问道：“嗨！蜗牛老弟，你在哪儿爬呢？”

“我就在你脚后没几步的地方呀！”

马儿回头一看，真的，蜗牛正在离它不远的地方爬着，马儿慌了，又一口气跑了好几百步，朝后看看，蜗牛还是离它不远。它不敢停留，又拼命地跑去。‖

马儿吃力地喷着气，边跑边回头看看，每次都看蜗牛总是在它脚后不远的地方爬着。最后，马儿终于精疲力竭，瘫倒在路上。这时，蜗牛爬到它跟前，笑着说：“你呀，太骄傲了！想胜过别人，光凭腿快不行，还得有一个脑袋！”原来，蜗牛让它的同胞沿着比赛路线，每隔一百步远就藏一只蜗牛。

给文章分段写段落大意。

妙手解题 这是一篇童话故事，记事的文章主要是按事情的发展顺序来分，文章主要讲马儿和蜗牛比赛，即按照比赛的起因、经过、结果划分为三层意思，而且文章还有明显的时间提示，如“第二天黎明时分”，所以按时间顺序来分段也是可以的，其分段结果都一样。第一段的大意：蜗牛为了教训骄傲的马儿，决定和马儿比赛；第二段的大意：蜗牛与马儿比赛时马儿很狂妄；第三段的大意：最后蜗牛用巧计赢了马儿。

（三）写景文章的分段方法

写景文章一般按空间转换即方位顺序和时间顺序相结合划分段落 一般游记、参观、访问类的文章多采用此种方法。我们阅读时需要把文章中标明地点的词语或句子找出来，如公园正门‖公园前左边‖公园中央‖公园右边；景点的山脚下‖半山腰‖山顶等。把属于同一个地点的内容归为一段，地点变了，就另换一段。

峨　眉　山

“峨眉山月半轮秋，影入平羌江水流。夜发清溪向三峡，思君不见下渝州”。峨眉山的美让诗仙李白深深依恋。古往今来，多少文人墨客毫不怜惜腹中学识，畅尽文笔赞赏峨眉。去年暑假，我和家人就有幸一起游玩了我梦寐以望的峨眉山。

我们刚到山脚下，一股大自然独有的清鲜气息向我袭来，洗去我坐车的疲惫，使我迫不及待想向山冲去。可我呆住了：眼前是山？是仙境？让我很是遐想。白茫茫的轻柔薄雾缠绕在半山腰，时隐时现的峰峦起伏，让我担心又好奇，担心里面会不会像迷宫星空那样神秘。怀揣着好奇，向山进发了，周围的景色美极了。有说不出名字的奇花异草，散发着沁人心脾的香味,令人心旷神怡。高高的苍松翠柏笔直笔直的，直冲云霄；彩色的蝴蝶翩翩起舞，红的、粉的，煞是好看；悦目的绿草在微风中一浪一浪的，像一张软绵绵的地毯 。每一处的美，像是人工精雕细琢，又像是大自然的天然和成，溶和成一幅如此美妙绝伦的画，让人如痴如醉，不愿归去！真是“不识庐山真面目，只愿（缘）身在此山中”啊！‖

在饱览大自然的美景与神奇中，不知不觉就到了一线天。这里两峰逼近，窄得只容得下一个人侧着身子过去。这“一线天”果然名不虚传，让人感觉一不小心真的就命悬一线了。我们只得小心翼翼移动脚步，缕缕阳光如利剑一般从山顶穿泻而下，揉碎了我们的眼睛，让人叹服只有大自然才会有这样的鬼斧神工啊！‖

走出了一线天，来到了生态猴区。早就听说峨眉山的猴子机灵狡猾，心里有些担心。在驯猴师的带领下我们进入了猴区。这里的猴子果然个个都机灵聪明，它们身轻如燕，荡秋千似的在树林里穿梭不停。一会儿停下来与游人嬉戏、一会儿又向游人索要吃食，那欢声笑语在山间回荡着。若有人不给它们食物，它们就会撒娇卖萌，甚至故作凶相，小聪明总是屡屡得逞，难怪人们会传说它们的小坏话。看到这一幕，动物与人类如此和谐美好，让人很是欣慰。要是人们对别的动物也这样该多好啊！其实动物们不就是有点吃的，有那么一点自己属于自己的无须太大的地方就可以了，为什么有些人却总容不下它们呢？没了动物，眼前的画面从何而来呀？‖

嗅着花儿芬芳、听着鸟儿歌唱、踏着“小桥流水”，来到了金顶。站在峨眉金顶，风云升至脚下，白雾包裹了你我，总会让人感慨那 “空山不见人，但闻人语响”的美句，使人想高歌，想呐喊。环视群山，云雾缠绕，似“一江春水向东流”，似“不尽长江滚滚来”。山风呼啸，隐隐约约的山脉连绵不断，一会是“横看成岭侧成峰”，一会是“远近高低各不同”，我完全置身于画里、梦里、仙境

里，醉了，迷了，全然不知何处，只是不想醒来……‖

峨眉山，一个用文字无法表达出、一个用画笔无法勾勒出的神奇绝伦的世界！只要你去过，从此，你就必定心驰神往。

给文章分段写段落大意。

妙手解题 **写景文章一般按空间转换即方位顺序和时间顺序相结合划分段落：** 这篇文章里有明显的方位转换，按照把属于同一个地点的内容归为一段的方法把峨眉山按山脚下及山路风光‖一线天风光‖生态猴区‖金顶‖作者赞美峨眉风光分为五段。第一段的大意：写了“我”到峨眉山脚下的感受及上山的沿途风光；第二段的大意：写“一线天”的美名不虚传；第三段的大意：写峨眉山生态猴机灵狡猾、可爱；第四段的大意：写金顶美得令人陶醉；第五段的大意：写了作者对峨眉山的赞美。

（四）状物文章的分段方法

状物文章分段落的方法一般按文章的结构和事物的不同内容相结合的方式来划分，其中总分总的分法也俗称“老三段”，即总分总、总分、分总结构。对于这样的文章，我们在分段时把总起段和总结段各为一段，把中间分述的内容合为一段。

大　象

远看大象，身躯是那样威武，那样高大，简直就像一堵厚实的墙。那四条圆滚滚的粗壮的腿就像四根柱子，两只心形的大耳朵就像两把大芭蕉扇。最有趣的是它那又大又长的鼻子，伸过来，卷过去，我们的胳膊和手兴许还不如它灵活呢！‖

大象吃草的时候，用鼻子把草一卷，使劲甩了甩，大概是怕草不干净，看来大象还挺讲卫生呢！

大象看起来很笨，可它居然能用鼻子演奏口琴，还可以随着音乐扭上几扭，那舞姿逗得观众捧腹大笑。更不可思议的是，大象有高超的吸水本领。它用鼻子吸入水，再把它均匀地喷出来，喷出的水柱成了喷泉，散出细小的水花，成了一颗颗细小的珍珠。我很担心，这大象吸水，万一吸到肺管里去了怎么办？一位饲养员伯伯告诉我：“大象鼻腔后面的食道上方有一块软骨，吸水的时候，软骨马上把气管盖上，水就不会从鼻腔进入肺管里了。”

大象怎样睡觉呢？我从来没有见过，但我常看见大象一动不动地站在草地上，闭着眼睛。不知那是它正在睡觉呢，还是在回忆往事？‖

大象是热带动物，很凶猛。据说连兽中之王——老虎也惧怕它三分呢！不过，大象从不随意伤害人类，它持重、善良、温和。

给文章分段写段落大意。

妙手解题

状物文章分段落的方法一般按文章的结构和事物的不同内容来划分，本文是动物的状物文章，即按动物的外貌（一般是文章的开头部分）‖动物的生活习性（一般是文章的中间部分）‖作者对动物的感情（一般是文章的结尾部分）来分段。第一段的大意：写大象的外貌；第二段的大意：写大象的生活习性；第三段的大意：写大象的性格持重、善良、温和。

（五）其他划分段落的方法

将分出来的段落与紧邻的上下段联系起来，若与上段内容紧密相连，那就不能将此两段分开，若与下段内容紧密相连，那就不能将此两段分开。如一二自然段内容紧密相连分不开的，那就说明一二之间不能划分段落，以此类推，直到自然段与自然段内容是两方面的，就可以划分开了。

爱国的西班牙母女

①100多年前，法国军队侵占了西班牙。一个炎热的夏天，在一个干旱的地区，西班牙人在井里下了毒，不让法国侵略者喝水。有一小队法国侵略军在上尉维龙带领下，到处找水喝，他们走了很多路，发现小山坡上有一座房子。

②他们冲上山坡，骂骂咧咧地推门进屋。屋里有位西班牙妇女，怀里抱着一个小女孩，冷冷地盯着他们。士兵向她要水喝，她摇了摇头，什么也没说。上尉命令："搜！"士兵在屋里翻开了，突然，里屋发出一阵欢呼："搜到啦！"

③士兵们一拥而上，争夺水罐。上尉命令他们放下。他走过去，看了看满罐的清水，觉得喉咙像火烧似的，恨不得捧起来喝个精光。可是他没有这样做，而是倒了一小杯，递给那位西班牙妇女说："请你先喝！"这位妇女接过水杯，看了看怀里的孩子，然后把杯里的水全部喝光。维龙又倒了半杯水递给女孩："你也喝一点！"孩子母亲缓缓地接过杯子，亲亲女儿，用西班牙语低声说："孩子，为了妈

妈，你喝吧！”女儿也像母亲那样，双手捧起杯子，喝干了半杯水。

④上尉见母女都喝了水，放心了。他倒了满满一杯，一仰脖子，一饮而尽。然后，他又让每个士兵喝，一罐水都喝完了，法国侵略者坐下歇息，不料一个接一个倒在地上死了。西班牙妇女和她怀里的孩子也死了。原来，这位西班牙妇女早在水罐里放了毒药。‖

⑤人们都赞颂这母女俩的爱国精神。西班牙解放后，大家为她们建造了一座高高的纪念碑。直到现在，纪念碑前还常常有人去敬献花圈哩。

给文章分段并写出段意。

妙手解题

分段的第一步应是读懂文章。文章内容简短，一般来讲，内容简短的文章可分为两个部分。将起因、经过分为一部分，或经过与结果分为一部分，要看经过与起因内容更密切还是与结果的内容更密切，与哪一部分密切就与哪一部分分到一起。比如本文，一自然段和二自然段是紧密相连、分不开的，二自然段和三自然段也如此，三自然段和四自然段也分不开，但四自然段和五自然段是可以分开的。所以应将一至四自然段分为一大段，第五自然段分为一段。

注：分完段后，一般要用括号注明“从几到几”这一规范的答题格式。

第一段（1～4）：讲100多年前法国侵占西班牙，有一小队法国侵略军找水喝。他们在一小屋内找到了水，但上尉维龙让母女俩先喝。母女俩喝后法国军队也喝了，他们都中毒死了。

第二段（5）：讲西班牙人民解放后，建造了一座高高的纪念碑纪念母女。

欢乐在哪里

①没有运动员矫健的体魄，缺少演员天才的素质，更不具有科学家非凡的本领——没有奖牌，没有掌声，没有发现……欢乐在哪里呢？

②我常常苦恼。

③我曾想，像我这样的人生到世界上来原本是一种错误。容貌一般，思想平凡，工作不起眼；天文地理难晓，诗词歌赋不通，琴棋书画无缘。自知算不上奋斗者，也就无望有什么成功。欢乐在哪里呢？我这社会中最最普通的一分子，海滩上阳光下一粒毫不动人的泥沙！

④我念过书。我听过《阿里巴巴和四十大盗》的故事。我幻想能够喊一声“芝麻开门”便走进通向幸福的大门。金银财宝，我一无所求。我只要欢乐，生活的欢乐，被他人、被社会所承认的欢乐。然而生活却是那么的吝啬，那样的不公平，它拱手送给一些人以种种的舒心，同时却舍不得分给一些人以半点的快慰！这能叫我不失望、不埋怨么？‖

⑤然而有一天，一个漂亮的小姑娘告诉我，我错了。欢乐，原来是不偏不倚地向着每一个的啊！

⑥她跌倒在公园里，我的身旁。她哭了。

⑦近旁无人。我出于本能顺手扶起她来，拍了拍她新衣裙上的尘土，然后转身要走……

“同志——”年轻的妈妈从后面赶了上来。她轻轻抱起可爱的孩子，眼里送来真诚的尊敬和感激：“谢谢，谢谢您啦……”

⑨“没啥……”我突然感到心头一热，一种从未有过的东西在心头迅速地蔓延开来。是激情？是自豪？我不清楚。然而小姑娘那甜甜的、软软的“叔叔再见”的呼喊，真真实实地使我整整一天都沉浸在全身心的愉悦之中。腰比往日直，饭比过去香——欢乐，你原是悄悄躲在我身边的呀！‖

⑩从此，我不再有找不到欢乐的苦恼。理完发说声“谢谢”；汽车上给老弱让个座位；下班后顺便给卧病的邻居捎几副药；食堂里吃过饭洗净碗筷；掏拾块整钱买两根针时道声“对不起”……数不清的小事，回报我以数不清的微笑，数不清的热忱。欢乐，就这样时时地包围着、推动着我，给我以源源不断的感染，源源不断的满足……

⑪当然，也会有世俗的冷眼，也会有无知的嘲讽。但我相信，自己对欢乐的追求绝不是这东西所能摧毁得了的。

⑫一个人，只要把自己的热情和爱诚实地献给他人，献给生活，他就会得到无穷尽的欢乐，我从此笃信不疑。

用‖给文章分段，并概括段意。

妙手解题

本文是围绕作者感情变化来写的文章，所以可以根据感情变化来分段。从文章中可看出作者从苦恼到欢乐，到坚定追求欢乐这一变化过程。除了这种方法外，还可以从文中的转折词“然而”和总结词“从此”这样明显的分界词来分，结果都一样。段意也简单。

第一段（①~④）：作者苦恼的原因。

第二段（⑤~⑨）：作者找到了欢乐。

第三段（⑩~⑫）：作者坚定追求欢乐。

七、例题解析（自然段的作用）

沙漠真情

这是一个真实的故事。故事发生在青海省一个极度缺水的沙漠地区。这里，每人每天的用水量严格地限制为三升，这还得靠驻军从很远的地方运来。日常的饮用、洗漱、洗菜、洗衣，包括喂牲口，全都依赖这三升水。

人缺水不行，牲畜也一样，渴啊！……

后来，牛的主人寻来了，恼羞成怒的主人扬起长鞭狠狠地抽打……

出人意料的是，老牛老牛没有喝以死抗争得来的水，而是对着夕阳……

20世纪末的一个晚上，我从电视里看到这让人揪心的一幕，那震撼心灵的母爱，让我想起了幼年时在家的那些贫穷而温馨的日子，想起了劳作的苦难的母亲。我和电视机前的许多观众一样，流下了滚滚热泪。

文章第一自然段在文中起什么作用？最后一段有什么作用？

妙手解题 本文第一自然段是一段说明性的文字，说明性的文字必然起着说明的作用，从全文来看，文章以“水”为线索，内容主要围绕“缺水”展开故事情节。所以第一段的作用是起说明的作用，说明了那里如何缺水。文章最后自然段的作用一般是点题、有感而发，总结全文、点明中心等。本文的中心是作者想通过牛的行为来歌颂母爱的伟大。从作者内心受到极大的触动而想到了自己的母亲这一真情抒发，更加明确了文章的中心。所以本文最后一段的作用是点题，有感而发。

阿凡提的故事

这天，国王想取笑阿凡提，就给了他一匹老马，让他随同去打猎。

打着打着，忽然变了天，下起大雨来。国王和随从们立刻掉转马头，飞也似的跑回去了。阿凡提的马跑不动，他就把外衣脱下来装在口袋里，冒着雨往回走。不一会儿，雨住了，天晴了，阿凡提重新穿戴好，骑着马抄近路回到了宫殿。

国王挺纳闷地问道：“阿凡提，你的衣服怎么没湿呀？”

“您给我的马，真是了不起！你们走了以后，它忽然长了翅膀，腾空而起，一眨眼儿，就到家了。”

国王又吃惊，又羡慕。

下一次打猎，国王骑了阿凡提那匹老马；自己的千里驹，让给了阿凡提。这一天，又下起了大雨，阿凡提立刻掉转马头，飞也似的跑回去了。国王信了阿凡提的话，让随从们都先回去。可是老马并没长什么翅膀。尽管国王使劲打呀，喊呀，老马却怎么也跑不起来。国王这才知道上了当。心里想，回去非好好教训阿凡提不行。

国王像只落汤鸡似的回到宫殿里来。

“阿凡提，你竟敢骗我，这马怎么没长翅膀？”

阿凡提说：“马怎么会长翅膀，国王！它既然跑不动，你就不会像我一样，把外衣脱下来装在口袋里吗？那样虽然被雨淋着点，衣服却是干的。唉，原来国王是一回事儿，智慧又是一回事儿！”

说说第五自然段在文中的作用。

妙手解题

从本文来看，国王之所以上当，是因为他很惊讶阿凡提的衣服怎么没湿，很羡慕。本段的上半部分是国王惊讶，下半部分是国王因羡慕而受骗的事情。而第五自然段在文章中间，文章中间段一般起承上启下或过渡的作用，所以该段起着承上启下或过渡的作用。

中转站3

百科知识（答案见327页）

1. 世界上有七大洲、四大洋，最大的大洲和大洋叫什么？
2. 戏曲人物中画白色脸谱的一般是好人还是坏人？

3. 田径运动竞赛分为哪两种？

4. 电风扇能把空气吹凉吗？

5. 人体有多少块骨骼？

6. 我国最大的内陆咸水湖是哪个湖？

7. 中国在南极设立的第一个考察站叫什么名字？

8. 地球自转一周大约要多少时间？

9. 发明电话的科学家是谁？

10. 自然界已知的最硬物质是什么？

脑筋急转弯 （答案见327页）

1. 青蛙和狗比赛游泳，为什么狗赢了？

2. 天最顶上是什么？

3. 奶牛天天挤奶，它还有奶，这是为什么？

4. 为什么狗身上湿淋淋的？

5. 两个口是吕，三个口是品，那么四个口、五个口分别是什么字？

6. 小明放学回家对妈妈说：“家里有一个地方，我想坐就坐，而你却不能坐。”你知道这是什么地方吗？

7. 一个人有一个，全国12亿人只有12个，这东西是什么？

8. 乌龟梦见自己中了一百元大奖，醒来梦想成真，它接下去该怎么办？

9. 一个商人破产了，有半数朋友不认识他了，为什么？

10. 动物园里大象的鼻子最长，那谁是第二长的呢？

猜成语 （答案见327页）

1. 激战——　　2. 极小——　　3. 即将起飞的航班——

4. 天上的街市——　　5. 既输氧又输液——　　6. 遗失招领——

7. 家务琐事——　　8. 嘉陵江水滔滔——　　9. 甲鱼翻跟头——

第四章
文章的层次

记叙文的结构

文章结构的四级划分：第一级是“篇章”，第二级是“部分”，第三级是“段”（也就是通常说的“自然段”），第四级是层（或叫“小层次”）。

一、自然段分层的方法

阅读一篇文章时，有的段落内容复杂，说了几层意思。为了更清楚地理解一段话的意思，了解文章的结构，更准确地掌握文章的内容，除了学会给课文分段落外，还要学会段中分层次。

怎样在段中分层次呢？具体方法是：先初步了解每段的主要内容；再弄清段中有几句话，一句一句地读，弄懂每句话的意思；然后分析句子之间的关系，哪几句话说的是一个意思就是一层，如果一句话就是一个意思，那么这句话就是一层。

二、概括层次大意的方法

概括层次大意，既是把握段落内容、理解段落结构的训练，也是进行从分析到归纳的思维过程训练。准确地概括层次大意，是正确理解文段内容，进而正确理解文章的含义、思想感情和表达方法的基础，对培养分析归纳能力、发展逻辑思维能力和写作能力起着非常重要的作用。

概括层次大意的方法与概括段落大意的方法相似，一般步骤是：先熟读该层次，弄明白层次内每句话的意思；再根据各句的意思，抓住主要的内容和事情，用简练的语言总结出该层次的主要内容，一般概括成“什么人做什么事”或“什么东西怎么样”的格式。常用的方法，主要有连串法、摘句法、取舍法、缩句法、归纳法等。

三、自然段分层方法总结公式表

（一）**承接（顺承）关系** 自然段的内容是写一件事，每一句话是按照事情的发展顺序或时间的先后顺序一步一步写下来的，其中层次关系就是承接关系。层次与层次之间的承接关系，一般有两种情况。

1. 按事情发展的先后顺序分层次。

2. 按时间的先后顺序分层次。按时间先后分层次时，要注意表示时间顺序的词语。找出了表示时间的词语后，再把在同一时间内的内容归成一层，这样分出的层次就清楚了。

（二）**按“总与分”关系分层法** 自然段落中的“总与分”关系，就是自然段的结构，先“总”后“分”叫总分结构；先“分”后“总”叫分总结构；先“总”后“分”又“总”叫“总分总”结构。

1. 先总后分结构，就是先出现总起句，再写分述句。

2. 先分后总结构式，就是先写分述的内容，再用总结句进行概括。一般也分两个层次来理解。

3. 总分总结构方式分层。

（三）**按并列关系分层法** 在一段话中，有的同时介绍两种或两种以上事物，每层意思说的是一种事物；有的段落，是从几个方面写一种景物，每层意思就是景物的一个方面。这些材料没有主次之分，而是加以分类排列写出来，这是并列关系的结构形式。并列关系有两种情况。

1. 围绕同一内容，把几种事物分别加以描述。

2. 按照同一事物或同一内容的几个方面，分为一个方面来写。

（四）**按因果关系分层法** 任何一件事都有起因，也有跟起因密不可分的结果。段落中的因果形式，是按事物的因果关系来写的，它有两种形式。

1. 先因后果：在很多段落中，先写事情的起因，再写它的结果。阅读中，遇到这样的段落，我们就可以按因果关系将段分为两层。

2. 先果后因：也就是在段落中，先写了事情的结果，再写原因。

（五）**按转折关系分层法** 常有“可是”“但是”之类的词连接起来，前后两层次意思之间存在着转折关系。

四、概括层次大意方法公式表

概括层次大意方法公式表

（一）**连串法** 是概括层次大意最常用的方法之一，就是抓住层内主要句子，把每句概括成一个词语，用简洁通顺的语言把它们连串起来作为层次大意。如果层内各句都比较重要，一般就用此法概括。此法要注意：必须抓住关键词语；语言要简练通顺；要全面，忌以偏概全、舍主取次。

（二）**摘句法** 也是常用的方法之一。有些层次在开头或结尾就往往有能够表达本层次主要思想内容的句子，总结层次大意时就可摘录这些句子做层次大意。运用这种方法也要注意：

一是必须找准中心句；

二是有时还需把中心句做适当的调整或增减，以求准确、连贯。

（三）**缩句法** 有的层次是由一两个长句组成，可用缩句法来概括层次大意。方法是把长句去掉修饰部分，留下关键部分，缩成一简洁、通顺、要点全的短句作为层次大意；如果是两个以上的长句，就要抓住主要内容的句子缩成精炼的短句做层次大意。

（四）**取舍法** 有些层次往往由许多句话组成，也没有明显的中心句，可用舍去次要内容，抓住主要内容的句子来概括层次大意。

（五）**归纳法** 也是常用的方法之一。有些层次、各句话分别从不同的角度说明同一个问题，概括层次大意时把各句所表达的内容概括归纳为同一概念，这就是归纳法。

（六）**关系法** 有些层次，各句之间有明显的结构关系，可用分析结构关系的方法来概括层意。例如因果关系的层次，可抓住结果来概括；“总分”关系的可抓住总写来分的概括；时间顺序的可抓住表示时间先后的时间词来概括；并列关系的可并列列出表示各句内容的词语为根据……概括层次大意虽然方法多样，但在具体概括时要灵活选择恰当的方法，避免生搬硬套，张冠李戴。

五、例题解析

用‖给下列文段分层次并写出层次大意。

人们总认为动物之间是一个弱肉强食、互相残杀的世界。‖其实不然，同类动物以及不同种类的动物之间都存在着有趣的互助行为。我国古人对乌鸦十分崇敬。汉代许慎在其《说文解字》中说：“乌，孝鸟也。”因为乌鸦具有“反哺”习性。乌鸦初生，母哺六十日，待母乌鸦衰老无法觅食时，总是先大声叫唤，让长辈先来吃食；老鸟吃过以后，便飞到高处放哨，让其他饿鸟安心啄食。还有黄鹂、紫燕、鸿雁等鸟类，也都是在“尊老爱幼”中生活。大海中的沙丁鱼在遨游时，行至礁石狭窄处总是自觉排队，依次前进；即使遇上了危险，仍按照“规矩”行动——小鱼从上层列队通过，老鱼从下层接踵而游，从来不会乱套。美洲有一种蜜蚁，遇到蜜源植物时，就把肚皮吃得胀胀的；但并非自己一饱了事，而是在饱餐之后立即赶回去，见到没有进食的伙伴主动吐出蜜来，让它充饥，有时自己吐得腹中空空，也在所不惜。

妙手解题 “其实”是个转折词，应按转折关系来分。第一层次的层次大意是人们总认为动物之间是一个弱肉强食、互相残杀的世界；第二层次的层次大意是举例说明人们的这种看法是错误的。

用‖给下列文段分层次并写出层次大意。

热带森林中的鹦鹉，不仅同类相亲，并且非常好客，当它们千辛万苦找到可口食物而正在聚餐时，发现友邻鸟类从空中飞过，总要停下来高唱“迎宾曲”，热情邀请其降临，共享美食。动物的互助本领也是十分高超的，曾有一只食蚁兽，面部不慎割伤，不住地流着血，另一只食蚁兽看到后，马上用嘴去舔，并且很快找回一种止血物涂在伤口上，血也就止住了。‖有些动物还向异类求助，有人在西伯利亚偶然发现，两只鹿带着一只无精打采的小狗獾，到一片洼地吞食泥土，然后又把它送回原处。经证实原来是鹿帮助有病的幼獾去吃沸石，终于帮助它清除了腹内的有害物质。在非洲，一只狒狒身中毒箭，危在旦夕。它毫不犹豫地请山羊带路觅药。后来狒狒已是筋疲力尽，几只山羊四处寻找，终于找到一种称作“白鲜”的药草，让狒狒将这“灵丹妙药”吃下去后，利箭便从肌肉中弹跳出来，箭毒也消失了。

妙手解题 这段话讲了同类与异类动物之间的互助行为，这两部分内容的顺序是可以调换的，这叫"并列关系"。按并列关系给该段分层次。第一层次的层次大意是同类动物间的互助行为；第二层次的层次大意是不同种类动物间的帮助。

中转站 4

百科知识（答案见 327 页）

1. 如果有人触电，首先应该怎么做？ 2. 遇到有危重病人，应拨打哪个电话？
3. 遇到火灾，应该拨打哪个电话？ 4. 我国的国旗是什么？
5. 睡觉时哪种睡姿对人体的健康最有利？
6. 保持口腔卫生，每天至少刷几次牙？
7. 进行剧烈运动比较适宜的时间应安排在饭后多久？
8. 我们都知道三十而立四十而不惑，那么"耳顺"代指什么年纪？
9. 我国古代文化中的"五行"是指什么？
10. 离地球最近的一颗恒星是哪一颗？

脑筋急转弯（答案见 328 页）

1. 什么人敢在皇帝的头上胡作非为？
2. 什么官，不发工资，却要给别人钱，还要赔笑脸？
3. 一个挖好的长6米、宽7米、高8米的坑里有多少土？
4. 在中国，哪个村庄最大？ 5. 马在哪里不需腿也能走？
6. 一个数去掉首位是13，去掉末位是40，请问这个数是几？

猜成语（答案见 328 页）

1. 刘邦项羽过磅—— 2. 地下室发信—— 3. 地狱里碰见救命菩萨——
4. 地震—— 5. 缔—— 6. 第三季度任务忙——
7. 颠倒东西—— 8. 点金魔棒—— 9. 电灯泡——

侦探推理小故事（答案见328页）

（答案见328页）

列车劫案

邮件车厢上，一箱托运的黄金饰品被人抢了。福尔摩斯刚巧在这列火车上，他赶到现场，却只发现了两个抽剩下的烟头。

福尔摩斯让值班员皮特回忆一下当时的情景。皮特说："上午，我们组长送来一个邮包，说里面有贵重的物品，让我重点看管。火车开了一段时间，我听见有人敲门，先是两下轻的，然后是三下重的。我以为是列车员，便将门打开，结果闯进来两个人，他们都戴着头套，只露出两只眼睛。他们将我打倒后，每人叼一支烟，还说了些什么，但火车声音太大了，我没听清楚……"

福尔摩斯听到这里摆摆手说："皮特先生，我认为你有很大嫌疑，你刚才编的这段话里漏洞实在太多了……"

动脑筋想一想，皮特的话里到底有哪些漏洞呢？

第五章
文章的主要内容

能否简明扼要地概述文章内容，是衡量是否读懂文章的一个重要标准。阅读文章是从整体到部分再到整体。即初读文章，了解大意；再理解字词，读懂每句话，给文章分段和归纳段意；最后回到文章整体上来，进而抓住文章的主要内容，并概括中心思想。阅读过程中，在理解文章的词句、进行分段和归纳段落大意的同时，要能够掌握文章的主要内容，从而领会文章的思想感情。

阅读一篇文章，一定要概述出文章的主要内容，归纳出文章的中心思想。只有这样，才能帮助我们深入理解文章，了解作者的写作目的和意图，同时才能提高我们的分析、概括和认知能力。 概括文章的主要内容，就是要搞清楚全文主要讲的是什么。只有掌握了文章的主要内容，才能正确领会文章的中心思想。

一、概括文章主要内容的方法

文章的主要内容一般应概括得简要，还要概括得完整，即具有较强的综合性。一篇课文要用一两句话表达出主要内容，确实不易。究其原因，总结起来有三点：一是缩不短。概括课文大意时，常常讲着讲着就接近复述。二是该不该删。在概括课文大意时，分不清楚哪些内容该留，哪些内容该删。三是抓不住重点。课文内容那么多，顾前不顾后，很难快速把握重点。如何准确、简洁、快速地概括出课文主要内容，有如下六种方法。

（一）记叙文“四要素”问答法　这是最常用的方法。写人记事的文章，一般有时间，地点，人物，事件（包括起因、经过、结果）等基本要素。把这几个基本要素弄清了，用问答的方式串联起来，就是文章的主要内容。

例如《董存瑞舍身炸暗堡》：事情发生的时间是1948年5月25日；地点是隆化中学；主人公是董存瑞；起因是敌人的火力封锁了部队的前进；经过是董存瑞在

战友的掩护下，冒着炮火，冲到桥下，用自己的身体顶住炸药包，舍身炸毁了暗堡；结果是消灭了敌人，战斗取得了胜利。把六要素内容连接起来，就可以概括出文章的主要内容：1948年5月25日，在解放隆化的战斗中，敌人暗堡的火力封锁了部队的前进，董存瑞在战友的掩护下，冒着炮火，冲到桥下，用自己的身体顶住炸药包，舍身炸毁了暗堡，使战斗取得了最后的胜利。

（二）“段落大意”合并法 段落大意概括了一段的主要内容。把每段大意综合起来，加以概括，就是整篇文章的主要内容，这是最常用的方法。用这种方法要注意两点。一是各段大意之间，有的要加上一些过渡词语，以便读起来通顺。二是要区分重点段落和非重点段落，做到有详有略，有的甚至可以舍去。

例如《祖国，我终于回来了》：课文第一大段，主要写了钱学森听到中华人民共和国成立的消息，决心早日回国；第二大段，主要写了美国当局用种种手段迫害钱学森，阻挠他回国；第三大段，主要写了在世界各国主持正义的人们的支持下，在中国政府和人民的关怀下，钱学森终于回到了祖国。三个大段的内容合并起来，稍加整理就可以概括出文章的主要内容：钱学森听到中华人民共和国成立的消息，决心早日回到祖国，而美国当局用种种手段迫害他，阻挠他回国，最后，在中国人民、世界人民的关心支持下，钱学森终于回到了祖国。

（三）“问题”概括法 作者写一篇文章，往往是围绕一个中心，抓住几个问题，按一定的顺序来写。读一篇文章，我们可以想一想，作者所要说明的是哪几个问题？把这几个问题概括起来，就是文章的主要内容。

例如《穷人》一文，读后可以先行提出以下几个问题：桑娜在等丈夫回来的时候，发生了什么事情？她是怎样做的？又是怎样想的？为什么她会这样想？丈夫回来以后，她又是怎么想的？一一回答这些问题，就是课文的主要内容。

（四）句子“摘录串联”法 有的文章结构上有总起句、总结句、过渡句，或内容上有中心句，这些句子往往提示了全文的主要内容。摘录这些概括性的语句，稍加改动，就可以成为全文大意。运用句子摘录法，有时候我们可以直接“抄”。

例如《伟大的友谊》直接摘抄过渡段作为全文大意：马克思和恩格斯不仅在生活上互相关心，互相帮助，更重要的是他们在共产主义的事业上亲密合作。

（五）重点内容“借助”法 这种方法，就是借助文章中的句或段来总结主要内容。

例如《养花》一课，结尾的“有喜有忧，有笑有泪，有花有果，有香有色。既须劳动，又长见识，这就是养花的乐趣”就总结了全文的主要内容。

（六）题目“扩充”法 题目是文章的眼睛，透过题目我们往往能捕捉到很多课文信息。不少课文的题目就是文章内容的高度概括。归纳这类文章的主要内容，我们可以借助课题。首先要读懂字面上所表达的意思；再根据课文内容把课题扩展成一句完整的话，在此基础上逐步进行丰满，使表达更加完整，更加全面。

例如《草船借箭》，读课文后，把题目四个字扩展成一句话：诸葛亮利用草船向曹操“借”来了十万支箭。在此基础上，补上借箭的起因及周瑜最后的态度，然后稍加整理就能概括出课文的主要内容：周瑜妒忌诸葛亮，要求他十天之内赶造十万支箭，诸葛亮利用草船向曹操“借”来了十万支箭，使周瑜自叹不如。学会从课题入手也就悟到了“概括”与“具体”之间的关系了。

总之，不管运用哪种方法，都必须先认真阅读课文，分析理解，在此基础上，才能正确概括文章的主要内容；同时，各种方法结合运用，效果更好。

二、主要内容与中心思想的区别

文章的主要内容（中心内容）和中心思想，是材料和观点的关系，两者虽然关系密切——归纳中心思想时也把主要内容写进去，但两者并非一回事。

主要内容只是对文章的内容进行概括， 文章的中心内容就是指文章的主要内容，是通过文章的文字让读者看得到的。格式是：本文主要讲述了（这里讲述的就是内容概括）……

中心思想也是文章主题或主旨，不是指主要内容，而是指文章的主要内容所体现出来的最基本的、最突出精神、思想，是作者通过文章所表达的思想，而所表达的思想内容文章一般不会用文字体现出来，是需要读者读后自己去领悟的。中心思想是文章的灵魂，它是统摄全文的，是全文各部分共有的思想，而不是文章某一部分所反映的某一个思想；也可以说，文章的所有内容都是为了反映这个中心而表述的。

文章的主要内容体现出中心思想，中心思想的归纳包含文章的主要内容。

要归纳中心思想，首先必须读懂课文的主要内容、段落大意或课文的中心句来概括总结。在表达中心思想时，通常的格式为：本文通过（通过的内容就是文章的主要内容）……表达出了作者的（这里是作者所要表达的思想感情）……

它们的相同点是都要对文章内容进行概括，区别是中心思想是通过内容来表达作者的感情，主要内容只要对内容进行概括就行了。

文章的主旨、主题、立意

主旨 是文章中所表现出来的主要的意义、目的。

它们的区别与联系可以这样认为：

中心内容=主要内容

中心思想=中心内容+主旨

主题

1. 文学、艺术作品中所表现的中心思想是作品思想内容的核心。

2. 泛指谈话、文件等的主要内容，如主题词。

立意 立意新颖。

课文的中心思想和主题、立意、主旨叫法不同，意思基本一致，不过对于记叙文一般叫“中心思想”。

三、概括主要内容方法总结公式表

概括主要内容方法总结公式表

（一）**记叙文“四要素”问答法** 这是最常用的方法。写人记事的文章，一般有时间，地点，人物，事件（包括起因、经过、结果）等基本要素。把这几个基本要素弄清了，用问答的方式串联起来，就是文章的主要内容。如《董存瑞舍身炸暗堡》：事情发生的时间是 1948年5月25日；地点是隆化中学；主人公是董存瑞；起因是敌人的火力封锁了部队的前进；经过是董存瑞在战友的掩护下，冒着炮火，冲到桥下，用自己的身体顶住炸药包，舍身炸毁了暗堡；结果是消灭了敌人，战斗取得了胜利。

（二）**“段落大意”合并法** 段落大意概括了一段的主要内容。把每段大意综合起来，加以概括，就是整篇文章的主要内容。这是最常用的方法。用这种方法要注意两点。一是各段落大意之间，有的要加上一些过渡词语，以便读起来通顺。二是要区分重点段落和非重点段落，做到有详有略，有的甚至可以舍去。

（三）**“问题”概括法** 作者写一篇文章，往往是围绕一个中心，抓住几个问题，按一定的顺序来写。读写一篇文章，我们可想一想：作者所要说明的是哪几个问题？把这几个问题概括起来，就是文章的主要内容。

（四）**句子“摘录串联”法** 有的文章结构上有总起句、总结句、过渡句，或内容上有中心句，这些句子往往提示了全文的主要内容。摘录这些概括性的语句，稍加改动，就可以成为全文大意。运用句子摘录法，有时候我们可以直接“抄”。

（五）**重点内容“借助”法** 这种方法，就是借助文章中的句或段来总结主要内容。如《养花》一课，结尾的“有喜有忧，有笑有泪，有花有果，有香有色。既须劳动，又长见识，这就是养花的乐趣”总结了全文的主要内容。

（六）**题目“扩充”法** 题目是文章的眼睛，透过题目我们往往能捕捉到很多课文信息。不少课文的题目就是文章内容的高度概括。归纳这类文章的主要内容，我们可以借助课题。首先要读懂字面上表达的意思，再根据课文内容把课题扩展成一句完整的话，在此基础上逐步进行丰满，使表达更加完整，更加全面。

四、例题解析

（一）文章的主要内容

考　　试

一位美国的教育家要在我国的小学生中做一个实验。

一天，她来到一所学校，请校长找来三名四年级的学生。她从手提包里拿出一只瓶子，又取出三个系着绳子的小铅锤，然后她把瓶子放在地上，把三个小铅锤分给三个学生，让他们拿着绳子头，先后把小铅锤都放在瓶子里。

她对三个学生说："这只瓶子是一口井，不过现在井里没有水。你们手里拿着的铅锤代表你们自己，你们现在正在一口没有水的井里玩。井口很窄，一次只能让一个人上来。"说完了以后，她又问："记住了吗？"

三个小朋友齐声回答："记住了！"

美国教育家拿起茶杯向"井"里灌水，她一边灌，一边喊："危险！快上来！一、二……"

小梅低声对两个同伴说："快！你第一，你第二，我最后！"

"三"字刚喊完，三个小朋友各自安稳地把三个小铅锤拉了出来。

那位教育家问小梅："你刚才跟他们说了些什么？"

小梅如实地告诉了她。

"你为什么要这么做呢？"教育家问。

小梅不假思索地说："有了危险当然让别人先出去！"

那位美国教育家激动地抱起小梅，抱了好久才放下。她对校长说："在美国，这样的实验我做过多次，但每次都由于争着先往外拉铅锤，总要把瓶子拉翻。今天，我的实验第一次获得成功。"

概括文章的主要内容。

妙手解题　前面讲过，记叙文概括主要内容的一般表达（答题）格式是理清记叙文的六要素，即时间、地点、人物、起因、经过、结果，也就是本文主要讲述了什么时间？什么地点？哪些人物？发生了什么事？经过怎样？结果如何？把这几点回答清楚了，主要内容也就概括出来了。本文的主要内容就很好概括了，即本文主要讲述了一位美国教育家（教育家为人物）要在我国小学生里做一项实验（实验为起因），一天（一天为时间）她来到一所学校（学校为地点），找来三名四年级学生（学生为人物）。她从手提包里拿出一只瓶子，又取出三个系着绳子的小铅锤，然后她把瓶子放在地上，把三个小铅锤分给三个学生，让他们拿着绳子头，先后把小铅锤都放在瓶子里，做一个遇险逃生的实验，实验成功（成功为结果）了的一件事。

注：不是每一篇记叙文的六要素（也可说是四要素）在文章内容里都会表现出来，概括主要内容时也不是一定要把记叙文的要素全面地按照顺序回答清楚，有些可以简单明了，只要把内容说清楚了就可以。

真诚的友谊

那是在我读三年级的时候。记得一天夜晚，我们一家三口兴致勃勃地议论着电影中精彩的片断，我把要做的数学作业都给忘记了。

第二天早晨，我正要去上学，头脑猛然一怔，糟糕，我心中暗暗叫苦。干脆就说忘记带了吧！我硬着头皮向老师撒了个谎。老师还算信任我。叫我中午上学时交上，可是，还加一个条件：由王青监督我。我心头一缩，又转念，一想，没事，老师可打错了算盘，谁不知道我和王青是最要好的朋友，拉个勾，保个密，不是轻而易举的事吗？

放学后，我对王青悄悄地说："老实告诉你，昨晚的数学作业我忘记做了，中午马上补好，你可别打小报告呀！"我满以为她会答应，于是不等她同意，就一溜小跑走了。

中午，我把补好的作业交给老师，老师竟然当着同学的面表扬我的作业做得又干净又正确。我心中暗暗得意，看了一眼后面的王青，她的脸好严肃，莫非……

王青站了起来，毫不留情面地把我对她说的话来了个"竹筒倒豆子——全说了出来"。不用说，我挨了老师一顿批评，再加上同学们讥讽、嘲笑的目光，我心里真不好受。既然她翻了脸，我干嘛还跟她好？放学后，我俩经过一场舌战，终于闹翻了。

一个星期天，我正在看书，听见敲门声，开门一看，是王青，她脸上带着真诚的笑，双眼闪烁着真诚的情。她说："我要转学去镇海了，这本笔记本送给你留个纪念，别忘了我。"我呆住了，脑海里有那么多的话想对她倾诉，却不知从何说起。两颗心沟通了，此刻话是多余的，我们只是默默地对视着，目光中包含着许多许多的友情。

她走了，留下了几句话：友谊需要理解去播种，友谊需要信任去浇灌，友谊需要真诚去护理……我懂了，真正懂了：真正的友谊是来之不易的，同学之间真诚的友情才是最可贵、最高尚的。

概括文章的主要内容。

妙手解题

记叙文概括主要内容的一般表达（答题）格式是理清记叙文的六要素，即时间、地点、人物、起因、经过、结果，也就是本文主要讲述了什么时间？什么地点？哪些人物？发生了什么事？经过怎样？结果如何？把这几点回答清楚了，主要内容也就概括出来了。本文的主要内容就很好概括了，本文主要讲述了一次（一次为时间）我忘做数学作业了，跟老师撒了谎（忘做作业撒谎为起因），老师让我补上，我把真相告诉了好友王青。（老师、我、王青为人物）我把补好的作业交给老师，老师表扬了我，王青毫不留情地揭发了我，我俩闹翻了。（老师表扬，王青揭发，我俩闹翻为经过）王青临转学之前主动找到了我，我们和好了的一个故事。（我们和好为结果）

注：不是每一篇记叙文的六要素（也可说是四要素）在文章内容里都会表现出来，如上文《真诚的友谊》里看不出地方，但文章中几个人物的出现一看便知是学校了。概括主要内容时也不一定一定要把记叙文的要素全面地按照顺序答理清楚，有些可以简单明了，只要把内容说清楚了就可以。

（二）中心思想与主要内容的区别

三　层　楼

有一个富人，很愚蠢。他看到另一个富人家的房屋有三层楼，轩敞壮丽，心中好生羡慕。他有的是钱，马上叫泥水匠来造一所同样的三层楼房。

泥瓦匠开始打地基，垒砖头，建造楼房的最下一层。富人瞧了，心里有些疑惑，就跑来问泥瓦匠道：“你这是造什么房子呀？”泥瓦匠答道：“还不是照你的吩咐建造三层楼房么？”

原来富人羡慕的，只是楼房的最上一层，他要造的也只是这一层。他连忙止住泥瓦匠道："你给我造房子，就得依我的计划，我是不需要什么第一、第二层楼的，只要第三层就够了，还是给我把它先造起来吧！

1. 概括文章的主要内容。

妙手解题 主要内容就是将短文简化。短文主要讲述了一个富人，很愚蠢。他羡慕另一个富人家的三层楼房。他叫泥水匠来造一所同样的三层楼房。但他不让泥瓦匠打地基，垒砖头，只按他的计划，不要第一、第二层楼，只要第三层楼的一件事。

2. 归纳短文的中心思想。

妙手解题 中心思想是在概括好主要内容的基础上完成的。短文通过讲述一个富人，很愚蠢，他羡慕另一个富人家的三层楼房，叫泥水匠来造一所同样的三层楼房，但他不让泥瓦匠打地基，垒砖头，只按他的计划，不要第一、第二层楼的，只要第三层楼的事，说明了做任何事情都要打好基础，才能取得成功。

鲁迅爱读书的故事

鲁迅小的时候，爱买书，爱看书，爱抄书，把书看作宝贝一样。

还在进"三味书屋"前，他在自己的启蒙老师——一位远房叔祖父那里看了不带图的书。这位老师曾经告诉他，有一部绘图的《山海经》，画着人面的兽，九头的怪物……可惜一时找不到了。这么一部有趣的书，可把鲁迅吸引住了。他念念不忘，梦寐以求，把他的保姆长妈妈也感动了。长妈妈不识字，她探亲回来时，就设法给鲁迅买回了这部书。一见面，长妈妈把一包书递给鲁迅，高兴地说："哥儿，有画的《山海经》，我给你买来了！"

一听这消息，鲁迅欣喜若狂，赶紧把书接过来，打开纸包看了起来。

这是鲁迅最初得到的心爱的书。后来，识字渐渐多起来了，他就自己攒钱买书。过年，鲁迅得到压岁钱后，总是舍不得花，攒起来买书看。

鲁迅小时候，不仅酷爱读书，而且还喜欢抄书，他抄过很多书。显然，抄书使他得益匪浅。他的记忆力那么好，读过的书经久不忘，这与他抄书的爱好是密切相连的。

鲁迅小时候对书籍特别爱护。他买回书来，一定要仔细检查，发现有污迹，或者装订有问题，一定要到书店去调换。有些线装书，很容易脱线，他就自己动手改换封面，重新装订。

看书的时候，他总是把桌子擦得干干净净，看看手指脏不脏。脏桌子上是不放书的，脏手是不翻书的。他最恨用中指或食指在书页上一刮，使书角翘起来，再捏住它翻页的习惯。他还特意为自己准备了一只箱子，把各种各样的书整整齐齐地放在里面，箱子里还放了樟脑丸，防止虫蛀。

鲁迅小时候养成的爱书如宝的好习惯，贯穿了他的一生。他读过的书浩如烟海。他购置的书，仅据《鲁迅日记》上的“书账统计”，从1912年至1939年，就有九千多册。他收藏的书，总是捆扎得井井有条。鲁迅一生清贫，最大的财产，就是他的这些宝贵的藏书了。

概括短文的主要内容。

妙手解题　主要内容就是将文章内容简化。本文主要讲述了鲁迅先生小时候特别喜欢书，他爱看书，爱买书，爱抄书，更爱护书，把书看作宝贝一样的故事。

归纳短文的中心思想。

妙手解题　中心思想是在概括好文章的主要内容的基础上完成的。即本文通过讲述鲁迅先生小时候特别喜欢书，他爱看书，爱买书，爱抄书，更爱护书，把书看作宝贝一样的事，表现了鲁迅先生勤奋好学、博览群书、不断充实自己、完善自我的精神。

中转站5

百科知识（答案见328页）

1. 为什么先看见闪电后听到雷声？
2. 中国第一个奥运会冠军是谁？
3. 月亮围绕地球东西转，转一个周期要多少时间？
4. 中国历史上最杰出的天文学家是谁？

5. 电池的发明人是谁？

6. 最早的农作物是什么？

7. 甩掉“中国贫油”帽子的人是谁？

8. 什么动物是人最早驯养的？

9. 最高的哺乳动物是什么？

10. 我们看到天上的星星比月亮小得多，实际上它们大多比月亮大，对吗？

脑筋急转弯（答案见 328 页）

1. 冬瓜、黄瓜、西瓜、南瓜都能吃，什么瓜不能吃？

2. 盆里有6个馒头，6个小朋友每人分到1个，但盆里还留着1个，为什么？

3. 你能以最快速度，把冰变成水吗？

4. 冬天，宝宝怕冷，到了屋里也不肯脱帽。可是他见了一个人乖乖地脱下帽，那人是谁？

5. 有一个字，人人见了都会念错。这是什么字？

6. 小华在家里，和谁长得最像？

7. 鸡蛋壳有什么用处？

8. 不必花力气打的东西是什么？

9. 你能做，我能做，大家都做；一个人能做，两个人不能一起做。这是做什么？

10. 什么人始终不敢洗澡？

猜成语（答案见 328 页）

1. 高喊生病了——　　2. 500公里 / 天——　　3. 0：0——

4. 1%——　　5. 15个瓦盆摔下山——　　6. 劳动节与国庆节——

7. 1000×10——　　8. 125——　　9. 13岁少女——

第六章 文章的中心思想

中心思想就是作者的写作目的，就是作者想要读者了解的其在该文中所要表达的主要思想，或作者写作当时所要表达的思想情感。任何人写文章总有一个目的：或是为了宣传某一种思想，或是为了表扬某一个人物，或是为了介绍某一件事情，或是为了传播一个什么观点，表明自己提倡什么、反对什么、赞扬什么、批判什么的思想倾向，就叫“文章的中心思想”。文章的中心思想和文章的主要内容是有所区别的（详见55页）。

归纳文章的中心思想，是读懂文章的更高境界。在不同体裁的文章中，文章中心思想（主题）的表现形式是有差异的：在议论文中，中心论点是文章中心思想的集中表现；在说明文中，介绍的事物特征或所说明的事理，就是文章的主题；在各类记叙文中，作者通过写人、叙事、状物所表达出来的某种观点、认识或情感（包括赞成什么、反对什么）就是文章的中心思想。

一、归纳中心思想的基本要求

（一）确切 即能准确、恰当地找出文章所反映的思想感情。

（二）完整 即用恰如其分的句子把作者在文章中所反映的主要思想感情不遗漏地表达出来。

（三）简洁 即在确切、完整的前提下，用最简明扼要的文字来表达。

二、归纳中心思想的主要方法

首先，对一篇文章一定要逐字逐句地认真阅读，一边读，一边想，弄清楚全文写了什么，抓住文章的主要内容，分析作者的写作意图。其次，在了解文章主要内容的基础上，再根据不同的文章进行具体分析，运用不同的方法，用简洁的语言归纳出中心思想。

（一）审题法（根据题目，概括中心思想） 有些文章的题目提示了中心，它与中心思想关系密切，这样的题目，通常称作“题眼”。在拟定中心思想时，就可以从题目入手，用扩句的方法，在题目的基础上，加上适当的词语，扩展成意思完整的句子，就是文章的中心思想。

例如 《伟大的友谊》《为人民服务》《视死如归》等。学习这类文章时，先要认真默读思考：从题目中可以看出文章主要写了什么？反映了什么？把中心思想拎出来。我们可以考虑用扩句的方法，在题目的基础上，加上适当的词语，扩展成意思完整的句子，就是文章的中心思想。如简单扩展《伟大的友谊》：歌颂了马克思和恩格斯的伟大友谊。

（二）中心句法 中心句，就是点明中心思想的句子。文章中含义深刻的句子，往往是抒情议论的句子，它直接表达了作者的喜怒哀乐，与中心思想有密切的关系。

例如 《一夜的工作》一文结尾一句“他是多么劳苦，多么简朴！”点明了中心思想。《桂林山水》开头就点明了“桂林山水甲天下”这一中心。有的中心句在文章的中间，有的中心句在文章中反复出现几次。

（三）主要内容法 （在概括文章主要内容的基础上提炼中心思想）多数文章，它的中心思想不是直接点出来，而是通过具体记叙的人和事去理解、去体会概括出来的。因此，归纳这样一类文章的中心思想，需要在认真读懂文章的基础上，先归纳出文章的主要内容，了解作者写了什么，然后再分析作者写作的目的是什么，最后才能从中悟出文章的中心思想。

例如 《真诚的友谊》的中心思想：本文通过“我”有一次忘做数学作业，跟老师撒了谎，老师让我补上，我把真相告诉了好友王青。我把补好的作业交给老师，老师表扬了我。但王青毫不留情地揭发了我，我俩闹翻了。王青临转学之前主动找到了我，我们和好了的一个故事。表现了同学之间真诚的友谊才是最可贵、最高尚的。

（四）从抒情、议论句入手 记叙文中抒情、议论的句子主要起点明中心、揭示哲理或表达作者的思想情感等作用，因此在阅读过程中万不可忽视。

例如 在《谁是最可爱的人》中，作者谈到自己在朝鲜前线的思想感情的经历时，写道：“这就是，我越来越深刻地感到谁是我们最可爱的人！”接着，又明确地指出，“我们的部队，我们的战士，我感到他们是最可爱的人”，然后用议论的句子直接赞颂志愿军战士的高贵品质，点明他们的可爱之处，揭示文章的中心。

（五）综合顺理法 这是一种概括中心思想的基本方法。先给文章分段，归纳段意，掌握文章的主要内容，再进一步分析作者的写作意图，掌握文章的中心思想。

例如《伟大的友谊》，可按如下步骤学习：

一是这篇课文的主要内容是什么？把各段段意连接起来，就是：记叙了马克思和恩格斯在共同奋斗中，亲密地合作了四十年。他们互相关怀、互相帮助，创造了伟大的马克思主义。

二是作者为什么要写这篇文章？为了歌颂他们的伟大友谊。

（六）抓段法 通过文章的各个关键主要段概括中心思想。

1. **开头段** 如《詹天佑》《为人民服务》等课文的开头，揭示了文章的中心思想。

2. **结尾段** 如《冀中的地道战》《马》《大理石街》等课，都在尾段点明了中心思想。

3. **重点段** 重点段是根据表达中心思想的需要安排的，抓住重点段分析概括，就理解了中心思想。如《我的战友邱少云》的第二段，《狼牙山五壮士》的第二、第四段，《老水牛爷爷》的第三段等。

4. **议论段** 记叙文中的抒情或议论部分，往往点明文章的中心思想。如《别了，我爱的中国》一课，可抓住篇末的抒情部分来概括中心思想。

三、中心思想的一般答题格式

（一）本文通过什么时间？什么地点？哪些人物？发生了什么事？经过怎样？结果如何？歌颂（赞扬）了……高贵品质。

（二）本文通过什么时间？什么地点？哪些人物？发生了什么事？经过怎样？结果如何？抒发了作者……的思想感情。

（三）本文通过什么时间？什么地点？哪些人物？发生了什么事？经过怎样？结果如何？揭露了……的问题（现象）。

（四）本文通过什么时间？什么地点？哪些人物？发生了什么事？经过怎样？结果如何？说明了……的道理。（寓言故事一般采用什么事？说明了……的道理。）

（五）本文通过什么时间？什么地点？哪些人物？发生了什么事？经过怎样？结果如何？表现了……的精神。

（六）本文通过什么时间？什么地点？哪些人物？发生了什么事？经过怎样？结果如何？反映了……的道德风尚。

四、归纳中心思想基本方法总结公式表

归纳中心思想基本方法总结公式表

（一）**审题法** （根据题目，概括中心思想）有些文章的题目提示了中心，它与中心思想关系密切，这样的题目，通常称作“题眼”。在拟定中心思想时，就可以从题目入手，用扩句的方法，在题目的基础上，加上适当的词语，扩展成意思完整的句子，就是文章的中心思想。如简单扩展《伟大的友谊》：歌颂了马克思和恩格斯的伟大友谊。

（二）**中心句法** 中心句，就是点明中心思想的句子。文章中含义深刻的句子，往往是抒情议论的句子，它直接表达了作者的喜怒哀乐，与中心思想有密切的关系。如《一夜的工作》一文结尾一句“他是多么劳苦，多么简朴！”点明了中心思想。《桂林山水》开头就点明了“桂林山水甲天下”这一中心。

（三）**主要内容法** （在概括文章主要内容的基础上提炼中心思想）如《真诚的友谊》的中心思想：本文通过“我”有一次忘做数学作业，跟老师撒了谎，老师让我补上，我把真相告诉了好友王青。我把补好的作业交给老师，老师表扬了我。但王青毫不留情地揭发了我，我俩闹翻了。王青临转学之前主动找到了我，我们和好了的一个故事。表现了同学之间真诚的友谊才是最可贵、最高尚的。

（四）**从抒情、议论句手** 记叙文中抒情、议论的句子主要起点明中心、揭示哲理或表达作者的思想情感等作用，因此在阅读过程中万不可忽视。如在《谁是最可爱的人》中写道：“这就是，我越来越深刻地感到谁是我们最可爱的人！”接着，又明确地指出，“我们的部队，我们的战士，我感到他们是最可爱的人”，然后用议论的句子直接赞颂志愿军战士的高贵品质，点明他们的可爱之处，揭示文章的中心。

（五）**综合顺理法** 这是一种概括中心思想的基本方法。先给文章分段，归纳段意，掌握文章的主要内容；再进一步分析作者的写作意图，掌握文章的中心思想。如《伟大的友谊》，把各段段意连接起来，就是：记叙了马克思和恩格斯在共同奋斗中，亲密地合作了四十年。他们互相关怀、互相帮助，创造了伟大的马克思主义。二是作者为什么要写这篇文章？为了歌颂他们的伟大友谊。

（六）**抓段法**（通过文章的各个重点段概括中心思想）

1. 开头段 如《詹天佑》《为人民服务》等。2. 结尾段 如《冀中的地道战》《马》《大理石街》等。3. 重点段 如《我的战友邱少云》的第二段，《狼牙山五壮士》的第二、第四段，《老水牛爷爷》的第三段等。4. 议论段 如《别了，我爱的中国》等。

五、例题解析

考　　试

一位美国的教育家要在我国的小学生中做一个实验。

一天，她来到一所学校，请校长找来三名四年级的学生。她从手提包里拿出一只瓶子，又取出三个系着绳子的小铅锤，然后她把瓶子放在地上，把三个小铅锤分给三个学生，让他们拿着绳子头，先后把小铅锤都放在瓶子里。

她对三个学生说："这只瓶子是一口井，不过现在井里没有水。你们手里拿着的铅锤代表你们自己，你们现在正在一口没有水的井里玩。井口很窄，一次只能让一个人上来。"说完了以后，她又问："记住了吗？"

三个小朋友齐声回答："记住了！"

美国教育家拿起茶杯向"井"里灌水，她一边灌，一边喊："危险！快上来！一、二……"

小梅低声对两个同伴说："快！你第一，你第二，我最后！"

"三"字刚喊完，三个小朋友各自安稳地把三个小铅锤拉了出来。

那位教育家问小梅："你刚才跟他们说了些什么？"

小梅如实地告诉了她。

"你为什么要这么做呢？"教育家问。

小梅不假思索地说："有了危险当然让别人先出去！"

那位美国教育家激动地抱起小梅，抱了好久才放下。她对校长说："在美国，这样的实验我做过多次，但每次都由于争着先往外拉铅锤，总要把瓶子拉翻。今天，我的实验第一次获得成功。"

归纳文章的中心思想。

妙手解题

前面讲了，记叙文中心思想的一般表达（答题）格式分为两部分，前半部分为主要内容，后半部分为作者的写作目的。记住概括文章的主要内容不能说成"本文主要讲述……"而要说成"本文通过……"本文的主要内容很好概括，主要讲了一位美国教育家在我国小学生中做了一个井下遇险逃生的实验，实验获得了成功。做实验的人的目的实际也是作者的写作目的，那就是看看遇到危险时小朋友会怎样做。把两部分的内容连接起来就是中心思想，即本文通过一位美国教育家在我国小学生中做了一个井下遇险逃生的实验，实验获得了成功的故事，表现了中国小朋友聪明机智、舍己为人的优秀品质。

真诚的友谊

那是在我读三年级的时候。记得一天夜晚，我们一家三口兴致勃勃地议论着电影中精彩的片断，我把要做的数学作业都给忘记了。

第二天早晨，我正要去上学，头脑猛然一怔，糟糕，我心中暗暗叫苦。干脆就说忘记带了吧！我硬着头皮向老师撒了个谎。老师还算信任我。叫我中午上学时交上，可是，还加一个条件：由王青监督我。我心头一缩，又转念，一想，没事，老师可打错了算盘，谁不知道我和王青是最要好的朋友，拉个勾，保个密，不是轻而易举的事吗?

放学后，我对王青悄悄地说："老实告诉你，昨晚的数学作业我忘记做了，中午马上补好，你可别打小报告呀！"我满以为她会答应，于是不等她同意，就一溜小跑走了。

中午，我把补好的作业交给老师，老师竟然当着同学的面表扬我的作业做得又干净又正确。我心中暗暗得意，看了一眼后面的王青，她的脸好严肃，莫非……

王青站了起来，毫不留情面地把我对她说的话来了个"竹筒倒豆子——全说了出来"。不用说，我挨了老师一顿批评，再加上同学们讥讽、嘲笑的目光，我心里真不好受。既然她翻了脸，我干嘛还跟她好？放学后，我俩经过一场舌战，终于闹翻了。

一个星期天，我正在看书，听见敲门声，开门一看，是王青，她脸上带着真诚的笑，双眼闪烁着真诚的情。她说："我要转学去镇海了，这本笔记本送给你留个纪念，别忘了我。"我呆住了，脑海里有那么多的话想对她倾诉，却不知从何说起。两颗心沟通了，此刻话是多余的，我们只是默默地对视着，目光中包含着许多许多的友情。

她走了，留下了几句话：友谊需要理解去播种，友谊需要信任去浇灌，友谊需要真诚去护理……我懂了，真正懂了：真正的友谊是来之不易的，同学之间真诚的友情才是最可贵、最高尚的。

一、归纳文章的中心思想。

妙手解题

前面讲了，记叙文中心思想的一般表达（答题）格式分为两部分，前半部分为主要内容，后半部分为作者的写作目的。记住概括文章的主要内容不能说成“本文主要讲述……”而要说成“本文通过……”首先概括本文的主要内容，即本文主要讲述了“我”有一次忘做数学作业，跟老师撒了谎，老师让我补上，我把真相告诉了好友王青。我把补好的作业交给老师，老师表扬了我。但王青毫不留情地揭发了我，我俩闹翻了。王青临转学之前主动找到了我，我们和好了的一个故事。作者的写作目的是想表现同学之间的友谊才是最可贵、最高尚的。将两部分连接起来就是本文通过“我”有一次忘做数学作业，跟老师撒了谎，老师让我补上，我把真相告诉了好友王青。我把补好的作业交给老师，老师表扬了我。但王青毫不留情地揭发了我，我俩闹翻了。王青临转学之前主动找到了我，我们和好了的一个故事。表现了同学之间真诚的友谊才是最可贵、最高尚的。

二、读完本文后你有什么感想？

妙手解题

凡是问读完本文后你有什么感想（收获、体会、感悟、想法、启发等）类似的问题一般围绕文章的中心回答。本文的中心是通过同学间的故事，表现了同学间真诚的友谊才是最可贵、最高尚的。所以简要作答：读完本文后，我明白了同学间真诚的友谊才是最可贵、最高尚的。从今后，我一定会更加珍惜同学之间的友谊。

中转站 6

百科知识（答案见 328 页）

1. 噪声对人身体哪个系统危害更大？
2. 国学“经、史、子、集”中的“子”，是指哪种类型的书籍？
3. 中国第一颗原子弹爆炸的日期是哪年哪月哪日？
4. “蜻蜓点水”是为了什么？

5. 张衡发明的地动仪是用来干什么用的？

6. 人的正常体温是多少摄氏度？

7. 钢琴有多少个键？

8. 长江上建的第一座大桥是哪座桥？

9. 要保持健壮的体魄，必须养成“五勤”的好习惯，“五勤”是指什么？

10. 如果手或脚被轻度烫伤，应怎么做？

脑筋急转弯 （答案见 328 页）

1. 什么事每人每天都必须认真地做？

2. 小明从不念书却得了模范生，为什么？

3. 什么车子寸步难行？

4. 哪一个月有二十八天？

5. 你知道上课睡觉有什么不好吗？

6. 什么酒不能喝？

7. 什么蛋打不烂，煮不熟，更不能吃？

8. 打什么东西，不必花力气？

9. 火车由北京到上海需要6小时，行驶3小时后，火车该在什么地方？

10. 时钟什么时候不会走？

猜成语 （答案见 328 页）

1. 剪不断，理还乱——　2. 见火不救——　3. 将军当农民——

4. 见了小偷叫爸爸——　5. 将死的狗——　6. 见钱不认朋友——

7. 江河湖沼汇汪洋——　8. 见死不救——　9. 见闻杂录——

第七章
文章的中心句

文章的中心就是作者想要读者了解的目的或作者写作当时所要表达的思想情感。能体现文章中心思想的句子，或最能表现文章意思的句子，叫作“中心句”，是能概括文章主要内容或直接点明中心思想的句子。阅读一篇文章，如果抓出了中心句，就有利于正确地理解文章的内容，准确地把握文章的中心。

捕捉文章的中心句，首先要熟读文章，理解文章内容，再找出能揭示文章中心的句子；其次，是要掌握文章中心句子的特点。在分析文章的层次，理解文章的内容时，如果能找出文章的中心句，并能准确地把握它，分析起来就不感到困难了。那么，怎样才能找到文章的中心句呢？可从以下几方面进行。

一、找中心句的方法

（一）从文中作者的议论和抒情部分去找 有些作者在文章中不仅记叙和描写了客观事物，还进行了由衷的议论，做出自己的评价，抒发自己的感情，写出自己的体会。而在作者的这种议论和抒情中，往往泄露“天机”，直接道出该篇文章的中心思想。

例如 《一夜的工作》，就可从文中作者的议论部分去找中心句，这样很快就找到了：“他是多么劳苦，多么简朴！”

（二）从文章的重点中去找 文章的重点部分一般能概括全文的主要内容，因此可作文章的中心句。

例如 《饲养员赵大叔》一文的第三段中“赵大叔对这群牲口都很关心，细心地喂它们，而他最关心的是那匹母马‘金皇后’”这句话，就概括了全文的主要内容，因此可作为这篇文章的中心句。

（三）从开头段中去找 一般采用先总述后分述、先概括再具体写的结构方式的文章，中心句往往就在开头。它告诉我们，全文是围绕这个中心句展开的。

例如《詹天佑》一文的开头："詹天佑是我国杰出的爱国工程师。"这一句即为全文的中心句，它起着统领全篇的作用。

（四）从结尾段中找 有些文章在末尾交待事情的结果，这样的文章就可以从结尾段中去找中心句。

例如《素不相识的大娘》一文结尾："多少年过去了，在漫长的革命征途中一想到这位素不相识的大娘，我就勇气倍增，更坚定地往前走。"这种放在末尾的中心句，对全文往往起到了收束的作用。

（五）从文章所写的人物的语言中去找 文章主人翁说的包含一定道理的话，一般可作文章的中心句。

例如《旗手的责任》一文的中心句，就是团参谋长在授旗时郑重地对旗手说的那句话："无论在什么情况下，红旗决不能倒。"

（六）从文章中重复出现的语句中去找 一篇文章中的感叹句，且重复出现，这样的句子一般是中心句。

例如《别了，我爱的中国》一文，其中的"别了，我爱的中国，我全心爱着的中国！"这一句，在全文中出现了三次，它蕴涵着作者对祖国的深厚感情，集中表达了文章的主题，可作为这篇文章的中心句。

（七）从文章中承上启下的过渡句或过渡段去找 文章中承上启下的过渡句或过渡段一般也是文章的中心句，尤其是写人的文章。

例如《她是我学习的榜样》中的过渡段："她不仅爱学习，也爱劳动"这一句，在文章起了承上启下的作用，也是中心句。

当然，并不是所有的文章都有明显的中心句，因此不要生拉硬凑。但凡是试卷中要求找出中心句的文章，都是一定可以找到中心句的，遇到这类题目应该认真阅读和思考，努力找出它的中心句来。

注：抓住了中心句不等于已经概括出文章的中心思想，还要联系课文内容，进一步分析概括，用自己的话把中心思想归纳出来。

二、中心句的作用

（一）一般文章开头段的中心句起概括和总起等作用。

（二）一般在文章中间自然段的中心句起承上启下等作用。

（三）一般在文章结尾段的中心句起归纳和总结等作用。

（四）起强调和增强印象等作用的中心句一般在各个自然段的开头和结尾。

三、中心句总结公式表

中心句总结公式表

（一）找中心句的方法

1．从文中作者的议论和抒情部分去找。

2．从文章的重点中去找。

3．从开头段中去找。

4．从结尾段中找。

5．从文章所写的人物的语言中去找。

6．从文章中重复出现的语句中去找。

7．从文章中承上启下的过渡句或过渡段去找。

（二）中心句的作用

1．一般出现在文章开头段的中心句起概括和总起等作用。

2．一般在文章中间的中心句起承上启下或引出下文等作用。

3．一般在文末的中心句起归纳、总结和点明中心等作用。

4．引起兴趣和增强印象等作用的中心句一般在各个自然段的开头和结尾。

四、例题解析

自由与生命

八月的一天下午，天气暖洋洋的，一群小孩在兴致勃勃捕捉那些色彩斑斓的蝴蝶，这时，我不由自主地想起童年时代发生的一件印象很深的事情。那时我才十二岁，住在南卡罗来纳州，常常把一些野生的活物捉来放到笼子里，而那件事发生后，我这种种兴致就被抛得无影无踪了。

我家住在林子边上，每当日落黄昏，便有一群美洲画眉鸟来到林间歇息和歌唱。那歌声美妙绝伦，没有一件人间的乐器能奏出那么优美的曲调来。

我当机立断，决定捕获一只小画眉鸟，放到我的笼子里，让它为我一人歌唱。

果然，我成功了。它先是拍打着翅膀，在笼中飞来扑去，十分恐惧。但后来它安静下来，承认了这个新家。站在笼子前，聆听我的小音乐家美妙的歌唱，我感到万分高兴，真是喜从天降。

我把鸟笼放到我家后院。第二天，它那慈爱的妈妈口含食物飞到笼子跟前。画眉妈妈让小画眉把食物一口一口地吞咽下去。当然，画眉妈妈知道这样比我来喂它的孩子要好得多。看来，这是件皆大欢喜的好事情。

接下来的一天早晨，我去看我的小俘虏在干什么，发现它无声无息地躺在笼子底层，已经死了。我对此迷惑不解，不知发生了什么事情。我想，我的小鸟不是已得到了精心的照料吗？

那时，正逢著名的鸟类学家阿瑟·威利来看望家父，在我家小住，我把小可怜儿那可怕的厄运告诉了他。听后，他做了精辟的解释：“当一只母美洲画眉鸟发现它的孩子被关进笼子后，就一定要喂小画眉鸟足以致死的毒莓，它似乎坚信孩子死了总比活着做囚徒好些。”

从此以后，我再也不捕捉任何活物来关进笼子里。因为我知道：任何生物都有对自由生活的追求，而这种追求无疑是值得肯定的。

找出文章的中心句（读了这篇短文，你有什么感受）。

妙手解题　前面讲了，中心句出现的地方一般在开头、结尾。本文看结尾段作者的感悟，也就是文章的中心句了。有时题意会是“读了这篇短文，你有什么感受”，这样的问法其实和找中心句是一样的，一定要围绕文章的中心来答，偏离中心随意谈感受是远离了题意的。围绕本文中心来看，作者终于明白了自由对于生命的重要，从文章题目可看出。所以本文中心句就是文章最后一段的最后一句：任何生物都有对自由生活的追求，而这种追求无疑是值得肯定的。

欢乐在哪里

没有运动员矫健的体魄，缺少演员天才的素质，更不具有科学家非凡的本领——没有奖牌，没有掌声，没有发现……欢乐在哪里呢?

我常常苦恼。

我曾想，像我这样的人生到世界上来原本是一种错误。容貌一般，思想平凡，工作不起眼；天文地理难晓，诗词歌赋不通，琴棋书画无缘。自知算不上奋斗者，也就无望有什么成功。欢乐在哪里呢？我这社会中最最普通的一分子，海滩上阳光下一粒毫不动人的泥沙！

我念过书。我听过《阿里巴巴和四十大盗》的故事。我幻想能够喊一声“芝麻开门”便走进通向幸福的大门。金银财宝，我一无所求。我只要欢乐，生活的欢乐，被他人、被社会所承认的欢乐。然而生活却是那么的吝啬，那样的不公平，它拱手送给一些人以种种的舒心，同时却舍不得分给一些人以半点的快慰！这能叫我不失望、不埋怨么?

然而有一天，一个漂亮的小姑娘告诉我，我错了。欢乐，原来是不偏不倚地向着每一个的啊！

她跌倒在公园里，我的身旁。她哭了。

近旁无人。我出于本能顺手扶起她来，拍了拍她新衣裙上的尘土，然后转身要走……

“同志——”年轻的妈妈从后面赶了上来。她轻轻抱起可爱的孩子，眼里送来真诚的尊敬和感激：“谢谢，谢谢您啦……”

"没啥……"我突然感到心头一热，一种从未有过的东西在心头迅速地蔓延开来。是激情？是自豪？我不清楚。然而小姑娘那甜甜的、软软的"叔叔再见"的呼喊，真真实实地使我整整一天都沉浸在全身心的愉悦之中。腰比往日直，饭比过去香——欢乐，你原是悄悄躲在我身边的呀！

从此，我不再有找不到欢乐的苦恼。理完发说声"谢谢"；汽车上给老弱让个座位；下班后顺便给卧病的邻居捎几副药；食堂里吃过饭洗净碗筷；掏拾块整钱买两根针时道声"对不起"……数不清的小事，回报我以数不清的微笑，数不清的热忱。欢乐，就这样时时地包围着、推动着我，给我以源源不断的感染，源源不断的满足……

当然，也会有世俗的冷眼，也会有无知的嘲讽。但我相信，自己对欢乐的追求绝不是这东西所能摧毁得了的。

一个人，只要把自己的热情和爱诚实地献给他人，献给生活，他就会得到无穷尽的欢乐，我从此笃信不疑。

找出文章的中心句。

妙手解题

中心句出现的地方一般在开头、结尾。本文是围绕作者感情变化来写的文章，可看出作者从苦恼到欢乐，到坚定追求欢乐这一变化过程；同时对欢乐也有了更深刻的认识，这一认识从结尾段作者的感悟可看出，也就是文章的中心句了。即"一个人，只要把自己的热情和爱诚实地献给他人，献给生活，他就会得到无穷尽的欢乐，我从此笃信不疑。"

中转站 7

百科知识（答案见 328 页）

1. 中国的全称是什么？
2. 比喻变被动为主动是"三十六计"中的哪一计？
3. 世界四大洋中面积最小的是哪个洋？
4. 地球上海洋面积大还是陆地面积大？

5. 我国古代采用的历法叫什么？
6. 第二次世界大战中死亡人数最多的是哪个国家？
7. 美国是哪一年宇宙飞船登月成功的？
8. 每年的爱眼日是几月几日？
9. 鄱阳湖位于我国哪个省境内？
10. 一天之中，气温最高的时刻是什么时候？

脑筋急转弯（答案见 328 页）

1. 一年四季都盛开的花是什么花？
2. 书店里买不到什么书？
3. 一个人从飞机上掉下来，为什么没摔死呢？
4. 什么英文字母最多人喜欢听？
5. 什么人生病从来不看医生？
6. 小明知道试卷的答案，为什么还频频看同学的？
7. 用铁锤锤鸡蛋为什么锤不破？
8. 拳击冠军很容易被谁击倒？
9. 什么事天不知地知，你不知我知？
10. 一个人在沙滩上行走，但在他的身后却没有发现脚印，为什么？

猜成语（答案见 328 页）

1. 见贤用之——　　2. 阴沟堵塞——　　3. 见信如见故人——
4. 箭光——　　5. 鉴真和尚东渡——　　6. 见样就学——
7. 箭头——　　8. 江湖佬卖假药——　　9. 将领听从军师——

第八章 过渡与照应、伏笔与铺垫、衬托与烘托

一、文章的过渡

过渡像桥梁，它连接两头，连接层与层，段落与段落，把上下文的意思衔接起来，既可以使行文自然、语气连贯、脉络清晰、结构严谨，而且有助于表现主题思想。其承上启下的作用有两层含义，一层是结构上的，另一层是内容上的。结构上就是对整体的把握，增加文章的条理性和语言的流畅性。内容上就是对上面篇幅的总结和对下面篇幅的开头总起作用。

（一）过渡常见的考点

1. 将某个段落或句子抽出后问应加在哪两个段落之间或哪句话的前面或后面，并写出理由。

一般答题思路　找出两个段落或语句之间像脱节、读起来不通畅的地方。

2.某个段落可否删除，并写出理由。

一般答题格式　不能，因为删除后就不能使文章有条理和语言流畅。

3.行文顺序或段落可否颠倒等。

一般答题格式　不能，因为该行文顺序或段落是对上面篇幅的总结和对下面篇幅的开头有总起的作用。

4.过渡段的分段　有明显过渡段时，文章分段一般把过渡段分在后一段。

（二）过渡的方式及其作用

一篇文章根据写作的顺序与结构的不同，过渡的方式也不同。一般有承上启下的过渡段、关联词、重点提示句、表示时间或空间的词语、小标题等过渡方式。

1.承上启下的过渡　承上启下过渡就是承接上文，启发下文的一种过渡方法。其作用是使文章过渡自然，浑为一体等。

例如《太阳》一文中，有这么一句："太阳虽然离我们很远很远，但是它和我们的关系非常密切。"

2.关联词式过渡 运用关联词使文章完成过渡。这种过渡主要用于内容不复杂的情况，一般用"虽然……但是""因为……所以""尽管……还是"等关联词语。其作用是内容上对上面篇幅的总结和对下面篇幅的开头总起作用等。

例如《赵州桥》中的过渡句：这座桥不但坚固，而且美观。

3.空间（方位转移顺序）过渡 是一种不用过渡段、过渡句、过渡词来过渡，而是用地点、场面的转移或观察点的变换来表示的一种方法。这类过渡一般适用游记、参观记。其作用是使前后文有条理性等。

例如《颐和园》一文中，有这样一句："从万寿山下来，就是昆明湖。"；《人民大会堂》一课就是用参观地点的变换来过渡的；《美丽的小兴安岭》是直接用春夏秋冬的季节变换来完成过渡的。

4.重点提示句过渡 用下部分内容着重围绕该句描述的重点句过渡，其作用是自然地转入下文。

例如《参观人民大会堂》一课开始交待"我"参观人民大会堂，然后写参观过程，中间用了下部分内容着重围绕描述的重点句过渡："人民大会堂真雄伟壮丽！"自然而然地引入下文，用移步换景法描写人民大会堂金碧辉煌的装饰和雄伟壮观的气势。从而突出建筑工人的伟大。

5.总起式过渡 用概括介绍下文的方法进行过渡。其作用是使读者对下文有一个概括地了解，再通过阅读下文进行具体了解，从而更好地掌握文章内容。

例如《美丽的小兴安岭》一课开头后，按春夏秋冬四季记叙小兴安岭之前，用一个总述句："小兴安岭的林海一年四季都是美丽的，诱人的。"来过渡。

6.设问式过渡 使用设问句过渡。其作用是激发读者阅读文章的兴趣。

例如《两个铁球同时着地》一课，开头介绍研究科学的人都信奉亚里士多德的话，而伽利略却抱着怀疑的态度在比萨斜塔上做"两个铁球同时着地的实验"。这中间用了设问式过渡："亚里士多德的一句话，可以推出二个结论，这怎么解释呢？必须用事实来证明。"

7.小标题（空行）过渡 用小标题（空行）把上下文隔开，做为文章的过渡。适用于文章内容由几个故事组成，彼此之间自成段落的文章或诗歌。

例如《我的伯父鲁迅先生》一课写了深切怀念伯父鲁迅先生，"伯父启发我认真读书""救助车夫""关心女佣"等几件事，彼此之间用了空格隔开做文章的过渡。

二、文章的照应

为了使文章内容结构紧密，一篇文章中，前面写到的，中间或结尾要有交代；后面提到的，前面要有铺垫，这种安排就叫做“照应”。

文章照应的三种方法

1. **首尾照应** 大多数下情况下是指文章第一段与最后一段的照应。它们的内容有一些简单的重复，再在简单重复的内容上升华到一定的高度。

例如 在《一颗豆粒》中，文章第一段讲到作者认识一位视一颗豆粒为自己生存意义的夫人。结尾段写到：直到如今，那一粒豆子和信，仍时刻不离地带在这位母亲身上。

2. **文题照应** 即开头与题目照应或结尾与题目照应，简单说来就是写作中的点题。开头与题目照应叫开门见山，结尾与题目照应叫点明中心。

例如 《自由与生命》中最后一段的内容是：从那以后我再也不捕捉任何生物关进笼子里，因为任何生物都有对自由追求的权利。起到了点明中心的作用。

3. **前后文照应** 即文中内容间的照应，这样的内容语句间的照应一般包含有一定的因果关系或转折关系等。

例如 《机密任务》文章的第一段里讲到鲁本对商店的老板说自己现在没钱，请求老板给他留下那枚胸针，到文章接近结尾时鲁本高呼自己有钱了。

三、伏笔与铺垫

伏笔 “伏笔”是前文为后文埋伏线索，也可以理解为上文对下文的暗示，前后文之间有一段距离。用作伏笔的，言语不多，有隐含性，不注意看不出来；伏笔主要是谋篇布局即结构上的技巧，使文章前后照应，结构严谨。简单讲伏笔就是文中照应的前面部分，若将前后部分连接起来就是文章的照应。

例如 《小桔灯》的第一自然段，特意交代竹凳、墙上的电话，暗示下文中主人公小姑娘将和这两件物件打交道。果然，第三自然段中，小姑娘“挪动竹凳”“登上竹凳想去摘墙上的听话器”，原来，小姑娘的妈妈生病了，她想打电话叫医生来为妈妈看病。这些物件的提前出现，为故事情节的发展埋下了伏笔。

铺垫　铺垫是前面有所交代，为后面的高潮打好基础。铺垫一般是紧接着的，如前面写环境景物，接着就写主要人物。用作铺垫的，语句较多，它没有隐含性，一看就知道是为了下文的铺垫。铺垫是写作方法上的技巧，主要是对主要内容起烘托作用。

例如 鲁迅在《孔乙己》中写道：“中秋过后,秋风是一天凉比一天,看看将近初冬；我整天的靠着火,也须穿上棉袄了”，文中这里通过自然环境的描写，暗示当时天气已经很冷了（秋风越来越凉，初冬，靠着火，穿棉袄），为下文写孔乙己的悲惨遭遇作了铺垫。

四、衬托与烘托

衬托　“衬托”是用类似的、相关的事物或反面的、有差别的事物作陪衬来突出主体事物的手法。“衬托”常见以“背景、环境”来衬“中心物象”。

例如《我看到了一条河》写道：“河面上水流很急，发出很大的声响，河中央一团团泡沫迅速向下游奔去”，通过这样恶劣的自然环境的描写来衬托了“我”游泳时的勇敢。

烘托　用一事物暗示出另一事物叫烘托。也就是通过描写别的事物把想要表达的事物写出来。

例如 乐府诗《陌上桑》里最后八句：“行者见罗敷，下担捋髭须，少年见罗敷，脱帽著梢头。耕者忘其耕，锄者忘其锄。来归相怨怒，但坐观罗敷。”从描写观看者的神态来烘托罗敷的美。

五、例题解析

阿凡提的故事

这天，国王想取笑阿凡提，就给了他一匹老马，让他随同去打猎。

打着打着，忽然变了天，下起大雨来。国王和随从们立刻掉转马头，飞也似的跑回去了。阿凡提的马跑不动，他就把外衣脱下来装在口袋里，冒着雨往回走。不一会儿，雨住了，天晴了，阿凡提重新穿戴好，骑着马抄近路回到了宫殿。

国王挺纳闷地问道：“阿凡提，你的衣服怎么没湿呀？”

“您给我的马，真是了不起！你们走了以后，它忽然长了翅膀，腾空而起，一眨眼儿，就到家了。”

国王又吃惊，又羡慕。

下一次打猎，国王骑了阿凡提那匹老马；自己的千里驹，让给了阿凡提。这一天，又下起了大雨，阿凡提立刻掉转马头，飞也似地的跑回去了。国王信了阿凡提的话，让随从们都先回去。可是老马并没长什么翅膀。尽管国王使劲打呀，喊呀，老马却怎么也跑不起来。国王这才知道上了当。心里想，回去非好好教训阿凡提不行。

国王像只落汤鸡似的回到宫殿里来。

“阿凡提，你竟敢骗我，这马怎么没长翅膀？”

阿凡提说：“马怎么会长翅膀，国王！它既然跑不动，你就不会像我一样，把外衣脱下来装在口袋里吗？那样虽然被雨淋着点，衣服却是干的。唉，原来国王是一回事儿，智慧又是一回事儿！”

说说“国王又吃惊，又羡慕”这句话在文中的作用。

妙手解题

这句话也是一段话，它单独地出现在了文章的中间。一般来说，这样的考点大都是围绕过渡方面的题意而提问的。

答：它是一个承上启下的过渡段，国王先是很惊讶，然后又羡慕，衔接了国王由惊讶、羡慕到上当受骗这一过程。

正直的品格

在一所大医院的手术室中，一位年轻的女护士第一次担任助手，而且是一位赫赫有名的外科专家的助手。

复杂艰苦的手术从清晨进行到黄昏，眼看患者的伤口即将缝合，女护士突然严肃地盯着外科专家说：“大夫，我们用的12块纱布，您只取出11块。”“我已经都取出来了。”专家断言道，“手术已经一整天了，立即开始缝合伤口。”

“不，不行。”女护士高声抗议，“我记得清清楚楚，我们准备了12块纱布。”

外科专家毫不理睬她，命令道："听我的，准备缝合！"

女护士毫不示弱，她几乎是大声叫起来："您是医生，您不能这样做！"

这时外科大夫冷漠的脸上浮现出欣慰的笑容，他举起左手心里握着的第12块纱布，向所有人宣布："她是我最合格的助手。"

女护士以自己正直的品格，不仅赢得了外科专家的信任，而且以"最合格的助手"名扬于瑞典医护界。

找出文中照应的语句

妙手解题

一篇文章照应的地方有三种，可以按照这三种方式一一查看，由此可以看出**有首尾照应，即开头**：在一所大医院的手术室中，一位年轻的女护士第一次担任助手，而且是一位赫赫有名的外科专家的助手。**结尾**：女护士以自己正直的品格，不仅赢得了外科专家的信任，而且以"最合格的助手"名扬于瑞典医护界。

还有前后文的照应，即：大夫，我们用的12块纱布，您只取出11块。他举起左手心里握着的第12块纱布，向所有人宣布："她是我最合格的助手。"

中转站8

百科知识（答案见328页）

1．石头城是对我国哪座城市的美称？

2．我国面积最大的湖泊是哪个湖泊？

3．"鲁"是我国哪个省份的简称？

4．我国现存最早的兵书是哪部？

5．一个充满气的氢气球，把它放了，它将一直向上升，最后结果会怎样？

6．马拉松全程约有多少千米？

7．计算机正确的开机顺序是什么？

8．"山城"是我国哪座城市的雅号？

9．我国鸟类中，消灭森林害虫最多的是什么鸟？

10．汗水为什么是咸的？

脑筋急转弯（答案见329页）

1. 太平洋的中间是什么？
2. 世界上最小的岛是什么？
3. 把一只鸡和一只鹅同时放在冰箱里，为什么鸡死了鹅没死？
4. 万兽大王是谁？
5. 用什么可以解开所有的谜？
6. 什么样的人死后还会出现？
7. 专爱打听别人事的人是谁？
8. 谁说话的声音传得最远？
9. 什么东西的制造日期和有效期是同一天？
10. 能否用树叶遮住天空？

猜成语（答案见329页）

1. 十五只吊桶打水——
2. 9个女亲戚——
3. 哀乐——
4. 婚丧事——
5. 挨了巴掌赔不是——
6. 矮个子先进场——
7. 矮子穿长袍——
8. 女子组教练——
9. 爱听爱看——

第九章 文章的标题

标题的概述

人与人的接触，首先见到的是面目，而我们读文章首先要看的也是文章的面目——标题，因为标题是文章的眼睛，眼睛是心灵的窗户。对于读者来说，标题是“第一引力”，是感情交流的第一接触点；即“眼睛”画得好，则美目流彩，顾盼生辉，全文皆活，它可以使读者在一瞥之间顿生好感，吸引读者阅读全文。

在阅读中，涉及“标题”的考题，常以“给文章加个合适的标题”或“结合文章，说说标题有什么含义”这两种形式出现。

一、标题的作用

（一）作者感情的出发点，确定文章描写对象，确定文章的感情基调；

（二）交代故事发生的环境，概括文章的主要内容；

（三）点明文章线索或感情线索；

（四）文眼，揭示文章中心；

（五）新颖，设置悬念，吸引读者，富有哲理，引人思考；

（六）题目中运用修辞的，要还原它的本义后再分析作用；

（七）揭示（暗示）文章主旨或把握象征意义；

（八）语带双关（双重意思）。

二、给文章加标题的方法

怎样给文章加一个好题目呢？一般来说，给一篇文章加题目，我们可以从这几个方面去考虑。

（一）记事的文章根据主要内容即以事件为题 这是最常用的概括方法。作者在叙事的过程中常常围绕某个物或景展开，这些物或景就是贯穿全文的一条线索。

例如《画杨桃》《捞铁牛》《草船借箭》《跳水》《烤地瓜》《狱中联欢》等。

（二）写人写景的文章以主要人物、景物及特点来命题 以人名或物名来拟题。有些人，读者本身就对他（她）感兴趣，以他们的名字做标题，更具吸引力。

例如《黄继光》《爱迪生》《詹天佑》《李时珍》《卖火柴的小女孩》《桂林山水》《索溪峪的“野”》等。也可以以人物的身份来拟题目，直接刻画人物，如《我的爸爸》《我的弟弟“小萝卜头”》《白衣天使》《门长》等。还可以以人物的特点来拟题目，能表现人物的个性特点，一下子就把读者给吸引住了，如《倔强的小红军》《诚实的孩子》《我家的“小牛犊”》《小心眼儿》。

（三）根据文章中心以立意为题提炼出题目 作者写一篇文章总有他的目的，根据中心去命题能使人一下子抓住文章的灵魂。以文章的立意拟题，点出文章的实质，突出主题，揭示中心。

例如《一定要争气》《伟大的友谊》《全神贯注》《爱的鼓励》《丰碑》《做人要有尊严》就是以中心来定题目的典型例子。

（四）有代表性的时间 以记叙的时间来拟题，能引起读者的兴趣。

例如《雨中》《飞机遇险的时候》《难忘的泼水节》《初冬的早晨》等。

（五）以地点也可做题目 以记叙的地点来拟题，引人入胜。

例如《日月潭》《在金色的海滩上》《五彩池》《浮盖山》等。

（六）以贯串物为题 以作品的贯串物来拟题，以“牵一发而动全身”。

例如《落花生》《古井》《爬山虎的脚》《夜莺的歌声》等。

（七）以修辞手法为题 修辞手法有很多种，各有各的妙处，以修辞拟题，一般都能增强感染力，引起读者深思等。

1．比喻拟题 比喻常常使标题生动形象，如《手术台就是阵地》《爸爸是船，妈妈是帆》，其让人易于接受，且能引起人们广泛的联想和想象。

2. 拟人拟题 这样的拟题，如《蟋蟀的住宅》《大海的歌》使人感到亲切，也容易产生共鸣。比如以“诚信”为话题——《诚信漂流记》《诚信喊冤》《天空的诉说》；以“出人意料和情理之中”为话题——《岁月的脚步》；以“位置与价值”为话题——《风帆指向灯塔》。

3. 对比拟题 如《“精彩极了”和“糟糕透了”》《喜事新忧》等。

4. 夸张拟题 如《鸟的天堂》等。

5. 设问或反问拟题 通过设问拟题，如《我变成牛了吗》，能引人注意；用反问拟题，可加强语气。比如以“感情的亲疏和对事物的认知”为话题——《感情的亲疏对事物的认知有影响吗？》《岂以亲疏辨好恶？》《怎一个情字了得？》；以“相信自己与听取他人意见”为话题——《敢问路在何方？》；以“出人意料和情理之中”为话题——《偶然？必然！》《我真的傻吗》《谁是英雄》，等等。

6. 引用拟题 援引现成的名言警句或生活中常见的句子做标题，可引起读者强烈的共鸣。比如，以“相信自己与听取他人意见”为话题——《兼听则明，偏听则暗》《从谏如流》《樱桃红了》；以“答案是丰富多彩的”为话题——《万紫千红总是春》《横看成岭侧成峰》；以“忘记与铭记”为话题——《执子之手》《夸父追日》等等。

7. 运用对偶 比如，以“感情的亲疏和对事物的认知”为话题——《血浓于水，理大于情》《眼前同一水，笔下情各异》；以“出人意料和情理之中”为话题——《初思诸事出人意，后想又在情理中》；以“双赢的智慧”为话题——《微笑竞争，携手同行》《自私自利，愚者之见；打造双赢，智者之举》；以“位置与价值”为话题——《向前看，向后看》《找准位置，绽放光彩》；以“忘记与铭记”为话题——《烟随风逝，名随史流》《忘记不快，铭记幸福》，等等。

8. 运用双关 就是利用汉字谐音双关的特点，巧借相似联想，使标题显得新鲜含蓄，富有韵味。如以“诚信”为话题——《生命“诚”可贵》。

（八）以新颖的句子为题 用文中能概括主要内容的句子作为标题，别致新颖。

例如《“你们想错了”》《幸福是什么》《“救救我吧，人类”》等。

（九）反向拟题法 指把一些公认的常理做反向思考构成文题。这种拟题法，一反人们的思维定式，让你诧异，接着让你思考、玩味，给你一个全新的感觉。

例如《弄斧到班门》《开卷未必都有益》《不知足者常乐》《近墨者未必

黑》《常在河边走就是不湿鞋》《三个臭皮匠怎敌诸葛亮》《不看续集》等。

（十）设置情境法 根据自己对文章的构思，巧妙地设置一种情境来表达文章的主题。这类标题往往简洁含蓄，凝练生动。

例如 《夏夜闲谈》《烛光里的微笑》《我不知道风往哪个方向吹》《坐看流星划空时》《那阵风吹过》《一路同行》《一双童鞋》等。

（十一）活用歌词法 歌曲的歌名及歌词或由魅力十足、准确精炼的词句充当，或由脍炙人口、富有哲理的词句充当，而更多的则是由极富思想性、思辨性、口语化、人情味的词句充当。这些词句一旦入题，就能像磁铁一样吸引读者。

例如 《掌声响起来》《为自己喝彩》《花儿为什么这样红》《掀起你的盖头来》等。

三、理解标题含义的方法

（一）分析标题字词 分析标题字词就是从理解文章标题的关键词的本义、字面义入手，联系文章内容，得出标题的深层含义或作用。

例如 《迷雾灯塔之光》中的“光”有什么含义？

分析点拨 这篇文章叙述的是小科林在大家的帮助下，用最原始的方法重新点亮灯塔的光，迎回自己在海上迷途的父亲的故事，表现出了人世间的爱心和真情。文章标题“迷雾灯塔之光”中的“光”，从字面理解是灯塔再次亮起的灯光的意思，但联系文章叙述的内容和情感，这个“光”显然还有更深层的含义，它还指人的爱心、真情所闪烁的人性之光。

通过以上对标题中“光”的字面义及文章内容的分析，我们可以组织出如下答案：“光”指灯塔再次亮起的火光，也指人的爱心、真情所闪烁的人性之光。

（二）分析标题修辞 分析标题修辞就是从理解文章标题的修辞手法入手，联系文章的人物形象及隐含的情感来理解标题的含义或作用。

例如 《母亲的羽衣》究竟指的是什么？以此为题有什么好处？

分析点拨 这篇文章写的是母亲在“决定做一个母亲”前倍受宠爱、无牵无挂、自由快乐幸福的生活及做了母亲之后肩负起家庭责任的情景，歌颂了母爱的伟大。母亲穿与不穿羽衣就是这两段生活的写照。搞清楚了这个内容，我们就能够知道，标题“母亲的羽衣”显然是运用了比喻的修辞，比喻母亲在未决定当母亲前的那段生活光景。通过以上的分析，我们就可以组织出如下答案：

“母亲的羽衣”比喻母亲在“决定做一个母亲”前倍受宠爱、无牵无挂、自由快乐幸福的美好生活。标题运用比喻的修辞，形象生动，容易引起读者的阅读兴趣，使标题富有内涵和韵味，容易引发读者深层的思考。

（三）分析内容主旨　分析内容主旨就是从文章的写作内容、作者情感、主题意思入手，分析标题揭示的思想内容。

例如《那一扇门》中的“门”，可理解成哪些门？联系全文，简要说明。

分析点拨　这篇文章写的是一位年少无知的少年成为不良少年封闭自己后，在一位老人的引导激励下（有意为少年未锁的那扇门），终于重启心门，恢复了对生活的信心的故事。了解了这个内容，我们就可以通过分析文章内容的方法来分析题目“门”的意思了。

从字面理解实指的“门”。1. 少年的家门：少年把自己关在家里的门；2. 老人的家门：老人有意为少年未锁的那扇门。

从内容表达的情感分析，还指虚指的门，即“心门”。1. 少年的心门：少年因为自卑，将自己封闭起来，不敢与别人交往；或者少年在老人的引导激励下，终于重启心门，恢复了生活的信心。2. 人们的信任之门：别人厌恶他、防范他，不再信任他，对他关起一扇门。或者老人主动接近他，与他交往，巧妙为他打开的一扇信任之门、自信之门。

（四）分析背景、线索　有些文章，我们需要通过了解文章背景或梳理出文章的线索才能深层次地理解文章内容和作者情感，这样的文章，在理解文章标题时可以通过分析文章背景或线索来分析标题揭示的思想内容。

例如 联系《北京时间不到点》全文，说说“北京时间不到点”的含义。

分析点拨　这篇文章讲述的是在德克士，乡下父子错过了“买一送一”优惠活动的时间，我和顾客以及服务员故意将错就错，说北京时间不到十点，使这对父子如愿以偿买到优惠汉堡的故事。“北京时间不到点”是一句善意的谎言，充分体现出众人的爱心、善心和同情心。问题在于：我们为什么要帮助一对乡下父子说这个谎言？这就需要了解故事的背景：乡下父亲为了奖励考试得“双百”的儿子，一大早赶了几十里地来买汉堡。了解了这一背景，我们就不难知道这句话是善意的谎言了，也就对这个标题不难理解了。“北京时间不到点”是一句善意的谎言，充分体现出众人的爱心、善心和同情心。

四、答题技巧

（一）先看标题的本义 词语的含义，概括内容、点明对象。

（二）再思考深层含义

1. 结构（线索、悬念）；

2. 主旨、与主旨的关系（点明、揭示）；

3. 人物与人物的关系（表明人物性格、表明作者的情感与态度、作者情感的触发点）；

4. 写法（比喻、拟人、双关等）；

5. 表现手法。

（三）最后分析其效果 生动形象、新颖含蓄、言简意丰、发人深思、引起阅读兴趣等。

五、文章加标题总结公式表

文章加标题总结公式表

（一）**记事文章以事件为题**　这是最常用的概括方法。作者在叙事的过程中常常围绕某个物或景展开，这些物或景就是贯穿全文的一条线索。如《捞铁牛》《草船借箭》《跳水》《烤地瓜》《狱中联欢》等。

（二）**写人写景的文章以主要人物、景物或他们的特点来命题**　以人名或物名来拟题。有些人，读者本身就对他（她）感兴趣，以他们的名字做标题，更具吸引力。如《爱迪生》等。

（三）**根据文章中心以立意为题提炼出题目**　以文章的立意拟题，点出文章的实质，突出主题，揭示中心。如《一定要争气》《伟大的友谊》等。

（四）**有代表性的时间**　以记叙的时间来拟题，能引起读者的兴趣。我们可以从学过的课文《十六年前的回忆》中得到借鉴。

（五）**以地点为题目**　以记叙的地点来拟题，引人入胜。如《日月潭》《在金色的海滩上》《五彩池》《浮盖山》等。

（六）**以贯串物为题**　以作品的贯串物来拟题。“牵一发而动全身”。如《落花生》《古井》《爬山虎的脚》《夜莺的歌声》等。

（七）**以修辞手法为题**　以修辞手法来拟题，具有感染力，引起读者深思。如《手术台就是阵地》《爸爸是船，妈妈是帆》《蟋蟀的住宅》等。

（八）**以新颖的句子为题**　用文中能概括主要内容的句子作为标题，新颖。如《“你们想错了”》《幸福是什么》《“救救我吧，人类”》等。

（九）**反向拟题法**　指把一些公认的常理做反向思考构成文题。这种拟题法，一反人们的思维定式，让你诧异，接着让你思考、玩味，给你一个全新的感觉。如《弄斧到班门》《开卷未必都有益》《不知足者常乐》《近墨者未必黑》等。

（十）**设置情境法**　根据自己对文章的构思，巧妙地设置一种情境，来表达文章的主题。这类标题往往简洁含蓄，凝练生动。如《夏夜闲谈》《烛光里的微笑》等。

（十一）**活用歌词法**　歌曲的歌名及歌词或由魅力十足、准确精练的词句充当，或由脍炙人口、富有哲理的词句充当，而更多的则是由极富思想性、思辨性、口语化、人情味的词句充当。这些词句一旦入题，就能像磁铁一样吸引读者。如《掌声响起来》《为自己喝彩》《花儿为什么这样红》《掀起你的盖头来》等。

六、理解标题含义总结公式表

理解标题含义总结公式表

（一）**分析标题字词** 就是从理解文章标题的关键词的本义、字面义入手，联系文章内容，得出标题的深层含义或作用。例如《迷雾灯塔之光》中的“光”有什么含义？文章标题“迷雾灯塔之光”中的“光”，从字面理解是灯塔再次亮起的灯光的意思，但联系文章叙述的内容和情感，这个“光”显然还有更深层的含义，它还指人的爱心、真情所闪烁的人性之光。

（二）**分析标题修辞** 就是从理解文章标题的修辞手法入手，联系文章的人物形象及隐含的情感来理解标题的含义或作用。例如《母亲的羽衣》究竟指的是什么？以此为题有什么好处？“母亲的羽衣”比喻母亲在“决定做一个母亲”前倍受宠爱、无牵无挂、自由快乐幸福的美好生活。标题运用比喻的修辞，形象生动，容易引起读者的阅读兴趣，使标题富有内涵和韵味，容易引发读者深层的思考。

（三）**分析内容主旨** 就是从文章的写作内容、作者情感、主题意思入手，分析标题揭示的思想内容。例如《那一扇门》中的“门”，可以理解成哪些门？联系全文，分别简要说明。从内容表达的情感分析，还指虚指的门，即“心门”。1. 少年的心门：少年因为自卑，将自己封闭起来，不敢与别人交往；或者少年在老人的引导激励下，终于重启心门，恢复了生活的信心。2. 人们的信任之门：别人厌恶他、防范他，不再信任他，对他关起一扇门。或者老人主动接近他，与他交往，巧妙为他打开的一扇信任之门、自信之门。

（四）**分析背景、线索** 有些文章，我们需要通过了解文章背景或梳理出文章的线索才能深层次地理解文章内容和作者情感，这样的文章，在理解文章标题时可以通过分析文章背景或线索来分析标题揭示的思想内容。例如联系《北京时间不到点》全文，说说“北京时间不到点”的含义。这篇文章讲述的是在德克士，乡下父亲为了奖励考试得“双百”的儿子，一大早赶了几十里地来买汉堡。乡下父子错过了“买一送一”优惠活动的时间，我和顾客以及服务员故意将错就错，说北京时间不到十点，使这对父子如愿以偿买到优惠汉堡的故事。“北京时间不到点”是一句善意的谎言，充分体现出众人的爱心、善心和同情心。

七、例题解析

（一）给文章加标题

马市长吃罢午饭，在客厅中悠闲地品着茶。女儿笑盈盈地走过来。“爸，我想请教你一个问题。”“有什么事就说吧。”“我们单位有个刚分配的女大学生，放着清闲的工作不干，偏要到农村搞什么乡镇企业，您说是不是太傻了？”

马市长放下手里的茶杯，望着自己的女儿说道：“现在农村乡镇的条件的确挺苦，有些人只顾自己的利益和前途，不愿到农村去，而这个女大学生敢于摆脱传统观念的束缚，敢于舍弃自己的利益，她这种精神值得表扬，我们一定要大力支持。”

女儿诡秘地笑了笑：“不过，我认为应该表扬的是她的爸爸，因为她的爸爸十分支持她。”

“那么她的爸爸是谁？”马市长问道。

“就是您老人家呀！”

“什么？”马市长顿时收敛了笑容，“你怎么能这样，这绝对不行！”

给文章加个合适的题目。

妙手解题　一篇文章的题目要么跟文章主要事物有关，要么跟主要事件有关，要么能反映文章中心。这是一篇写人的文章，写人的文章是要通过写事来表现人物的性格特点的。从本文内容来看，主要表现了马市长对别人大讲道理，到了自己身上就行不通的特点，也就是变化大。以文章主人翁或主要事件拟题目都合适。如《善变的马市长》《出尔反尔的马市长》《支持与反对》。

记忆中，我第一次走进商店时，大概四岁。一进门，就被满柜台可爱的糖果吸引住了。我贪心地要了一大堆各式各样的糖果。售货员是位态度亲切的阿姨，她问我：“你有这么多钱吗？”

“我有许多钱。”我伸出了紧握着的拳头，将一大把的硬币放在她的手中。

阿姨一下子愣住了，盯着她手中的硬币看了老半天，然后，她又看看我。

“够了吗？”我有些忐忑不安地问。

“我想，多了一点，我还要找些钱给你。”说着，她转身拿了两个硬币放在我手中。

很多年过去了，我现在和妻子经营一家海鲜店，供应各种新鲜活鱼。一天，一个五六岁的小女孩带着她的弟弟来到我的店里，两个小孩瞪着大大的眼睛，盯着那些水里游动的美丽的鱼儿，看了老半天。

“这条鱼卖吗？”那个小男孩指着一条惹人喜爱的热带鱼问。

“当然卖啊，只要你们有钱。”我说。

“我们有很多钱。”小女孩自信地回答，给了我自信的感觉。

当小女孩紧握着的手呈现在我面前的时候，我突然意识到将要发生什么，我知道小女孩要说什么。她的小手松开了，在我手里，她放了三枚小小的硬币。那时候，我才猛然意识到那位阿姨当年的心情。

“够了吗？”小女孩轻轻地问了声。

“我想，多了一点，我还要找些钱给你。”我回身，拿了两个硬币放在她手里。

给短文加个合适的题目。

妙手解题

这是一篇写事的文章，写事的文章以文章主要内容或文章的中心来提炼标题都可以。即：1. 根据主要内容“我有很多钱”或“够了吗？”或“我还要找些钱给你”或“两个硬币”都可以。2. 根据中心概括“保护童心”或“呵护童真”也很好。

（二）标题的含义

我看到了一条河

童年在我的记忆中比较模糊，但其中有几个片段却令我记忆犹新。

我4岁那年，有一次，妈妈开车带我回家。路上，她让我在离家几英里（1英里约合1.6公里）的农田边下车，然后自己找回家。虽然那次以我彻底迷路而告终，但此事对我影响很大。在这样的环境中，我从小就乐于寻找挑战。

刚开始学游泳时，我大概有四五岁。我们全家和朱迪斯姑姑、温迪姑姑、乔姑父一起在德文郡度假。我最喜欢朱迪斯姑姑。她在假期开始时和我打赌，如果我能在假期结束时学会游泳，就给我10先令（先令是英国旧币，10先令相当于半个英镑）。于是我每天泡在冰冷的海浪里，一练就是几个小时。但是到最后一天，我仍然没有学会游泳。我最多只能挥舞着手臂，脚在水里跳来跳去。

“没关系，里克，”朱迪期姑姑说，“明年再来。”

但是我决心不让她等到下一年，再说我也担心明年朱迪斯姑姑就会忘了我们打赌的事。从德文郡开车到家要12小时。出发那天，我们很早起身，把行李装上车，早早地启程了。乡间的道路很窄，汽车一辆接一辆，慢吞吞地往前开。车里又挤又闷，大家都想快点儿到家。但是，这时我看到了一条河。

“爸爸，停一下车好吗？”我说。这条河是我最后的机会，我坚信我自己能赢到朱迪斯姑姑的10先令。“请停车！”我大叫起来。爸爸从倒车镜里看了看我，减慢速度，把车停在路边的草地上。

“里克看见一条河，”妈妈说，“他想再试一次游泳。”

“可我们不是要抓紧时间赶路吗？”温迪姑姑抱怨说，“我们还有很长一段路程呢！”

“温迪，给小家伙一次机会嘛，”朱迪斯姑姑说，“反正输的也是我的10先令。”

我脱下衣服，穿着短裤往河边跑去。我不敢停步，怕大人们改变主意。但离水越近，我越没信心，等我跑到河边时，自己也害怕极了。河面上水流很急，发出很大的声响，河中央一团团泡沫迅速向下游奔去。我在灌木丛中找到一处被牛踏出的缺口，蹚水走到较深的地方。爸爸、妈妈、妹妹琳蒂、朱迪斯姑姑、温迪姑姑和乔姑父都站在岸边看我的表演。女士们身着法兰绒衣裙，绅士们穿着休闲夹克，打着领带。爸爸叼着他的烟斗，看上去毫不担心。妈妈一如既往地向我投来鼓励的微笑。

我定下神来，迎着水流，一个猛子扎了下去。但是好景不长，我感到自己在迅速下沉。我的腿在水里无用地乱蹬，急流把我冲向相反的方向。我无法呼吸，呛了几口水。我想把头探出水外，但四周一片空虚，没有借力的地方。我又踢又扭，然而毫无进展。

就在这时，我踩到了一块石头，用力一蹬，总算浮出水面。我深吸了口气，这口气让我镇定下来。我一定要赢那10先令。

我慢慢地蹬腿，双臂划水，突然我发现自己正游过河面。我仍然忽上忽下，姿势完全不对，但我成功了。我能游泳了！我不顾湍急的水流，骄傲地游到河中央。透过流水的怒吼声，我似乎听见大家拍手欢呼的声音。等我终于游回岸边，在50米以外的地方爬上岸时，我看到朱迪斯姑姑正在大手提袋里找她的钱包。我拨开带刺的荨麻，向他们跑去，我也许很冷，也许浑身是泥，也许被荨麻扎得遍体鳞伤，但我会游泳了。

“给你，里克，”朱迪斯姑姑说，“好了，各位，我们上路吧！”直到那个时候，我才发现爸爸浑身湿透，水珠正不断地从他的衣角上滴下来。原来他一直跟在我身后游。

谈谈你对文章题目的理解。

妙手解题

对文章题目的理解都脱离不了文章内容，换句话说就是必须结合文章内容对题目进行理解才不会偏离题目所要表达的意思。因为题目是文章的眼睛，是文章内容的缩写与升华。《我看到了一条河》里面的“看到”是关键词，“看到”就是发现，发现了什么呢？结合文章内容可以看出作者从小就喜欢挑战，文章内容也就围绕表现作者乐于挑战、时时挑战这一性格。所以作者看到一条河就是作者随时挑战自己，随时在寻找挑战机会，结果发现了一条河，发现了一次挑战的机会。

自由与生命

八月的一天下午，天气暖洋洋的，一群小孩在兴致勃勃捕捉那些色彩斑斓的蝴蝶。这时，我不由自主地想起童年时代发生的一件印象很深的事情。那时我才十二岁，住在南卡罗来纳州，常常把一些野生的活物捉来放到笼子里，而那件事发生后，我这种种兴致就被抛得无影无踪了。

我家住在林子边上，每当日落黄昏，便有一群美洲画眉鸟来到林间歇息和歌唱。那歌声美妙绝伦，没有一件人间的乐器能奏出那么优美的曲调来。

我当机立断，决定捕获一只小画眉鸟，放到我的笼子里，让它为我一人歌唱。

果然，我成功了。它先是拍打着翅膀，在笼中飞来扑去，十分恐惧。但后来它安静下来，承认了这个新家。站在笼子前，聆听我的小音乐家美妙的歌唱，我感到万分高兴，真是喜从天降。

我把鸟笼放到我家后院。第二天，它那慈爱的妈妈口含食物飞到笼子跟前。画眉妈妈让小画眉把食物一口一口地吞咽下去。当然，画眉妈妈知道这样比我来喂它的孩子要好得多。看来，这是件皆大欢喜的好事情。

接下来的一天早晨，我去看我的小俘虏在干什么，发现它无声无息地躺在笼子底层，已经死了。我对此迷惑不解，不知发生了什么事情。我想，我的小鸟不是已得到了精心的照料吗？

那时，正逢著名的鸟类学家阿瑟·威利来看望家父，在我家小住，我把小可怜儿那可怕的厄运告诉了他。听后，他做了精辟的解释：“当一只母美洲画眉鸟发现它的孩子被关进笼子后，就一定要喂小画眉鸟足以致死的毒莓，它似乎坚信孩子死了总比活着做囚徒好些。”

从此以后，我再也不捕捉任何活物来关进笼子里。因为我知道：任何生物都有对自由生活的追求，而这种追求无疑是值得肯定的。

作者以“自由与生命”为题有什么用意？

妙手解题

对文章题目的理解都脱离不了文章内容，换句话说就是必须结合文章内容对题目进行理解才不会偏离题目所要表达的意思。因为题目是文章的眼睛，是文章内容的缩写与升华。“自由与生命”里面的“自由”“生命”是关键词。结合文章内容可以看出画眉妈妈之所以会毒死自己的孩子，是因为小画眉失去了自由。由此可见“自由”与“生命”有着十分紧密的关系。作者以“自由与生命”为题目，目的是揭示“自由”与“生命”的关系，引发读者的思考与兴趣。

中转站 9

百科知识（答案见 329 页）

1．“鳄鱼流泪”是为什么？　　2．世界上最宝贵的五大宝石叫什么？

3．鱼类的祖先叫什么？　　4．世界上最毒的蜘蛛叫什么？

5．在自然界中，有一种小鸟专门把蛋下在别的鸟巢中，让别的鸟儿帮它孵化并且养大。这种狡猾的鸟叫什么？　　6．世界上会发光的动物叫什么？

7．企鹅和北极熊都生活在地球的北极，对吗？为什么？

8．鸟类的祖先是什么鸟？　　9．最大的两栖动物是什么？

10．鲸鱼是用什么呼吸？

脑筋急转弯（答案见329页）

1. 一头牛，向北走10米，再向西走10米，再向南走10米，倒退右转，问牛的尾巴朝哪儿？

2. 为什么黑人喜欢吃白色巧克力？

3. 把8分成两半，是多少？

4. 口吃的人最吃亏的是？

5. 什么东西使人哭笑不得？

6. 身份证掉了怎么办？

7. 有个人走独木桥，前面来了一只老虎，后面来了只熊，这个人是怎么过去的？

8. 监狱里关着两名犯人，一天晚上犯人都逃跑了，可是第二天看守员打开牢门一看，里面还有一个犯人，这是为什么？

9. 小明的妈妈有三个儿子，大儿子叫大明，二儿子叫二明，三儿子叫什么？

10. 猫见了老鼠为什么拔腿就跑？

猜成语（答案见329页）

1. 包青天——
2. 传送密信——
3. 蒙着眼睛下围棋——
4. 薄冰上迈步——
5. 保护伞——
6. 报喜不报忧——
7. 报喜也报忧——
8. 抱窝——
9. 豹子向狗借骨头——

第十章

文章的小标题

每一篇文章都有它的题目，题目又叫标题。“小标题”就是指一小节或一段文章的题目。合格的小标题能反映、概括其下面的一小节或一段文章的主要意思；而把一篇文章的全部小标题串联起来，就能反映出这篇文章的主要内容。

给文章列小标题也是一种分段和概括段落大意的训练，也是寻找作者思路的有效方法，也能更好地理解文章叙述的层次，对理解文章含义有很好帮助。

一、列小标题的基本方法

列小标题，要明白列小标题的基本要求：贴切、精练，即列出的小标题必须是其下面的一段文章之主要意思的概括，同时它只能用一个短句或一个词组甚至一个词来表达。要想列好小标题，首先要正确划分段落这是关键，要是段落划分错了，小标题也不可能列正确。然后再把段意概括好，这是列小标题的基础，要是段意概括得不全面、不准确，那么小标题也就不容易列准。

（一）找重点词语 从文中找重点字词。

例如 《海滨小城》，这篇文章是由“海滨”和“小城”两词组合而成的，所以小标题应列为：“海滨”“小城”。

（二）浓缩段意法 浓缩段意概括小标题。

例如 《董存瑞舍身炸暗堡》一文，按各部分的内容，小标题可列为：“我军受阻”“请求任务”“冲到桥下”“炸暗堡”“消灭敌人”。

（三）时间顺序法 按时间顺序列小标题。

例如 《第一场雪》，这篇文章是按时间顺序来组织材料的。小标题应列为：“下雪前”“下雪时”“下雪后”。

（四）空间地点转换法 按空间地点转换顺序（方位变化顺序）列小标题。

例如 《记金华的双龙洞》，小标题可列为：“路上”“洞口和外洞”“从外洞到内洞”“出洞”。

（五）中心词句法 抓住每部分的中心词句概括小标题。

例如 《伟大的友谊》，根据文章内容所表达的思想，小标题可列为：“朋友”“帮助”“合作”“友谊”。

（六）思想变化法 根据文中人物思想感情的变化概括小标题。

例如《出尔反尔的马市长》根据文章中马市长前后态度的截然不同，小标题可列为：“支持”“反对”。

给文章列小标题的方法还有很多，要注意灵活掌握，因文章的具体内容而决定选择其方法。需要注意的是，同一篇文章一定要从同一角度去考虑，这样才能使该文章小标题的内在联系更加紧密。

注：列小标题时，一是词语要精炼。小标题应该精炼到只有一个词语、一个词组成一个短句。可以摘录课文中的词语，或段意中的词语，不能把小标题写得像段意那样长。二是一篇文章的几个小标题，在字数上尽量一样多，在内容上要有连贯性。

二、列小标题方法总结公式表

列小标题方法总结公式表

（一）**找重点词语** 从文中找重点字词。

例如：《海滨小城》，这篇文章是由“海滨”和“小城”两词组合而成的，所以小标题应列为：“海滨”“小城”。

（二）**浓缩段意法** 浓缩段意概括小标题。

例如：《董存瑞舍身炸暗堡》一文，按各部分的内容，小标题可列为：“我军受阻”“请求任务”“冲到桥下”“炸暗堡”“消灭敌人”。

（三）**时间顺序法** 按时间顺序列小标题（文章的写作顺序是时间顺序的）。

例如：《第一场雪》，这篇文章是按时间顺序来组织材料的。小标题应列为：“下雪前”“下雪时”“下雪后”。

（四）**空间地点转换法** 按空间地点转换顺序列小标题（方位变化顺序），（文章写作顺序空间转换顺序的）。

例如：《记金华的双龙洞》，小标题可列为：“路上”“洞口和外洞”“从外洞到内洞”“出洞”。

（五）**中心词句法** 抓住每部分的中心词句概括小标题。

例如：《伟大的友谊》，根据文章内容所表达的思想，小标题可列为：“朋友”“帮助”“合作”“友谊”。

（六）**思想变化法** 根据文中人物思想感情的变化概括小标题。

例如：《出尔反尔的马市长》根据文章中马市长前后态度的截然不同，小标题可列为：“支持”“反对”。

三、例题解析

人与人之间

①电影明星洛依德将车开到修检站，一个女工接待他。她熟练、灵巧的双手，俊美的容貌，一下子吸引了他。

②整个巴黎全知道他，奇怪的是，这位姑娘丝毫不表示惊异和兴奋。

③“你喜欢看电影吗？”他禁不住问道。“当然喜欢，我是个影迷……”

④她手脚麻利，很快地修好了车。“您可以开走了，先生。”他却依依不舍：“小姐，您可以陪我去兜兜风吗？”“不，我还有工作。”

⑤“这同样也是您的工作，您修的车，最好亲自检查一下。”

⑥“那么，好吧，是您开还是我开？”

⑦“当然我开，是我邀请您来的嘛。”

⑧车子行驶得很好。

⑨“看来没有什么问题，请让我下车好吗？”

⑩“怎么，您不想再陪一陪我了？我再问您一遍，您喜欢看电影吗？”

⑪“我回答过了，喜欢，而且是个影迷。”

⑫“您怎么不认识我？”

⑬“怎么不认识，您一来我就看出您是当代的影帝阿利克斯·洛依德。”

⑭“既然如此，您为何这样冷淡？”

⑮“不，您错了，我没有冷淡，而是没有像一些女孩子那样狂热。您有您的成就，我有我的工作。您来修车是我的顾客。如果您不再是明星了，再来修车，我也会一样地接待您。人与人之间不应该是这样的吗？”

⑯他沉默了。在这个普通女工的面前，他感到了自己的浅薄与虚妄。“小姐，谢谢！您使我想到应该反省一下自己的价值。好，现在让我送您回去。”

给短文分段，并给每段加个小标题。

妙手解题

小标题就是一段话的题目。小标题和段意不同，它是用一个词语或一个短句来表达。先熟读完文章后给文章分段，可根据事情的发展顺序把文章分为三段。把起因①分为一段，段意：电影明星洛依德将车开到修检站，一个女工接待他，也吸引了他；经过②至⑮分为一段，段意：洛依德以为女工不认识他，显得有些冷淡，所以再三提示女工。女工却说认识他，只是没有像一些女孩子那样狂热。如果洛依德不再是明星了，再来修车，女工说自己会一样地接待他；结果⑯分为一段，段意：洛依德沉默了，他认为自己应该反省一下自己的价值。从段意可以看出，洛依德有明显的情感变化，也有明显反映情绪变化的词语：吸引、冷淡、沉默。所以本文采用归纳小标题的方法应以摘录法最好。摘用段落中现成的词语作小标题。即本文分段加小标题为：

第一段（①）段意：电影明星洛依德将车开到修检站，一个女工接待他，也吸引了他。用浓缩段意法得出“吸引”的小标题最合适。

第二段（②~⑮）段意：洛依德以为女工不认识他，显得有些冷淡，所以再三提示女工。女工却说认识他，只是没有像一些女孩子那样狂热。如果洛依德不再是明星了，再来修车，女工说自己会一样地接待。以同第一段的方法用“冷淡”作小标题。

第三段（⑯）段意：洛依德沉默了，他认为自己应该反省一下自己的价值。用浓缩段意法得出“沉默”的小标题最合适。

出尔反尔的马市长

①马市长吃罢午饭，在客厅中悠闲地品着茶。女儿笑盈盈地走过来。“爸，我想请教你一个问题。”“有什么事就说吧。”“我们单位有个刚分配的女大学生，放着清闲的工作不干，偏要到农村搞什么乡镇企业，您说是不是太傻了？”

②马市长放下手里的茶杯，望着自己的女儿说道：“现在农村乡镇的条件的确挺苦，有些人只顾自己的利益和前途，不愿到农村去，而这个女大学生敢于摆脱传统观念的束缚，敢于舍弃自己的利益，她这种精神值得表扬，我们一定要大力支持。”

③女儿诡秘地笑了笑：“不过，我认为应该表扬的是她的爸爸，因为她的爸爸十分支持她。”

④“那么她的爸爸是谁？”马市长问道。

⑤“就是您老人家呀！”

⑥“什么？”马市长顿时收敛了笑容，“你怎么能这样，这绝对不行！”

给短文分段，并给每段加个小标题。

妙手解题

小标题就是一段话的题目。先熟读完文章后给文章分段。本文短小，根据分段的基本要求，短小的文章一般分为两段。根据事情的发展顺序来分。分析一下经过与起因更紧密些还是与结果更紧密些，不难看出，文章其实就是支持与反对两个部分，所以经过与起因更紧密些。因此将起因与经过分为一段，即①②分为一段，段意：马市长的女儿说自己单位有个女大学生要去搞乡镇企业，马市长大力支持；结果③至⑥分为一段，段意：马市长的女儿说出是自己时却遭到马市长的极力反对。从段意可以看出，马市长有明显的情感变化，开始说是别人的女儿去搞乡镇企业时就大力支持，后来知道是自己的女儿时却极力反对。所以本文采用归纳小标题的方法应以摘录法最好。摘用段落中现成的词语做小标题。即本文分段加小标题为：

第一段（①~②）：支持；第二段（③~⑥）：反对。

中转站10

百科知识（答案见329页）

1. 藏历新年，人们见面时都要说“扎西德勒”是什么意思？
2. 国际女子羽毛球团体比赛的奖杯叫什么？
3. 阿姆斯特朗是乘哪个飞船成功登陆月球的？
4. 如果你在炒菜时油锅起火，正确的处理方法是什么？
5. 手足被烧（烫）伤后，首先采取的急救方法是什么？
6. 世界上最小的有花植物是什么？
7. 被狗咬后的处理方法是什么？
8. 平时使用计算机，眼睛与计算机屏幕的距离不可短于多少厘米？

9. 香港是哪年哪月哪日回归祖国的?

10. 世界上最高的山峰是什么?

脑筋急转弯（答案见 329 页）

1. 大象的左边耳朵像什么?
2. 针掉到大海里怎么办?
3. 你知道稀饭贵还是烧饼贵?
4. 什么时候是摘苹果的最好时机?
5. 有一个人口袋里有五元钱，掉了五元钱口袋里还剩下什么东西?
6. 什么鱼的肚皮是浮上水面的?
7. 小明今年12岁，为什么只过了三次生日?
8. 小明每天都吃一个师傅，他是怪兽吗?
9. 小王刷了一早上的牙，为什么别人还是说他口臭?
10. 小力把一个鸡蛋扔到2米开外还没碎，为什么?

猜成语（答案见 329 页）

1. 抱着孩子跳井——
2. 抱着金砖跳海——
3. 安禄山父子——
4. 安全员下岗——
5. 按别人的脚码买鞋穿——
6. 按单收礼——
7. 八磅大锤钉钉子——
8. 按下葫芦起了瓢——
9. 暗礁——

第十一章
记叙文的描写

描是描绘，写是摹写。描写就是用生动形象的语言，把人物或景物的状态具体地描绘出来。这是一般记叙文和文学创作常用的表达方法。

一篇文章，因为有了作者具体的、形象化的对人物、环境、状物的描写，把客观对象写得有声、有色、有味、有形，才使文章“绘声绘色”“活灵活现”“栩栩如生”“历历在目”“惟妙惟肖”，才使人有亲临其境、如睹其人、如闻其声、如嗅其味、如见其色、如历其事的感觉。

●描写常见的知识考点

描写的方法；描写的作用；描写的类型等。

一、描写的类型

（一）细描 细描就是细节描写，是对事物的主要特征作细致入微的刻画，文字绚丽，善用多种修辞手法。例如以动来写静的朱自清的《绿》中所写的梅雨亭：这个亭踞在突出一角的岩石上，上下都空空的；仿佛一只苍鹰展着翼翅浮在天宇一般。

（二）白描 白描是一种表现方法，是指用质朴的文字，极简的语言，不加烘托，运用描摹景物的特征，描画出鲜明生动的形象，反映作者的感情。特点有三：不写背景，不求细致，不尚华丽。例如朱自清的《背影》中对父亲的描写就是这样。

二、各种描写的方法与作用

（一）正面描写（人物描写）的方法与作用 刻画人物形象，离不开对人物的描写。丁玲说：有许多人物是我们大家都熟悉的。但是要把这个人物画出来，让读者认得、理解、体会，引起自然的爱憎，是需要许多手法的。

那么，有哪些人物描写的手法呢？常用的有正面描写和侧面描写两种。所谓

“正面描写”，是指直接描写人物的外貌、心理和行动。

1. 外貌描写 也称（肖像描写），即指对人物的外貌特征（包括人物的容貌、衣着、神情、体型、姿态等）进行描写，以揭示人物的思想性格，表达作者的爱憎，加深读者对人物的印象。

（1）外貌描写的方法 进行外貌描写，要根据情节发展的需要去写，不能每写到人就必写人的肖像。外貌描写的要求是：根据需要，抓住特征，绘形传神，刻画性格，显示灵魂。其方法有：第一，简笔勾勒特征；第二，运用修辞手法；第三，寄托作者爱憎；第四，借助他人眼睛；第五，相关人物对比；第六，一人几幅肖像；第七，结合其他技法。

一般提问方式 文章划线或哪个部分属于什么描写？有什么作用？表现了作者……

一般答题格式（外貌描写的方法） 该处的外貌描写采用的是比喻或简笔勾勒特征的白描等方法。

例如 鲁迅笔下的孔乙己：“身材很高大；青白脸色，皱纹间时常夹些伤痕；乱蓬蓬的花白的胡子。穿的虽然是长衫，可是又脏又破，似乎十多年没有补，也没有洗”。这里的外貌描写采用的是白描的方法，用朴实的语言，简单几笔，使主人公特征显露，尽传神态。

一般答题格式（外貌描写的作用） 通过外貌描写，表现了人物什么样的性格特点、精神品质等特征，表达出作者对某某什么样的感情，加深了读者对人物的印象等。

例如 鲁迅写闰土的手：“那手也不是我所记得的红活圆实的手，却又粗又笨而且开裂，像是松树皮了。”其作用是：通过外貌描写，反映了闰土生活的艰辛和痛苦，表现了作者对闰土的同情，加深了读者对闰土的印象。

（2）心理描写 以语言文字对人物的内心世界、思想道德品质、个性性格特征所进行的描写。

一般提问方式 文章划线或哪个部分属于什么描写？有什么作用？

一般答题格式 文章划线或那个部分属于心理描写。它反映或表现了人物（矛盾、犹豫、坚定、冷静等）心理。

例如 时间一分一秒地过去。这时候，大儿子杰克慢慢地站起来，“天真冷，我到柴房去搬些柴来生个火吧。”说着伸手端起烛台朝门口走去，屋子顿时暗下来了。中尉快步赶上前，厉声喝道：“你不用蜡烛就不行吗？”一把夺回烛台。孩子是懂事的。他知道，厄运即将到来了，在斗争的最后时刻，他从容地搬回一捆木柴，生了火，默默地坐着。烛光摇曳着，发出微弱的光。此时此刻，它仿佛成了这屋子里最可怕的东西。伯诺德夫人的心提到了嗓子眼上，她似乎感到德军那几双恶狼般的眼睛盯在越来越短的蜡烛上。——《半截蜡烛》。这里划线属于心理描写，表现了伯诺德夫人紧张、憎恨的心理。

（3）动作描写 人们的所作所为都是其行动上可以反映出来的，人物的行动（作品的情节）是表现人物性格的主要手段，那么，人物性格是不是典型的，也就要取决于这些行动有没有典型性。

一般提问方式 文章划线或哪个部分属于什么描写？有什么作用？

一般答题格式 文章划线或那个部分属于动作描写。表现了人物（害怕、珍惜、轻视、熟练、技术精湛、高强）等。

例如 那只大虫咆哮着，发起性来，翻身又扑过来。武松又一跳，退了十步远。那只大虫恰好把两只前爪搭在武松面前。武松把半截哨棒丢在一边，两只手就势把大虫顶花皮揪住，往下按去。那只大虫想要挣扎，武松使尽气力按定，哪里肯放半点儿松！武松把脚往大虫面门上眼睛里只顾乱踢。那只大虫咆哮起来，不住地扒身底下的泥，扒起了两堆黄泥，成了一个土坑。武松把那只大虫一直按下黄泥坑里去。那只大虫叫武松弄得没有一些气力了。武松用左手紧紧地揪住大虫的顶花皮，空出右手来，提起铁锤般大小的拳头，使尽平生气力只顾打……——《景阳冈武松打虎》这个段落全是写武松怎样“打”，从动作的描写上，表现了武松的武艺高强。

（二）侧面描写的方法与作用 侧面描写是指：不从正面去描写人物，而是从对其他人物、事件的叙述和描写中渲染气氛、烘托人物的描写方法。

一般提问方式 文章划线或哪个部分属于什么描写？有什么作用？

一般答题格式 文章划线或那个部分属于侧面描写，通过侧面描写表现了……

例如 一旁的运水战士哭了，骂骂咧咧的司机也哭了。最后，运水的战士说：“就让我违反一次规定吧，我愿意接受一次处分。”他从水车上取出半盆水——正好三斤，放在牛面前。——《沙漠真情》（这是一段描写沙漠里老牛为小牛要水的片段，通过侧面描写，表现了老牛的精神感动了在场的所有人。）

（三）环境描写 是指对人物与之发生直接关系的那种外界条件——社会和自然的描写。作品中的环境描写，不论是社会环境或自然环境，都不是可有可无的装饰品，而是密切地联系着人物的思想行动。

1. 自然环境描写 又称景物描写，是指对人物活动的自然景物进行的描写。

一般提问方式 文章划线或哪个部分属于什么描写？有什么作用？

一般答题格式 文章划线或那个部分属于自然环境描写。突出了环境的（如恶劣、和谐、优美等），衬托或表现了人物什么样的性格、品格（如开朗、勇敢、善良等）。

例如 我脱下衣服，穿着短裤往河边跑过去。我不敢停步，怕大人们改变主意，但离水越近，我越没信心，等我跑到河边时，自己害怕极了。河面上水流很急，发出巨大的响声，河中央一团团泡沫迅速向下游奔去 。我在灌木丛中找到一处被牛踏出的缺口，蹚水走到较深的地方……——《我看到了一条河》文章划线属于自然环境描写。突出了环境的恶劣，表现了我的勇敢。

2. 社会环境描写 社会环境是指人物活动的处所、背景、氛围等，交代事件发生的社会背景、时代特征，衬托人物性格，推动情节发展，揭示文章主题等。社会环境描写必须具有鲜明的时代色彩。

一般提问方式 文章划线或哪个部分属于什么描写？有什么作用？

一般答题格式 文章划线或那个部分属于社会环境描写。衬托了或表现人物（如正直、朴实、坚定、冷静等）性格，推动了情节的发展，揭示了文章主题等。

例如 旧历的年底毕竟最像年底，村镇上不必说，就在天空中也显出将到新年的气象来。灰白色的沉重的晚云中间时时发出闪光，接着一声钝响，是送灶的爆竹；近处燃放的可就更强烈了，震耳的大音还没有息，空气里已经散满了幽微的火药香。我是正在这一夜回到我的故乡鲁镇的。虽说故乡，然而已没有家，所以只得暂寓在鲁四老爷的宅子里……——《祝福》的开头写祝福时的景色气氛，以乐景反衬祥林嫂的悲剧，更增强了作品对旧社会的批判力量。

（四）物体（状物）描写 描写人物，描写环境，还有描写物体，即描写各种动物、植物、各种无生命的物体——自然界客观存在的物体和人类发明、创造出来的器物、用具等。这种物体描写，也称为“状物”。状物是对物体的描摹，类似绘画中的“写生”。

一般提问方式 文章划线或哪个部分属于什么描写？有什么作用？

一般答题格式 文章划线或那个部分属于物体描写。使读者对所描摹的某某物体有一个准确而鲜明的具体印象。

例如 梅花是蔷薇科的一个乔木树种，它的花瓣呈阔卵型，花上有五个花瓣或五的倍数。花朵是坠在树枝上的，很像一个个珍珠耳环。梅花有白色、红色、墨红、粉红等多种颜色。

三、描写方法与作用总结公式表

描写方法与作用总结公式表

（一）正面描写（人物描写）

1. **外貌描写** **（1）一般答题格式（外貌描写的方法）** 该处的外貌描写采用的是比喻或白描等方法。表现了人物什么样的特征等。

   （2）一般答题格式（外貌描写的作用） 通过外貌描写，表现了人物什么样的性格特点、精神品质等特征，表达出作者对某某什么样的感情，加深了读者对人物的印象等。

2. **心理描写** **一般答题格式** 文章划线或那个部分属于心理描写。它反映或表现了人物（矛盾、犹豫、坚定、冷静等）心理。

3. **动作描写** **一般答题格式** 文章划线或那个部分属于动作描写。表现了人物（害怕、珍惜、轻视、熟练、技术精湛、高强）等。

（二）侧面描写的方法与作用 **一般答题格式** 文章划线或那个部分属于侧面描写，通过侧面描写表现了……

（三）自然环境描写 **一般答题格式** 文章划线或那个部分属于自然环境描写。突出了环境的（如恶劣、和谐、优美等），衬托或表现了人物什么样的性格、品格（如开朗、勇敢、善良等）。

（四）社会环境描写 **一般答题格式** 文章划线或那个部分属于社会环境描写。衬托了或表现人物（如正直、朴实、坚定、冷静等）性格，推动了情节的发展，揭示了文章主题等。

（五）物体（状物）描写 **一般答题格式** 文章划线或那个部分属于物体描写。使读者对所描摹的某某物体有一个准确而鲜明的具体印象。

四、例题解析

给予的故事

从前有个人在沙漠中迷失了方向，饥渴难忍，濒临死亡。可他仍然拖着沉重的脚步，一步一步地向前走，终于找到了一间废弃的小屋。

这间屋子已久无人住，风吹日晒，摇摇欲坠。在屋前，他发现了一个吸水器，于是便用力抽水，可滴水全无。他失望到了极点。

忽然发现旁边有一个水壶，壶口被木塞紧紧地塞住，壶上有一张纸条，上面写着："你要先把这壶水灌到吸水器中，然后才能打水。但是，在你走之前一定要把水壶装满。"他小心翼翼地打开水壶塞，里面果然有一壶水。

这个人面临着艰难的抉择，要不要按纸条上所说的，把这壶水倒进吸水器里？如果倒进去之后吸水器不出水，岂不白白浪费了这救命之水？相反，要是把这壶水喝下去就会保住自己的生命。他思索再三，决定照纸条上说的做，果然吸水器中涌出了泉水。他痛痛快快地喝了个够！休息一会儿，他重新把水壶装满水，塞上壶塞，在纸条上又加了两句话："请相信我，纸条上的话是真的。你只有把生死置之度外，才能尝到甘美的泉水。"

文中画曲线的句子属于什么描写？说明了什么？画横线的句子属于什么描写？它反映了人物怎样的内心活动？

妙手解题

1."他小心翼翼地打开水壶塞……"是动作描写。一个人在饥渴难忍，濒临死亡的情况了遇到了救命之水，一滴水对他来说都是十分珍贵的。由于壶口被木塞紧紧地塞住，动作粗暴就可能会撒掉水。所以说明了他很小心，很珍惜，生怕撒掉一滴水。

2."要不要按……保住自己的生命。"属于人物的心理描写。在饥渴难忍的情况下要不要按纸条上所说的做，这确实是一个艰难的选择，所以会令人矛盾、犹豫。这里就反映了人物矛盾、犹豫的心理。

我看到了一条河

童年在我的记忆中比较模糊，但其中有几个片段却令我记忆犹新。

我4岁那年，有一次，妈妈开车带我回家。路上，她让我在离家几英里（1英里约合1.6公里）的农田边下车，然后自己找回家。虽然那次以我彻底迷路而告终，但此事对我影响很大。在这样的环境中，我从小就乐于寻找挑战。

刚开始学游泳时，我大概有四五岁。我们全家和朱迪斯姑姑、温迪姑姑、乔姑父一起在德文郡度假。我最喜欢朱迪斯姑姑。她在假期开始时和我打赌，如果我能在假期结束时学会游泳，就给我10先令（先令是英国旧币，10先令相当于半个英镑）。于是我每天泡在冰冷的海浪里。一练就是几个小时。但是到最后一天，我仍然没有学会游泳。我最多只能挥舞着手臂，脚在水里跳来跳去。

"没关系，里克，"朱迪斯姑姑说，"明年再来。"

但是我决心不让她等到下一年，再说我也担心明年朱迪斯姑姑就会忘了我们打赌的事。从德文郡开车到家要12小时。出发那天，我们很早起身，把行李装上车，早早地启程了。乡间的道路很窄，汽车一辆接一辆，慢吞吞地往前开。车里又挤又闷，大家都想快点儿到家。但是，这时我看到了一条河。

"爸爸，停一下车好吗？"我说。这条河是我最后的机会，我坚信我自己能赢到朱迪斯姑姑的10先令。"请停车！"我大叫起来。爸爸从倒车镜里看了看我，减慢速度，把车停在路边的草地上。

"里克看见一条河，"妈妈说，"他想再试一次游泳。"

"可我们不是要抓紧时间赶路吗？"温迪姑姑抱怨说，"我们还有很长一段路程呢！"

"温迪，给小家伙一次机会嘛，"朱迪斯姑姑说，"反正输的也是我的10先令。"

我脱下衣服，穿着短裤往河边跑去。我不敢停步，怕大人们改变主意。但离水越近，我越没信心，等我跑到河边时，自己也害怕极了。河面上水流很急，发出很大的声响，河中央一团团泡沫迅速向下游奔去。我在灌木丛中找到一处被牛踏出的缺口，蹚水走到较深的地方。爸爸、妈妈、妹妹琳蒂、朱迪斯姑姑、温迪姑姑和乔姑父都站在岸边看我的表演。女士们身着法兰绒衣裙，绅士们穿着休闲夹克，打着领带。爸爸叼着他的烟斗，看上去毫不担心。妈妈一如既往地向我投来鼓励的微笑。

我定下神来，迎着水流，一个猛子扎了下去。但是好景不长，我感到自己在迅速下沉。我的腿在水里无用地乱蹬，急流把我冲向相反的方向。我无法呼吸，呛了几口水。我想把头探出水外，但四周一片空虚，没有借力的地方。我又踢又扭，然而毫无进展。

就在这时，我踩到了一块石头，用力一蹬，总算浮出水面。我深吸了口气，这口气让我镇定下来。我一定要赢那10先令。

我慢慢地蹬腿，双臂划水，突然我发现自己正游过河面。我仍然忽上忽下，姿势完全不对，但我成功了。我能游泳了！我不顾湍急的水流，骄傲地游到河中央。透过流水的怒吼声，我似乎听见大家拍手欢呼的声音。等我终于游回岸边，在50米以外的地方爬上岸时，我看到朱迪斯姑姑正在大手提袋里找她的钱包。我拨开带刺的荨麻，向他们跑去，我也许很冷，也许浑身是泥，也许被荨麻扎得遍体鳞伤，但我会游泳了。

“给你，里克，”朱迪斯姑姑说，“好了，各位，我们上路吧！”直到那个时候，我才发现爸爸浑身湿透，水珠正不断地从他的衣角上滴下来。原来他一直跟在我身后游。

文章中加线的句子属于什么描写？有什么表达作用？

妙手解题

前面理论知识讲过，环境描写分自然景物和社会环境，而区分二者有很明显的特征：自然景物一目了然，社会环境则是人物在一定历史时期的社会生活与人际关系的总和。加线部分是对河流进行的描写，河流属于自然景物，从描述上看，突出了河面上环境的恶劣。。

作用在于什么？从加线句子可以看出如此湍急的河流一般人是不敢轻易下去的，何况作者当时是个孩子。再说这是一篇写人的文章，而写人的文章是为了表现人物的性格特点、思想品质等。从本文的前部分内容就可以看出，作者从小就是一个乐于挑战的孩子，只有勇敢的人才乐于挑战。所以其作用就是突出了河面上环境的恶劣，衬托了“我”游泳时的勇敢。

沙漠真情

这是一个真实的故事。故事发生在西部的青海省，一个极度缺水的沙漠地区。这里，每人每天的用水量严格地限定为三斤，这还是靠驻军从很远的地方运来。日常的饮用、洗漱、洗菜、洗衣，包括喂牲口，全部依赖这三斤水。

人缺水不行，牲畜也一样，渴啊！一天，一头一直被人们认为憨厚、忠实的老牛渴极了，挣脱了缰绳，强行闯入沙漠里唯一的也是运水车必经的公路。终于，运水的军车来了，老牛以不可思议的识别力，迅速地冲上公路，军车一个急刹车戛然而止。老牛沉默地立在车前，任凭驾驶员呵斥驱赶，不肯挪动半步。五分钟过去了，双方依然僵持着。运水的战士以前也碰到过牲口拦路索水的情形，但它们都不像这头牛这样倔强。人和牛这样耗着，最后造成了堵车，后面的司机开始骂骂咧咧，性急的甚至试图点火驱赶，可老牛不为所动。

后来牛的主人寻来了，恼羞成怒的主人扬起长鞭狠狠地抽打在瘦骨嶙峋的牛背上，牛被打得皮开肉绽，哀哀叫唤，但还是不肯让开，鲜血沁了出来，染红了鞭子，老牛的凄厉叫声，和着沙漠中阴冷的酷风，显得分外的悲壮。一旁的运水战士哭了，骂骂咧咧的司机也哭了。最后，运水的战士说："就让我违反一次规定吧，我愿意接受一次处分。"他从水车上取出半盆水——正好三斤，放在牛面前。

出人意料的是，老牛没有喝以死抗争得来的水，而是对着夕阳，仰天长叫：似乎在呼唤什么。不远的沙堆背后跑来一头小牛，受伤的老牛慈爱地看着小牛贪婪地喝完水，伸出舌头舔舔小牛的眼睛。静默中，人们看到了母子眼中的泪水，没等主人吆喝，在一片静寂无语中，它们掉转头，慢慢往回走。

20世纪末的一个晚上，当我从电视里看到这让人揪心的一幕时，我想起了幼年时家里的贫穷困窘，想起了劳作的苦难的母亲，我和电视机前的许多观众一样，流下了滚滚热泪。

文章第三段中，从描写角度看，"鲜血沁了出来……显得分外悲壮"是对老牛的 ＿＿＿＿＿描写，表现了老牛＿＿＿＿＿。"战士哭了……司机也哭了……运水的战士违规取水……"这是对老牛的 ＿＿＿＿＿描写，有力的表现出＿＿＿＿＿。

妙手解题 前面理论知识讲了，凡是对人物、动物的外貌、心理、动作的描写属正面（直接）描写；侧面（间接）描写，是不从正面去描写人物或动物，而是从对其他人物、事件的叙述和描写中渲染气氛，烘托人物、动物的描写方法。文章内容主要讲述了在缺水状态下，动物与人之间发生的故事。“鲜血沁了出来……显得分外悲壮”这是直接写老牛身体出现的状况，这很明显属于正面描写，表现了老牛的勇敢坚强。

“战士哭了……司机也哭了……运水的战士违规取水……”这是通过对其他人物的描写表现老牛，是侧面（间接）描写。想想人们为什么要哭？“哭泣”只有几种情况，伤心、高兴、感动等，结合文章内容来看便知，是老牛的精神感动了大家，所以战士才会宁可受罚，也要违规取水。什么样的精神感动了在场的所有人呢？前面的正面描写已经讲了，是老牛的勇敢坚强。整理一下句子就是有力地表现出老牛的坚强感动了在场的所有人。

中转站 11

百科知识（答案见 329 页）

1．中国是何时参加奥运会的？

2．中国人引以为傲的“国球”是什么？

3．世界上第一个两次获得诺贝尔奖的是谁？

4．哪种花有毒却可止喘？

5．缺少哪种维生素后，儿童易患佝偻病，成人易得软骨病？

6．世界上最早、最长的人工河是哪条河？

7．目前，中国的人口大约有多少亿？

8．世界上最大的地下军事博物馆在哪里？

9．为什么兔子睡眠时间十分少？

10．什么蔬菜被称为营养丰富的“小人参”？

脑筋急转弯（答案见 329 页）

1．两个人去露营，晚上睡在帐篷里。不久其中一个人醒来叫醒另一人，问看到天上的星星会想到什么？

2. 一根长棍子不准弄断，那怎样才能使它变短？

3. 为什么先看见闪电后听见雷声？　　4. 什么路人们最不敢走？

5. 一只候鸟从南方飞到北方要用一个小时，而从北方飞到南方则需两个半小时，为什么呢？　　6. 什么人骗别人也骗自己？

7. 一个小孩和一个大人在漆黑的夜晚走路，小孩是大人的儿子，大人却不是小孩的父亲，请问为什么？　　8. 什么字全世界通用？

9. 一个人的前面放了一本又厚又宽的大书，他想跨过去可怎么也跨不过去，你知道这是什么原因吗？

10. 人的长寿秘诀是什么？

猜成语（答案见329页）

1. 仓库盘点——	2. 百货公司——	3. 刚出笼的粘糕烫手——
4. 夜校出人才——	5. 百灵鸟——	6. 百米赛跑——
7. 摆动——	8. 败兵——	9. 败军之将——

第十二章 记叙文的叙述顺序与作用

一、什么是叙述

叙述即记叙和述说。它是一种记人叙事并陈述其来龙去脉的表述方法，它一般包括时间、地点、人物、事件原因、经过、结果六要素。在记叙文阅读考题中，关于叙述的典型考点是叙述的顺序与作用。

二、叙述的顺序与作用

（一）顺叙 就是按照事情的发展、时间先后顺序来进行叙述的方法。按顺序叙述文章，易于把文章写得条理清楚，脉络分明。运用顺叙，要注意剪裁得当，重点突出。否则，容易出现罗列现象，犯平铺直叙的毛病，像记流水帐，使人读起了索然无味。

（二）倒叙 就是把事件的结局或某一突出的片段提到前面来写，并不是把整个事件都倒过来叙述，而是除了把某个部分提前外，其他仍是顺叙的方法。采用倒叙，能使文章有悬念感，引人入胜，引起读者的兴趣，同时还能使文章结构富于变化，避免平铺直叙等。

（三）插叙 就是在叙述主要事件的过程中，有时是为了帮助读者了解故事情节或是对出场人物的情节作注释、说明，暂时中断主线而插入的另一些与中心事件有关的内容的叙述。使用插叙能使用文章情节清晰、丰富内容，深化主旨（点明中心）等。

（四）分叙（平叙） 就是平行叙述，即叙述同一时间内不同地点所发生的两件或两件以上的事。通常是先叙一件，再叙一件，常称为“花开两朵，各表一枝”。分叙的作用是把头绪纷繁、错综复杂的事情，写得眉目清楚，有条不紊。

（五）补叙（追叙） 补叙，也叫追叙，主要用于对上文的叙述补充说明，一般是片断性的、简要的，不具备完整的事件。补叙能对原来的叙述起丰富、补充作用。

三、例题解析

伞

“咔嚓——呼”，一声尖响，一阵冷风骤雨，沉闷拥挤的车厢里激起一片惊呼。原来，后车厢前排那块有裂纹的窗玻璃，在公共汽车急转弯中被震飞了小半块，幸好没伤人。

一阵忙乱之后，就听见乘客中有人说：“大清早就触霉头！”“现在乘车啊，真是……”

后门那位理着童花式短发的年轻女售票员红着脸，一声不吭地站起来，走到玻璃窗前。座位上一对盲人夫妇手握着手，默默坐着，雨水已打湿了他们的脸和前襟。姑娘的脸更红了，忙撑开手中的花折伞，堵住洞口。

车厢里一下子静了，大家的目光柔和下来。

“对不起，师傅们，这块玻璃应该换了。怪我们……”姑娘柔气轻声地刚说了一半，一阵狂风把她娇小的身子刮退半步，话也咽了进去。这时，一只大手抓住伞柄，助她往前一顶，只听“嗞……”，伞面被尖利的破玻璃撕开一道口子，伞骨也断了一根，但洞口又封住了。“啃——”在乘客的惋惜声中，姑娘却朝着身边这位四十多岁、面带歉意的大汉感激地笑了，笑得弯了眉毛。

“你去吧，我来！”大汉胸前的红字告诉人们，他是一位钢铁工人。他的声音也像金属撞击一样铿锵有力。

姑娘又去忙着招呼售票，只是声音更甜更亮。

“玻璃窗修好了？”盲人夫妇问。

“雨停了。”大汉回答。

“那就好。”

乘客们都善意地笑了，车厢里显得格外温暖。

公共汽车又驶过两站。大汉身边一位正在背外语的小伙子突然伸出手说："你该下车了，交给我吧！""你怎么知道？""咱们都是老乘客了。""那，哈哈……"

又过了两站，小伙子也要下车了，一位女同志刚想接过来，可是伞柄却被一个面皮白白的学生急忙抢了过去。周围的人又笑了。

一站又一站，一人又一人。伞柄被众人握得暖烘烘的。这暖意不断传给后来者，也传给了车厢里的每一个人。

本文运用的叙述方法是什么？

妙手解题 本文是一篇记事的文章，记事的文章一般是按事情的发展顺序或时间顺序，本文没有时间上的标记，而是按事情的发展顺序（起因→经过→结果）也就是顺序叙述的。可解答为顺序，也可作答为事情的发展顺序。

自由与生命

八月的一天下午，天气暖洋洋的，一群小孩在兴致勃勃捕捉那些色彩斑斓的蝴蝶，这时，我不由自主地想起童年时代发生的一件印象很深的事情。那时我才十二岁，住在南卡罗来纳州，常常把一些野生的活物捉来放到笼子里，而那件事发生后，我这种兴致就被抛得无影无踪了。

……　……

从此以后，我再也不捕捉任何活物来关进笼子里。因为我知道：任何生物都有对自由生活的追求，而这种追求无疑是值得肯定的。

本文采用的是什么叙述方法？这样写有什么好处？

妙手解题 本文先说结果，说"我"对捕捉活物的兴致被抛得无影无踪了，也就是再也不捕捉活物了。不按事情的发展顺序，先讲事情的结果，后讲事情的经过和结尾，这种写法叫倒叙。这样写的好处是可以激发读者的阅读兴趣。

我感觉是甜的

“妈妈，妈妈，今天我考试得了65分，老师表扬了我。”我几乎在惊叫，没想到平时只考二三十分的我，这次居然考了65分。这是我从一年级读到四年级第一次考及格。妈妈看着我涨红的小脸，眼睛湿润了，把我紧紧地搂在怀里，抚摸着我新长出头发没多久的小脑袋哽咽道：“我说过你行的，你能行的，有一天你还能做得更好……”小时候因为生活窘迫、营养不良，我总是生病，长得面黄肌瘦，三天两头留在家吃妈妈抓的草药。学习不好，也没朋友，还常常遭到同学的嘲弄。她是多么希望她含辛茹苦、担惊受怕养育的女儿能够平安长大，不被人欺负啊！听着妈妈的话，我仿佛咀嚼糖果一般——甜的，甜甜的。“妈妈，你不用担心难过，”我昂起头，睁大眼，鼓圆鼻孔，像个大人一样坚定对妈妈说道，“我会改变的，我一定好好吃药，锻炼身体，努力学习，考上大学！”

……　……

文中画线采用了什么叙述方法？这样写有什么好处？

妙手解题

画线部分与本文主题没有直接的关联，所以是插叙。由于有了画线部分的描写，我们更能感受到作者仅仅考及格却如此兴奋的原因，因此这部分起到了补充说明的作用。

第十三章 记叙文的线索

一、线索的形式

记叙文的线索是比较复杂的，它由许多因素决定，诸如文中的内容、文体的特点、写作风格等等，致使文章的线索出现了多种形式。

二、巧找线索的方法

（一）以人物品格为线索

《谁是最可爱的人》作者精心选择了三个典型事例，这三个事例可以说是文章的“部分”，要把“部分”组成“整体”，就得有条线索，这条线索就是志愿军战士崇高的精神境界和优异品质。

（二）以人物活动为线索

《从百草园到三味书屋》以“我”的活动为线索。《故乡》以“我”回故乡的见闻和感受为线索，串联起“回故乡”“在故乡”“离故乡”的情节，从而反映辛亥革命后农村破产、农民痛苦生活的现实。

（三）以典型细节、典型事物为线索

如《背影》以背影为线索，《枣核》以枣核为线索，《记一辆纺车》以纺车为线索。

（四）以人物感情为线索

如《荔枝蜜》以“我”对小蜜蜂的感情从一开始的疙疙瘩瘩，到不觉对小蜜蜂

"动了情"，以致最后梦见自己变成了一只小蜜蜂为线索。《白杨礼赞》以"赞美白杨树的不平凡"作为抒情线索，把白杨树生长环境的不平凡，外部形态的不平凡和内在气质的不平凡构成一体。《我的老师》以回忆、依恋、思念自己的老师为线索。

（五）以时间、空间变化为线索

《老山界》以时间变化、地点转移为线索。游记一般都用时空为线索。记事的记叙文，按事件自身的发生、发展、结局来写，往往以时间为线索。

三、例题解析

伞

"咔嚓——呼"，一声尖响，一阵冷风骤雨，沉闷拥挤的车厢里激起一片惊呼。原来，后车厢前排那块有裂纹的窗玻璃，在公共汽车急转弯中被震飞了小半块，幸好没伤人。

一阵忙乱之后，就听见乘客中有人说："大清早就触霉头！""现在乘车啊，真是……"

后门那位理着童花式短发的年轻女售票员红着脸，一声不吭地站起来，走到玻璃窗前。座位上一对盲人夫妇手握着手，默默坐着，雨水已打湿了他们的脸和前襟。姑娘的脸更红了，忙撑开手中的花折伞，堵住洞口。

车厢里一下子静了，大家的目光柔和下来。

…… ……

又过了两站，小伙子也要下车了，一位女同志刚想接过来，可是伞柄却被一个面皮白白的学生急忙抢了过去。周围的人又笑了。

一站又一站，一人又一人。伞柄被众人握得暖烘烘的。这暖意不断传给后来者，也传给了车厢里的每一个人。

本文以__________为线索，记叙了在冷风骤雨的天气里，公共汽车车厢玻璃破了以后，售票员和乘客______________的事。

妙手解题 本文一系列的故事情节都是围绕着“伞”展开的，“伞”是这篇文章的典型事物。所以本文是以“伞”为线索的。记叙了在冷风骤雨的天气里，公共汽车车厢玻璃破了以后，售票员和乘客瞒着盲人夫妇用伞堵住破窗的事。

我心中的歌

“我的未来不是梦，我认真地过每一分钟，我的未来不是梦，我的心跟着希望在动……”这是《我的未来不是梦》里面的歌词，这是我最喜欢的一首歌，是我心中的歌。

“你是不是一次一次徘徊在十字街口，流着汗水默默辛苦地工作……”听到这样的歌词，我想到了爸爸妈妈辛苦，他们每天起早贪黑地劳碌奔波，日复一日，年复一年，他们都任劳任怨，无怨无悔。

……　……

“我的未来不是梦，我认真地过每一分钟，我的未来不是梦，我的心跟着希望在动……”这是我心中的歌，我相信，我的未来一定不是梦！

本文以什么为线索贯穿全文？

妙手解题 本文每个自然段都以《我的未来不是梦》里的歌词作为该段的重点句，所以本文是以《我的未来不是梦》这首歌为线索贯穿全文的。

第十四章
阅读中的修辞手法

修辞手法是通过修饰、调整语句，运用特定的语言表达形式以提高语言表达作用。修辞手法有很多种，各有各的妙处。常用的修辞手法主要有：比喻、比拟（又名“比体”，分为拟人、拟物）、夸张、排比、设问、引用、反问、对偶、反复、借代、互文、顶真（又名“联珠”）等。

●常见的考点

1. 修辞的手法；2. 修辞的作用；3. 修辞的运用；4. 修辞的判断；5. 用包含修辞手法的方法写成语等。

一、修辞的定义与作用

在阅读中，修辞是常见的考点。想要解答修辞的相关问题，就必须对各种修辞的手法与作用做全面详细的了解。

（一）比喻 又叫“打比方”，即对两种彼此有相似点但不同类的事物，使用其中一事物来比方另一事物的修辞方法。使用比喻能使句子变得生动；能使深奥的内容变得浅显；能化抽象为具体等。

常用比喻词 像、好像、若、似、似的、似乎、好似、恰似、如、犹如、有如、仿佛、好比、般、一样、成了、是、变成

构成比喻必须具备的条件 比喻一般由三个部分组成，即本体（被比喻的事物或情景）、喻体和比喻词（比喻关系的标志性词语）。本体和喻体必须是本质不同的事物，否则，就不是比喻。一个句子是不是比喻，不能单看比喻词。如这三例就不是比喻句：1. 他长得像母亲——同类事物做比较；2. 这天黑沉沉的好像要下雨——表示猜想；3. 不要带着思想包袱去工作——词的比喻意。

根据比喻结构的三个部分的异同和隐现特征，可分为四种。

1. 明喻 本体、喻体都出现，中间用比喻词“像、似、仿佛、犹如、宛如、像……一样、仿佛…… 似的”等连接。常见形式是“甲像乙”。如：弯弯的月亮像只小船。

2. 暗喻 本体喻体都出现，中间用比喻词“是、成了、变成”等连接。典型形式是：甲是乙。例如：秋天一到，这里就成了果园。

3. 借喻 不出现本体和喻体，直接叙述喻体。借喻的典型形式是甲代乙。例如：最可恨那些毒蛇猛兽，吃尽了我们的血肉。（这里借“毒蛇猛兽”来比喻那些欺压人民的坏人）

4. 博喻 连用几个喻体共同说明一个本体。例如：一只巨大的白丁香把花开在了屋顶灰色的瓦楞上，如雪，如玉，如飞溅的浪花。

常用答题格式 将……（本体）比作……（喻体），使……（本体）的……特点更加突出，形象地写出了什么的……

包含比喻方法的成语

（1）明喻

虚怀若谷 门庭若市 如火如荼 如饥似渴 味同嚼蜡 寿比南山
归心似箭 如鱼得水 如虎添翼 冷若冰霜

（2）暗喻

车水马龙 有口皆碑 唇枪舌战 草木皆兵 冰清玉洁 明珠暗投
人老珠黄 犬牙交错 血海深仇 犬马之劳

（3）借喻

望穿秋水 破镜重圆 风平浪静 班门弄斧 铜墙铁壁 豺狼当道
掌上明珠 画龙点睛 柳暗花明

（二）比拟 比拟是把甲事物模拟作乙事物来写的修辞方式，包括把物当作人来写（拟人）、把人当作物来写（拟物）和把此物当作彼物来写（拟物）等几种形式。事实上，前一种形式是把事物“人化”，后两种形式则是把人“物化”或“把甲物乙物化”。使用比拟，能使语句感情色彩鲜明；描绘形象生动；表意更加丰富。

1. 把人比作物，或把此物当作彼物来写。

例如 人群不顾一切，涌了上来；在群众的呼喝声中，那个恶霸夹着尾巴逃跑了。

2. 把甲事物当成乙事物来写。

例如 火山发出一声咆哮。（拟人）

他骄傲自满，取得一点成绩，尾巴就翘得天样高。（拟物）

风雨能摧残樱花，但是顶风冒雪，樱花不是也能舒展笑脸么？（拟人）

指导员讲得真来劲儿，嘎子竖起耳朵听。（拟物）

常用答题格式 把……拟人化（拟物化），使其具有了人（物）的特征，使语句更加生动、形象、贴切、亲切等。

（三）排比 把三个或以上结构和长度均类似、语气一致、意义相关或相同的句子排列起来。使用排比能加强语势、语言气氛，使文章的节奏感加强，有气势，一气呵成等；条理性更好，更利于表达强烈的感情（表达效果）。

常用答题格式 充分表现出……的……，增强了语势等。

例如 他们的品质是那样的纯洁和高尚，他们的意志是那样的坚韧和刚强，他们的气质是那样的淳朴和谦逊，他们的胸怀是那样的美丽和宽广。

（四）设问 为了引起别人的注意，故意先提出问题，然后自己回答。设问的作用是引起注意，启发读者思考；有助于层次分明，结构紧凑；可以更好地描写人物的思想活动。

常用答题格式 引起了读者对……的注意和思考。

例如 为什么小树会长高长大？因为它有雨露的滋润，有阳光的普照。

（五）反问（激问、反诘、诘问） 反问只问不答，答案暗含在反问句中。反问的作用是加强语气，发人深思，激发读者感情，加深读者印象，增强文中的气势和说服力。

常用答题格式 态度鲜明，加强语气，使得句子表达的感情更加强烈。

例如 人非圣贤，孰能无过？

（六）对比 是把两个相对或相反的事物或把一个事物的两个不同的方面并举出来做比较的一种修辞方式。对比的作用在于同时使好的显得更好，坏的显得更坏，或是突出了……

常用答题格式 ……突出了……

例如 有的人活着，他已经死了；有的人死了，他还活着。

（七）夸张 为了达到某种表达效果，对事物的形象、特征、作用、程度等方面着意扩大或缩小的方法叫“夸张”。使用夸张，能表达鲜明的情感和态度，突出事物的本质特征。根据使用方式可分为三种。

1. 扩大夸张 故意把事物说得“大、多、高、深、强”等的夸张形式。

例如 蜀道之难，难于上青天。

2.缩小夸张 故意把客观事实说得“小、少、低、浅、弱”等的夸张手法。

例如 乌蒙磅礴走泥丸。

3. 超前夸张。

例如 农民们都说：“看见这样翠绿的麦田，就都嗅出白面包子的香气来了。”

运用夸张要注意的问题

夸张不是浮夸，必须合乎情理，不能脱离生活的基础和依据。夸张和真实要有一定的距离，否则就分不清是在说事实还是在夸张。夸张要注意应用的场合。严肃的汇报 、报告，科技说明文，说理文章等文体，不宜使用夸张的修辞。

常用答题格式 突出……的特点，给读者鲜明而强烈的印象。

包含夸张手法的成语

日理万机 日月如梭 三头六臂 怒发冲冠 一日千里 一字千金

百发百中 胆大包天 寸步难行 一步登天 一毛不拔 一尘不染

（八）对偶 字数相等、结构形式相同、意义对称的一对短语或句子，表达两个相对或相近的意思。对偶的句子整齐匀称，节奏感强，高度概括，易于记忆，有音乐美感。其主要方式有：

1. 正对 上下句意思上相似、相近、相补、相衬的对偶形式。

例如 墙上芦苇，头重脚轻根底浅；山间竹笋，嘴尖皮厚腹中空。

2. 反对 上下句意思上相反或相对的对偶形式。

例如 横眉冷对千夫指，俯首甘为孺子牛。

3. 串对（流水对） 上下句意思上具有承接、递进、因果、假设、条件等关系的对偶形式。

例如 才饮长沙水，又食武昌鱼。

常用答题格式 使语句形式整齐，音韵和谐，互相映衬，互为补充。

（九）双关 在一定的语言环境中，利用词的多义和同音的条件，有意使语句具有双重意义，言在此而意在彼，这种修辞手法叫“双关”。双关可使语言表达得含蓄、幽默，而且能加深语意，给人以深刻印象，表面上说的是甲义，实际上说的是乙义；类似我们平时所说的“一石三鸟”“一箭双雕”“指桑骂槐”，即言在此而意在彼。双关包括谐音双关和语义双关两种。

1. 谐音双关 即利用词语的同音或近音条件构成的双关。

例如（1）杨柳青青江水平，闻郎江上唱歌声。东边日出西边雨，道是无晴却有晴。利用“晴”“情”同音构成双关。（《竹枝词》刘禹锡）

（2）外边树梢头的蝉儿却在枝头唱高调：“要死哟！要死哟！”利用音近表面摹拟蝉儿的叫声，实际是用雷雨前闷热得要死来诅咒反动黑暗的统治已到了末日。（《雷雨前》茅盾）

此外，汉语中的许多歇后语就是利用谐音双关构成的。

例如 老虎拉车——谁赶（敢）？孔夫子搬家——净是书（输）。窗户眼吹喇叭——鸣（名）声在外。

2. 语义双关 即利用词语或句子的多义性构成的双关。

例如（1）他（指陈毅）却笑着说：“没关系！吃点墨水好哇，我肚子里的‘墨水’还太少呢！”用“墨水”的多义性，表面用的是本义，实际指的却是比喻义：学问或知识。（《吃墨水》小学语文课文）

（2）可是匪徒们走上几十里的大山背，他们没想到包马脚的麻袋片全烂掉在马路上，露出了他们的马脚。“马脚”也是实际用的比喻义：破绽。（《林海雪原》曲波）

（3）四面又明明是寒冬，正给我非常的寒威和冷气。“寒威”和“冷气”指的是天气，也指保守的社会。（《风筝》鲁迅）

常用的答题格式 使……表达得含蓄、幽默，加深语意，给人以深刻印象。

（十）引用 引用诗词、名言警句、歌词等。能增强说服力，富有启发性，语言精炼、含蓄典雅。

常用答题格式 ……充分，增强说服力，使语言精炼、含蓄。

例如 在我的苦苦思索下终于有了解题思路,真是“山重水复疑无路,柳暗花明又一村”呀!

（十一）借代 不直接说出所要表达的人或事物，而是借用与它密切相关的人或事物来代替 。使用借代能突出事物的本质特征，增强语言的形象性，使文笔简洁精炼，语言富于变化和幽默感；引人联想，使表达收到形象突出、特点鲜明、具体生动的效果。借代种类：特征代事物、具体代抽象、部分代全体、整体代部分。

1. **部分代整体** 即用事物具有代表性的部分代本体事物。

例如 两岸青山相对出，孤帆一片日边来。（《望天门山》李白）

2. **特征代本体** 即用借体（人或事物）的特征、标志去代替本体事物的名称。

例如 你要是爱细腰粉腿，就有跳舞场。（《现代化的话》茅盾）

3. **具体代抽象**

例如 南国烽烟正十年。（《梅岭三章》陈毅）

4. **工具代本体**

例如 等到惊蛰一犁土的季节，十家已有八户亮了囤底，揭不开锅。（《榆钱饭》刘绍常）

5. **专名代泛称** 即用具有典型性的人或事物的专用名称代替本体事物的名称。

例如 你们杀死一个李公朴，会有千百万个李公朴站起来！（《最后一次讲演》闻一多）。

常用答题格式 ……充分，增强说服力，使语言精炼、含蓄。

包含借代方法的成语

目不识丁　披坚执锐　扭转乾坤　迫在眉睫　拈花惹草　大江东去
灯红酒绿　咬文嚼字　青黄不接　手无寸铁

（十二）反复 为了突出某个意思，强调某种感情，有意重复某个词语或句子。反复是为了强调某个意思或突出某种情感而重复使用某些词语或句子，所要表达的侧重点在于重复的词语或句子上。运用在诗文中，起到反复咏叹，表达强烈的情感的作用；同时，还可以使诗文的格式整齐有序，而又回环起伏，充满语言美。根据使用方法，可分为连续反复和间隔反复。

1. 连续反复（中间无其他词语间隔）

例如 山谷回音，他刚离去，他刚离去。

2. 间隔反复（中间有其他的词语）

例如 好像失了三省，党国倒愈像一个国，失了东三省谁也不响，党国倒愈像一个国。

常用的答题格式 表达或突出某种强烈的……感情，富有感染力。

（十三）对仗 是指诗词创作及对联写作时运用的一种特殊表现形式和手段。它要求诗词联句在对偶基础上，上下句同一结构位置的词语必须“词性一致，平仄相对”，并力避上下句同一结构位置上重复使用同一词语。格律诗词的对仗使语言音韵和谐，增强了节奏感和美感，达到表现形式上的高度完美。

例如 墙上芦苇，头重脚轻根底浅；

山间竹笋，嘴尖皮厚腹中空。

这副对联不仅上下句字数相同、词性一致，且平仄相对，所以应归入对仗。

常用答题格式 使语言音韵和谐，增强了节奏感和美感，达到表现形式上的高度完美。

二、如何区分容易混淆的修辞手法

（一）比拟与比喻的主要区别

1. 比喻 即打比方，是利用不同事物之间的某此类似的地方，借一事物来说明另一事物。包括明喻、暗喻和借喻三种。例如：她像一只受伤的小鸟瑟缩地偎依在他的身旁。

2. 比拟 是把物当做人或把人当做物，分为拟人和拟物两大类。

拟人：把物当作人来写,赋予“物”以人的言行或思想感情。例如：小鸟在树上唱歌。

拟物：把“人”当作“物”来写,也就是使人具有物的情态或动作，或把甲物当乙物写。例如：那个坏人夹着尾巴逃跑了。

比喻与比拟有某些相似点，比拟、比喻都是两事物相比。不同点是比喻重点在“喻”，即以乙事物“喻”甲事物，甲乙两事物一主一从；比拟的重点在“拟”，即将甲事物“当作”乙事物来写,也就是用写甲事物的词来写乙事物。

（二）双关与对偶的区别

1. “双关”修辞手法

在一定的语言环境中，利用词的多义和同音的条件，有意使语句具有双重意义，言在此而意在彼。双关可使语言表达得含蓄、幽默，而且能加深语意，给人以深刻印象，表面上所说的是甲义，实际上所说的是乙义；类似我们平时所说的“一石三鸟”“一箭双雕”“指桑骂槐”，即言在此而意在彼。双关包括谐音双关和语义双关两种。

（1）谐音双关 即利用词语的同音或近音条件构成的双关。

例如 杨柳青青江水平，闻郎江上唱歌声。东边日出西边雨，道是无晴却有晴。利用“晴”“情”同音构成双关。（《竹枝词》刘禹锡）

（2）语义双关 即利用词语或句子的多义性构成的双关。

例如 他（指陈毅）却笑着说：“没关系！吃点墨水好哇，我肚子里的‘墨水’还太少呢！”用“墨水”的多义性，表面用的是本义，实际指的却是比喻义：学问或知识。（《吃墨水》小学语文课文）

2. 什么是“对偶”修辞手法

对偶句就是把结构相同、两个字数相等、意义相关的两个句子或词组对称地排列在一起表现相关或相反的意思或用两个对称语句加强语言效果的一种修辞方式。对偶句形式工整、匀称，节奏鲜明，音调和谐，便于记忆和传诵；前后呼应，互相映衬，对比鲜明，语言凝炼，能增强语言的表现力，使读者留下深刻的印象。

对偶形式的修辞方式，在诗歌、对联中出现最为普遍。根据意义的不同，对偶可分为正对、反对、串对／流水对三种。比如：

水光潋滟晴方好，山色空濛雨亦奇（正对——意义相近，互为补充。《饮湖上初晴后雨》苏轼）

满招损，谦受益。（反对——意义相反，互相映照。《尚书·大禹谟》）

野火烧不尽，春风吹又生。（串对——意义相承，表示连贯、递进、因果等关系。（《赋得古原草送别》白居易）

（三）对偶与对仗的区别

1. 对仗 按照字音的平仄和字义的虚实拟成对偶的语句，是指诗词创作及对联写作时运用的一种特殊表现形式和手段。它要求诗词联句在对偶基础上，上下句同一结构位置的词语必须“词性一致，平仄相对”，并力避上下句同一结构位置上重复使用同一词语。格律诗词的对仗使语言音韵和谐，增强了节奏感和音乐美，达到表现形式上的高度完美，因而其对对仗要求也就甚为严苛。符合上述原则的诗词联句便是对仗；否则就是不对仗或对仗不工整，这是诗词创作所不允许的。

2. 对偶 对偶是一种修辞格。成对使用的两个文句“字数相等，结构、词性大体相同，意思相关”。这种对称的语言方式，形成表达形式上的整齐和谐和内容上的相互映衬，具有独特的艺术效果。对偶又可分为严式对偶和宽式对偶，严式对偶要求上下两句字数相等、词性相对、结构相同、平仄相对、不重复用字（也就是对仗）。宽式对偶对严式对偶五条要求只要有一部分达到就可以，不是很严格。

对偶和对仗是两种极为相像的语言形式。了解了对偶与对仗的特点，就能一般地区别什么是对偶，什么是对仗了。

例如 “先天下之忧而忧，后天下之乐而乐。”（《岳阳楼记》范仲淹）这两个句子各方面都符合对偶的要求，但由于其平仄不相对，音律欠和谐，并在同一结构位置重复使用了“天下”“之”“而”等这样的词语，所以不合对仗的要求。再请看下面这个例句：

“沉舟侧畔千帆过，病树前头万木春。”（《酬白乐天》刘禹锡）这组联句是原诗中的颈联，无论哪个方面都完全合乎对仗原则，而且对得极为工整，是最为典型的对仗联句。

对偶与对仗之所以有这样一些不同，主要是因为它们是运用于不同文体的。由于不同的文体对各自表达的要求不同，所以对表达形式的要求也就不同。作为修辞方法的对偶，常常被广泛用于各种文体，其中古代散文和古体诗歌运用尤其频繁。它整饬了语言，增强了语势，而且两个偶句互为补充、相互映衬，使语言颇具形式美和表现力。对仗则是格律诗词独具的一种特殊创作技法。兴起于隋唐的格律诗，严格要求律诗中的颔联与颈联必须对仗。这一方法同时也为词曲创作所采用，后来又被用于对联撰写。由于律诗词曲的创作本身对语言运用有很高的艺术要求，讲究炼字炼句，而对仗正好能够在相当程度上极大提高诗歌的表达技巧和审美情趣，具有较高的艺术性和表现力。对仗的这些特殊功能显然是对偶力所不能及的。可以说“对仗”是格律诗词创作和欣赏的重要标准之一，自然也就成了非诗词莫属的专用术语。正因如此，所以格律诗词中的对仗虽同时也符合对偶的标准要求，但鉴于“对仗”本身的特点，并且为了有别于一般文体中的对偶，故而我们通常不以“对偶”称之，而特称之曰“对仗”。因而格律诗词的对仗要求也就甚为严格，符合上述原则的诗词联句便是对仗的；否则就是不对仗或对仗不工整。

例如：先天下之忧而忧，后天下之乐而乐。（《岳阳楼记》范仲淹）——只对偶，不对仗。春天繁花开遍峡谷，秋天果实压满山腰。（《天山景物记》碧野）——只对偶，不对仗。惨象，已使我目不忍视；流言，尤使我耳不忍闻。（《纪念刘和珍君》鲁迅）——只对偶，不对仗。横眉冷对千夫指，俯首甘为孺子牛。（《自嘲》鲁迅）——既对偶，又对仗。红雨随心翻作浪，青山着意化为桥。（《七律二首·送瘟神》毛泽东）——既对偶，又对仗。墙上芦苇，头重脚轻根底浅；山间竹笋，嘴尖皮厚腹中空。（《改造我们的学习》毛泽东）——既对偶，又对仗。感时花溅泪，恨别鸟惊心。——既对偶，又对仗。

至此，可以这样理解：对偶的外延大于对仗，而内涵则小于对仗。对仗一定是对偶，但对偶不一定是对仗，只有严式的对偶才是对仗。作为修辞方法的对偶，常常被广泛用于各种文体，其中古代散文和古体诗歌运用尤其频繁。对仗则是格律诗词独具的一种特殊创作技法，后来又被用于对联撰写。

（四）借代与借喻的区别

借代是不直接说出要说的事物，而借用与它有密切关系的事物来代替，或用事物的局部代替整体。

例如 操场有一群红领巾。“红领巾”为借代。借代可使语言简洁、生动、形象化，唤起读者的联想。

借喻是比喻的一种。区别借喻和借代可以从以下四个方面着手：1. 借喻的本质是“喻”，虽然它的本体和喻词都不出现，但隐含着可比的对象（即本体）。而借代的本质是“代”，是以事物的某种特征来代指本体，并没有可比对象。2. 借喻因为是“喻”，一般可以补进“本体”和“喻词”。借代则没有可比物，无法这样补进。3. 借喻一般可以对未出现的本体起描写作用。借代却只能起“代”的作用，其代用的词大多是名词或名词性短语，不能起描写作用。4. 在一篇文章中，如果前面出现了“××像××”的比喻句，后文直接使用喻体，这就成了借代了。相同处：借代与借喻都有所代，借代是用借体代本体，借喻是用喻体代本体，本体都不出现。

借代的本体和借体不存在相似性，而借喻的喻体与本体必须有相似性。

例如 红领巾给老大娘让了座。（“红领巾”借代小学生，但与小学生无相似性，不能说“小学生像红领巾”。）离开这个阎王殿！就是饿死也比在这里强。（地主的家和“阎王殿”之间有相似点，所以属于比喻中的借喻。）

借代不能改为明喻或暗喻，借喻则可以改为明喻和暗喻。例如上面的两个句子。第一句不可以改为：红领巾就像小学生，而第二句就可改为：地主家就像“阎王殿”。

借代的借体是客观实际中的事物，这个事物与本体有关联；借喻中的喻体与客观现实无关联。

例如 有缺点的战士终究是战士，完美的苍蝇终究不过是苍蝇。（“苍蝇”借喻“反动的家伙”，“苍蝇”不是眼前的事物，而且与客观现实无关联。）

百年积弱叹华岁，八载干戈仗延安。（“干戈”“延安”借代“抗日战争”和“中国共产党”，“干戈”是战争中的武器之一，“延安”是中国共产党的抗日根据地，都是与现实有关的事物。）

巾帼不让须眉。（以“巾帼”借代女人、“须眉”借代男人。）

朱门酒肉臭，路有冻死骨。——《自京赴奉先县咏怀五百字》杜甫（以“朱门”借代富贵之家、“死骨”借代尸体。）

过尽千帆皆不是。——《梦江南》温庭筠（以“帆”借代帆船。）

黄发、垂髫，并怡然自乐。——《桃花源记》陶潜（以“黄发”借代老人、“垂髫”借代小孩。）

她希望长大后当白衣天使。（以“白衣天使”借代护士。）

三、修辞的定义与作用总结公式表

修辞的定义与作用总结公式表

（一）**比喻** 又叫“打比方”，即对两种彼此有相似点但不同类的事物，使用其中一事物来比方另一事物。

常用答题格式 将……（本体）比作……（喻体），使……（本体）的……特点更加突出，使语句更加生动、形象等。

（二）**拟人** 把物当作人来写。

常用答题格式 把……拟人化（人格化），使……具有了人的特征，使语句更加生动、形象、亲切等。

（三）**排比** 三个或以上结构和长度均类似、语气一致、意义相关或相同的句子。

常用答题格式 充分表现出……的……，气势磅礴，朗朗上口，增强语势，强调了什么的……

（四）**设问** 为了引起别人的注意，故意先提出问题，然后自己回答。

常用答题格式 引起读者对什么的注意和思考。

（五）**反问** 反问只问不答，答案暗含在反问句中。

常用答题格式 态度鲜明，加强语气，使得句子感情更加强烈。

（六）**对比** 两个相对或相反的事物或把一个事物的两个不同的方面并举出来做比较。

常用答题格式 ……突出了……

（七）**夸张** 事物的形象、特征、作用、程度等方面着意扩大或缩小

常用答题格式 为了突出……的特点，（夸大、夸小）突出特征，揭示本质，给读者鲜明而强烈的印象。

（八）**对偶** 字数相等、结构形式相同、意义对称的一对短语或句子。

常用答题格式 使语句形式整齐，音韵和谐，互相映衬等。

（九）**双关** 利用词的多义和同音的条件，有意使语句具有双重意义。

常用答题格式 使……表达得含蓄、幽默，加深语意，给人以深刻印象。

（十）**引用** 引用诗词、名言警句、歌词等。

常用答题格式 ……充分，增强说服力，使语言精炼、含蓄等。

（十一）**反复** 突出某个意思，强调某种感情，有意重复某个词语或句子。

常用答题格式：表达出了某种强烈的感情，富有感染力等。

四、例题解析

在阅读时，对于修辞的提问，一般会考修辞的作用，在答题时，首先要考虑修辞本身的作用，然后是结合句子语境的作用。

人与人之间

电影明星洛依德将车开到修检站，一个女工接待他。她熟练、灵巧的双手，俊美的容貌，一下子吸引了他。

整个巴黎全知道他，奇怪的是，这位姑娘丝毫不表示惊异和兴奋。

“你喜欢看电影吗？”他禁不住问道。“当然喜欢，我是个影迷……”

她手脚麻利，很快地修好了车。“您可以开走了，先生。”他却依依不舍：“小姐，您可以陪我去兜兜风吗？”“不，我还有工作。”

“这同样也是您的工作，您修的车，最好亲自检查一下。”

“那么，好吧，是您开还是我开？”

“当然我开，是我邀请您来的嘛。”

车子行驶得很好。

“看来没有什么问题，请让我下车好吗？”

“怎么，您不想再陪一陪我了？我再问您一遍，您喜欢看电影吗？”

“我回答过了，喜欢，而且是个影迷。”

“您怎么不认识我？”

“怎么不认识，您一来我就看出您是当代的影帝阿利克斯·洛依德。”

“既然如此，您为何这样冷淡？”

“不，您错了，我没有冷淡，而是没有像一些女孩子那样狂热。您有您的成就，我有我的工作。您来修车是我的顾客。如果您不再是明星了，再来修车，我也会一样地接待您。人与人之间不应该是这样的吗？”

他沉默了。在这个普通女工的面前，他感到了自己的浅薄与虚亡。“小姐，谢谢！您使我想到应该反省一下自己的价值。好，现在让我送您回去。”

“人与人之间不应该这样吗？”这句用的是什么修辞手法？它有什么作用？

妙手解题

这句使用的是反问的修辞。（找出前面讲的修辞的答题格式作答）它能使句子的语气更加强烈，表达的态度及感情更加鲜明。

水池里有几桶水

从前，某国王有个习惯，每日早上接受大臣朝拜后，便让众臣陪同他在皇宫周围散步。一日，他们来到御花园观景。国王瞧着面前的水池忽然心血来潮，问身边的大臣：“这水池里共有几桶水？”

这个问题问得稀奇古怪，几桶水，谁能答得确切？大臣们一个个面面相觑。

国王很不高兴，此时，有个大臣诚惶诚恐地伏地奏道：“国王息怒，我等不才，无法解答您的问题，城东门有个孩子很聪明，是不是把他唤来一试？”

不多时，那位孩子便被领进大殿。他落落大方，进了皇宫毫无怯意。

国王将问题说了一遍后，示意让人领小孩到池塘边去看一看。可孩子却天真地笑道：“不用去看了，这个问题太容易了。”

国王一听乐了，说：“哦，那你就讲吧。”

孩子眼睛眨了几眨，说：“要看那是怎样的桶。如果桶和水池一般大，那池里就是一桶水；如桶只有水池的一半大，那池里就有两桶水；如桶只有水池的三分之一大，那池里就有三桶水，如果……”

“行了，完全对！”国王重赏了这个孩子。

众臣一个个呆若木鸡，自愧弗如。

文中，用“______”画出的是描写孩子和大臣神态的词语，读一读，体会对比的好处。

妙手解题

本文主要将大臣们和孩子作比较，大臣们无法解答的问题而孩子却答出了。所以，这是一种对比的修辞手法，对比的修辞作用是为了突出某一方面。从本文来看，自然是突出了大臣们的愚笨，孩子的聪明。

中转站 12

百科知识（答案见 329 页）

1. 高层建筑物着火时，楼内居民的正确做法是什么？
2. 读写时，眼离书本的距离应该一尺，最好多长时间休息一次？
3. 保护牙齿的最好方式是什么？
4. 看电视时，座位与电视机应相距多远？
5. 少年儿童发育最快的生理系统是什么？
6. 白炽灯用久了会发黑是为什么？
7. 在太阳下，穿黑色衣服感觉热还是穿白色衣服感觉热？为什么？
8. 雷雨天，为什么先看到闪电后听到雷声？
9. 四大文明古国是指哪几国？
10. 谁发明了造纸术？

脑筋急转弯（答案见 330 页）

1. 什么时候看到的月亮最大？
2. 什么人一年中只工作一天？
3. 什么事睁一只眼闭一只眼比较好？
4. 为什么刚出生的小孩只有一只左眼睛？
5. 哪颗牙最后长出来？
6. 房间里着火了，小明怎么也拉不开门，请问他后来是怎么出去的？
7. 蓝兰并没生病，但她整个晚上为什么嘴巴一张一合？
8. 什么最会弄虚作假？
9. 有两个面的盒子吗？
10. 铁放在屋外露天会生锈，那么金子呢？

猜成语（答案见 330 页）

1. 八个老汉划拳——
2. 八仙桌子——
3. 五月芭蕉——
4. 巴黎动身——
5. 飞行报告——
6. 拔草塞——
7. 拔河——
8. 全部就业——
9. 把老虎放生——

侦探推理小故事（答案见330页）

（答案见330页）

书房迷案

一天凌晨，福尔摩斯接到报案，在收藏家的花园洋房里发生了一起抢劫案。福尔摩斯迅速赶到案发现场，只见二楼的书房里，两扇落地窗敞开着，桌子上有两支点了一大半的蜡烛，烛液流了一大堆；桌下散落了好多文件，现场似乎发生过打斗；另外，地上还有一截绳子。收藏家告诉福尔摩斯：“昨晚，房间突然停电了，于是我点了蜡烛，打算看看到手的珍贵手稿。谁知蜡烛刚点亮，门突然被风吹开了，我就去关门，不想从窗外爬进来一个蒙面人。他把我摁倒在地，捆住我的手脚，堵住我的嘴。然后他抢走了手稿，又从窗口爬了出去。我好不容易挣脱绳子报了警。”福尔摩斯听完，环顾了一下四周，哈哈大笑起来：“先生，虽然您制造假现场的本事很大，但是您还是忽略了关键的细节。看来，以后还要更细心一些才是！”请问，福尔摩斯是如何发现破绽呢？

第十五章 阅读中的句式问题

在阅读中，句式的问题出现的较多，常以“换个说法，意思不变”“互转”“缩句”“扩句”等问题出现。想要解答句式问题首先就必须对各种句式做详细的了解。

一、四种基本句型

句子依据用途或语气可分为四大类，即：陈述句、疑问句、祈使句、感叹句。

陈述句 说明意见、叙述事情，表示陈述语气的句子。如：这钢笔是红色的。

疑问句 提出问题，表示疑问语气的句子。如：这钢笔是什么颜色的？

祈使句 要求或者希望做什么或不做什么，表示请求、命令、希望等语气的句子。如：把这支钢笔送给他好吗？

感叹句 表示感叹语气的句子。如：这支钢笔真好看呀！

二、陈述句改成把字句和被字句

将陈述句改成把字句，就是将句中表示动作的对象移到表示动作的词前面，加上“把”即成把字句。把陈述句改成被字句，就是将句中表示接受动作的词调到句首，换上“被”就成了被字句。在变换句式时必须保持原句的意思。这两种句子的变换只要调换句中的某些词的位置就行了。两个句子互相改换之后，它们原来的意思不能改变。

例如 他碾死了小青虫。可改成

1. “把”字句：他把小青虫碾死了。

2. “被”字句：小青虫被他碾死了。

三、陈述句和反问句的互换

陈述句指说明意见、叙述事实的句子。反问句是指用疑问句的形式表达确定的意思的句子。把陈述句改成反问句有两种情况：

（一）肯定语气改成反问句 一般在加句首加“难道”二字，句中加上否定词“不、无、没……”，结尾加上语气助词“吗、呢、哩……”，再加上“问号”。

例如 学生就应努力学习。 难道学生不应努力学习吗？

（二）否定语气改成反问句 一般去掉句中的“否定词”，结尾加上语气助词“吗、呢、哩……”，再加上“问号”。

例如 有人掉进河里，我们不能见死不救。

有人掉进河里，我们能见死不救吗？

（三）反问句改成陈述句 把反问句改成陈述句就要把“难道”和“不”等词删去，把句末的问号改成句号，并去掉吗、呢等语气助词。

例如 难道学生不应努力学习吗？ 学生就应努力学习。

四、肯定句和否定句的互换（双重否定句）

表达一个肯定的意思，也可以采用否定句式，改写后句子的肯定语气要比原来的句子更强。改写时要注意：双重否定是表示进一步的肯定，所以必须用上两个表示否定的词，也就是“否定＋否定＝肯定”。

例如 人人都应遵守课堂纪律。 没有一个人不遵守课堂纪律。

五、直接引用（直述句）与间接引用（引述句）的改写

人们在说话中，直接对话就叫“直述句”；有时需要直接引用别人的对话，需要转述就叫“引述句”。“直述句”和“引述句”最明显的区别就是“直述句”要用“冒号”，而“引述句”要去掉“冒号”。阅读中，常以“换个说法，意思不变”的问题出现。改写时应注意三点：一是改换人称，将对话中表示“谁”（如我、我们、你、你们等）的人称代词改成“他”或“他们”，与引号前的人称一致起来；二是改变标点，将冒号改成逗号，双引号去掉；三是适当调整词语，需要时可做少量的文字改动，但不能改变句子的基本意思，使句子通顺。还有一种最简单

的方法：**将句中的“我”当作自己，把这句子意思传达给他人即可；或者自己就是别人对话时的一位旁听者，把别人的对话传达给另外的人。**

例如

直述句 妈妈对我说：“我今晚要加班，不回家吃饭了。”**（把句中的“我”当成自己，把妈妈说的话传达给任何一个人，如奶奶等，就会出现自己在与奶奶说话，把妈妈的话告诉奶奶即可。）**

转述句 妈妈对我说，她今晚要加班，不回家吃饭了。

直述句 小华对小丽说：“明天我们班要参加区文艺会演，我得早点到校排演。”

转述句 小华对小丽说，明天他们班要参加区文艺会演，他得早点到校排演。

六、特殊句式的变换

（一）“说”字的位置变换 如：

1. 我说：“爸爸，也许它不会死……”（说字在前）
2. “爸爸！”，我说，“也许它不会死……”（说字在中间）
3. “爸爸，也许它不会死……”我说。（说字在句末）

（二）词语位置的变换 如：

常式句：亲人再见了！

变式句：再见了，亲人。把主谓语的位置进行互换。

七、缩句和扩句

缩句的目的是为了更好地分析和理解句子。把句子中表示修饰或限制的词语去掉，保留原来句子的主干，缩成一个简单完整的句子。缩句不能增加和减少原句基本成分，不改变原句的意思。一般来说，“的”字前面的修饰部分要去掉。缩句主要方法有以下几种：

（一）分辨句式，提出问题 先看看这句话是写人还是写景物的，然后可以提出“谁是什么”“谁干什么”或者“什么是什么”“什么干什么”“怎么样”来找出句子的主要部分。如：“这毛茸茸的在地上流动着的小绒球原来是刚孵出来的小鸡。”我们可提问：什么？——小绒球；是什么？——是小鸡。缩句后就是“小绒球是小鸡。”

（二）进行词语比较，找出主要词语 有些句子很长，修饰的部分较多，我们就要在几个词语中选出主要的，才能正确地缩句。如“工人宿舍前的草地上开满了五颜六色的野花。”因为“野花”只能开在“草地上”。所以“草地上”是主要词，而“工人宿舍前”是修饰“草地”的。“草地上开满了野花。”

（三）如果是否定句缩句，就要把否定词一起写出来，否则就会改变句意 如“我不相信他那种骗人的鬼话。”应缩成“我不相信鬼话”，而不能缩成“我相信鬼话”。另外要提醒的是，缩句后，虽然句子十分简短，但它还是个完整的句子，所以句末必须加上原句上的标点符号。

扩句恰好相反，也相对缩句要简单得多，是在句子的主干上增加一些恰当的修饰或限制性的词语，使句子的内容变得丰富、具体和生动。扩句的过程正好与缩句相反，即按一定要求给句子的主干添枝加叶，加上修饰成分，使它表达的意思更具体、形象、生动。

在具体扩句过程中，要注意以下几个方面：

1. 所加的修饰词必须与主干搭配得当。
2. 扩句后句子的成分不变。
3. 扩句后不能改变句子的结构。

八、不改变句子意思的几种转换

（一）把字句变被字句。例如

把字句 十七孔桥把湖岸和湖中心的岛连接起来。

被字句 湖岸和湖中心的岛被十七孔桥连接起来。

（二）被字句变把字句。例如

被字句 年轻人被杰克大叔留在庄园里。

把字句 杰克大叔把年轻人留在庄园里。

（三）陈述句变反问句。例如

陈述句 不好好学习，不能取得好成绩。

反问句 不好好学习，难道能取得好成绩？

（四）反问句变陈述句。例如

反问句 学生难道不该好好学习？

陈述句 学生应该好好学习。

（五）双重否定句变肯定句。例如

双重否定句 没有一个孩子不爱自己的母亲。

肯定句 每个孩子都爱自己的母亲。

（六）肯定句变双重否定句。例如

肯定句 这些道理你明白。

双重否定句 这些道理你不是不明白。

（七）直述句变转述句。例如

直述句 老师对我说："你下课后，到我办公室去。"

转述句 老师对我说，我下课后到她办公室去。

（八）转述句变直述句。例如

转述句 妈妈对我说，我放学后直接回家，她不来接我了。

直述句 妈妈对我说："你放学后直接回家，我不去接你了。"

九、例题解析

阿凡提的故事

①这天，国王想取笑阿凡提，就给了他一匹老马，让他随同去打猎。

②打着打着，忽然变了天，下起大雨来。国王和随从们立刻掉转马头，飞也似的跑回去了。阿凡提的马跑不动，他就把外衣脱下来装在口袋里，冒着雨往回走。不一会儿，雨住了，天晴了，阿凡提重新穿戴好，骑着马抄近路回到了宫殿。

③国王挺纳闷地问道："阿凡提，你的衣服怎么没湿呀？"

④"您给我的马，真是了不起！你们走了以后，它忽然长了翅膀，腾空而起，一眨眼儿，就到家了。"

⑤国王又吃惊，又羡慕。

⑥下一次打猎，国王骑了阿凡提那匹老马；自己的千里驹，让给了阿凡提。这天，又下起了大雨，阿凡提立刻掉转马头，飞也似的跑回去了。国王信了阿凡提的话，让随从们都先回去。可是老马并没长什么翅膀。尽管国王使劲打呀，喊呀，老马却怎么也跑不起来。国王这才知道上了当。心里想，回去非好好教训阿凡提不行。

⑦国王像只落汤鸡似的回到宫殿里来。

⑧"阿凡提，你竟敢骗我，这马怎么没长翅膀？"

⑨阿凡提说："马怎么会长翅膀，国王！它既然跑不动，你就不会像我一样，把外衣脱下来装在口袋里吗？那样虽然被雨淋着点，衣服却是干的。唉，原来国王是一回事儿，智慧又是一回事儿！"

把第三段：国王挺纳闷地问道："阿凡提，你的衣服怎么没湿呀？"，与第四段："您给我的马，真是了不起！你们走了以后，它忽然长了翅膀，腾空而起，一眨眼儿，就到家了。"的这两段对话换个说法注意意思不变。

妙手解题

先审题，"换个说法，意思不变"，其实就是把直述句改为引述句；最简单的方法解题就是将句中的"我"当作自己，把这句子意思传达给他人即可，或者自己就是别人对话时的一位旁听者，把别人的对话传达给另外的人。很显然用"自己就是别人对话时的一位旁听者，把别人的对话传达给另外的人"这种方法更简单。就是听到了国王和阿凡提的对话，再把对话传达给别人。我们听到的对话就是：

国王挺纳闷地问阿凡提的衣服怎么没湿？

阿凡提说国王给他的马真是了不起！国王他们走了以后，那马忽然长了翅膀，腾空而起，一眨眼儿，就到家了。

还有一种就是最常用的一种：一是改换人称，将对话中表示"谁"（如我、我们、你、你们等）的人称代词改成"他"或"他们"，与引号前的人称一致起来；二是改变标点，将冒号改成逗号，双引号去掉；三是适当调整词语，需要时可做少量的文字改动，但不能改变句子的基本意思，且改动后还应使句子通顺。这种方法稍有些机械，灵活性不够强，但答案的结果都一样。

真正的财富

第二次世界大战前，我们家是唯一没有汽车的人家……

几个星期后，一辆崭新的别克牌汽车在大街上那家最大的百货商店橱窗里展出了。这辆车已定在今夜以抽彩的方式馈赠给得奖者。不管我有时多么想入非非，也从来没有想过幸运女神会厚待我们——这个在城里唯一没有汽车的人家。当扩音器里大声叫着我父亲的名字，明白无误地表示这辆彩车已属我们家所有时，我简直还不相信是事实。

父亲开着车缓缓驶过拥挤的人群，我几次想跳上车去，同父亲一起享受这幸福的时刻，却都被父亲赶开了。最后一次，父亲甚至向我咆哮：“滚开，别呆在这里，让我清静清静！”

我无法理解父亲的感情。当我回家后委屈地向母亲叙述时，母亲却似乎非常理解父亲，她安慰我说：“不要烦恼，你父亲正思考一个道德问题，我们等待他找到适当的答案。”

“难道我们中彩得到汽车是不道德的吗？”我迷惑不解地问。“汽车根本不属于我们，这就是问题的关键。”母亲回答我。我歇斯底里地大叫：“哪有这样的事？汽车中彩明明是扩音器里宣布的。”

“过来，孩子。”母亲温柔地说。桌上的台灯下放着两张彩票存根，上面的号码是348和349，中彩号码是348。“你看两张彩票有什么不同吗？”母亲问。

我看了好几遍，终于看到彩票的角落上用铅笔写的淡淡的“K”字，“这K字代表凯特立克。”母亲说。“吉米·凯特立克，爸爸交易所的老板？”我有些不解。

“对”。母亲把事情一五一十跟我讲了。

当初父亲对吉米说，他买彩券的时候可以代吉米买一张，吉米咕哝说：“为什么不可以呢！”老板说完就去干自己的事了，过后可能再也没有想到过这事，348那张是凯特立克买的。现在可以看得出来那K字是用大拇指轻轻擦过的。

不久，我们听到父亲进门的脚步声，又听到他在拨电话号码，显然电话是打给凯特立克的，第二天下午，凯特立克的两个司机来到我们这儿，把别克牌汽车开走了。

直到我成年之后，我才有了一辆汽车，随着时间的流逝，我母亲常说的那句格言：“一个人有骨气就等于有了一大笔财富”具有了新的含义。回顾以往的岁月，我现在才明白，父亲打电话的时候是我们家最富的时候。

能否将“难道我们中彩得到的汽车是不道德的吗？”改为陈述句？其理由是什么？______

妙手解题

首先看原句“难道我们中彩得到的汽车是不道德的吗？”是个反问句。反问句的作用是强调了什么样的语气。“能否修改原文……”类似这样的提问都要回答“不”，因为原著是不能改动的，这也是尊重作者的著作权，当然答题不能把这个作为理由回答题意。为什么不能改为陈述句式呢？因为原句从文章内容来看作者还带有些疑惑的语气，若改为陈述句就变成肯定的语气了，肯定语气与前后文的语气也不一致，所以不能改。

中转站 13

百科知识（答案见 330 页）

1. “春蚕到死丝方尽”，蚕会吐丝作茧，它是以什么树的叶子为食物的？
2. 我们常说的“两弹一星”是指什么？
3. 绿色植物吸收阳光能量，制造氧气的过程叫什么？
4. 在我国一年四季中，哪一天的白天最短？
5. 谁发明了活字印刷术？
6. 电脑的“大脑”是什么？
7. 我们经常在商品包装上看到的一些黑白间隔的直条，这是什么？
8. 寓言“坐井观天”中坐在井中的是什么动物？
9. 地球在不停地自转，它自转的方向是怎样的方向？
10. 通常把地球划分为哪三个气候带？

脑筋急转弯（答案见 330 页）

1. 拿鸡蛋扔石头，为什么鸡蛋没破？
2. “新华字典”有多少个字？
3. 超人和蝙蝠侠有什么不同？
4. 什么人心肠最不好？
5. 从来没见过的爷爷，他是什么爷爷？
6. 两对父子去打猎，他们每人打了一只野鸭，但是总共却只有3只，为什么？
7. 自找苦吃的地方是哪儿？
8. 一间牢房关了两个犯人，其中一个因偷窃要关一年，另一个是强盗杀人犯，却只关两个星期，为什么？
9. 你怎样才能把你的左手全部放入你身上右边的裤袋内，而同时又把你的右手全部放入左边的裤袋内？
10. 5只鸡5天生了5个蛋。100天内要100个蛋，需要多少只鸡？

猜成语（答案见 330 页）

1. 把一切献给党——
2. 民兵打靶——
3. 靶子——
4. 白骨精演说——
5. 白吃饭——
6. 白骨精扮新娘——
7. 火烧到眼前——
8. 鸡飞狗走——
9. 饥了吃鞋底——

第十六章

图、表、文转换技巧

图表文转换题型属于“非连续文本”的一种。“非连续性文本”一般包括图表、图解文字、广告、说明书等，各种非连续题型的相关讲解详见《阅读公式练习册小学高年级》110页。本章的阅读方法与技巧有以下五种：

一、认真审题，明确要求

审题时，要注意表头和表脚的文字，弄清楚图表说明的对象和比较的角度；还有题干中句式表达的要求（单句还是复句）和字数的限制；有的题目还限定了以某个具体对象作为答案的主语，类似句子的重组题型，要求你去续写。

二、仔细观察图表，全面准确捕捉信息

对图表，要认真观察，找出图表中所含的信息：比较对象、比较角度及项目、各种数据及变化特点等，抓信息要全面准确。具体而言，图表式的要兼顾图表的各个要素，坐标曲线图要抓住曲线变化的规律，柱状饼式图要抓住各要素的比例分配及变化情况，生产流程图要抓住事理的时空、先后逻辑顺序等。读图表不能顾此失彼，遗漏信息。读图表时应特别注意两点：（1）数据变化。数据的变化往往说明了某项问题，可能是材料的重要之处，也是观点的源头。（2）图表细节。图表中的一些细节往往起提示作用。

三、归纳概括

正确分析图表中所列内容的相互联系，从中找出规律性的东西。分析出有关材料的内在联系，再归纳概括为一个结论。

四、表达的注意事项

（一）注意题目中的关键词 如表达方式转换题，题干中往往有一些标志性词语，如“上图显示”“用文字表述出来”“确切表述图表的内容”等。在表述时要有具体的数据比较、分析，要直接客观地反映图表所包含的信息；而信息推断题的题干中，也往往有一些标志性词语，如“该图表表明（说明、证明）了”“用一句话概括为”“所揭示的问题是”“从中可以看出（得出）”等。

（二）注意题目中的特殊限制 一是句式的限制，用单句表达只能含有一组主谓宾成分，用复句要标明句间的逻辑关系；二是字数的限制，在表达时要注意年号和数字的规范。

（三）注意在表达的方法 在表达中不能出现语病，特别是在反映事物变化或规律时，选用词语要准确。如表明增长趋势的，可用的词语有“增长（加）了”“增加到”“增长了××倍”“与同期相比，增长……”等；表明下降趋势的，可用词语有“减少了”“减少到”“减少了（百分数、分数）”等，但其后不能用倍数；又如表示程度范围概念的：“近一半（约50%左右）”“大部分（比例约在55%~70%）”“绝大多数（比例占70%以上）”“所有”“约几成”等。总之，要根据图表数据变化规律来选用词语表达。

（四）注意要求与答案 针对题目要求和图表内容复核答案，看有无遗漏、多余、误推或表述不详等错误。

五、例题解析

例1 阅读下面的图表，写出结论。

体育锻炼的科学性：

	参与运动前的准备活动			活动结束做整理		
	做了	无所谓	不需要	做了	无所谓	没有
小学	37.3	33.6	29.1	30.7	27.3	42
初中	38.1	33.4	28.5	35.2	32.7	32.1
高中	50.3	24.4	25.3	45.8	15.4	38.8

结论：学生普遍对体育锻炼的科学性认识较肤浅，但随着年级的升高对此认识也逐渐提高。

答题技巧

1. 对图表基本内容进行概述：要忠实于图表，不要想象或虚构，主语一般是题目的调查对象，谓语部分概括主要数据的变化。一般用主谓句陈述。

2. 第二问一般问从该图中得出什么观点或结论。答题要思考比较数字后得出的结果+调查的目的或调查得出的结果所蕴涵的意义。答案用语不能离开调查的对象、目的，可优先选用题干（表题）中的词语。

例2　阅读下面的图表，完成后面的题目。

某校图书馆学生阅览室共有10万册图书，在最近的一次图书状况调查中，调查人员发现：

图书状况	完好无损	损坏较轻	损坏较重	损坏严重
图书数目（册）	20000	25000	40000	15000

请根据图表所反映的情况，写出两条结论：

解题思考：调查什么？情况如何？把相关词语圈划出来。

解析　试题考查的是根据图表分析其中蕴涵的思想内容，因此，仅仅能分析出图表所提供的信息是远远不够的，还要能从具体的信息中抽象出具有普遍性的结论。题目告诉我们，这是一次图书损坏情况调查统计。从表中可以看出，围绕“图书状况”从“完好无损”等四个方面进行调查统计，用四个不同数字（总共10万册，与题干所给条件相同）交代了四种不同的情况，由此可看出要说明图书的损坏情况，这是一条显性结论，不难回答。难的是另一条结论从何而来呢？只要细看一下文字信息，其中有“学生阅览室”的暗示，也刚好与图书损坏的情况连起来了，原来学生正是损坏的主体，这就涉及学生的道德水平、公德意识，另一条隐性结论也就浮出了水面。

答案　1. 该校80%的图书存在不同程度的损坏现象。

2. 学生不爱惜图书，社会公德意识淡薄。

例3　下面是一份有关尝试回忆效果的实验结果材料，试根据这个材料，完成后面的题目。

时间分配	16个无意义音节回忆百分数		5段传记文回忆百分数	
	立刻	4小时后	立刻	4小时后
全部时间诵读	35	15	35	16
1／5用于尝试回忆	50	26	37	19
2／5用于尝试回忆	54	28	41	25
3／5用于尝试回忆	57	37	42	26
4／5用于尝试回忆	74	48	42	26

从表中数据的纵向对比过程中，我们可以发现一条带有普遍意义的识记规律，即用于尝试回忆的时间越多，背诵效果就越好。（20个字以内）

总结解题思路

1. **认真审题，明确要求** 审题时，要注意表头和表脚的文字，弄清说明对象和比较角度；还有题干中句式的要求和字数限制；有的题目还限定了以某个具体对象作为答案的主语。

2. **仔细分析图表，全面准确捕捉信息** 如找出比较对象、比较角度、项目、各种数据及其变化特点。

3. **依据题干要求，规范答题。**

例4 下面是某地几所学校的课外阅读活动与学生阅读能力情况图表，读后在后面的空格上填写句子。

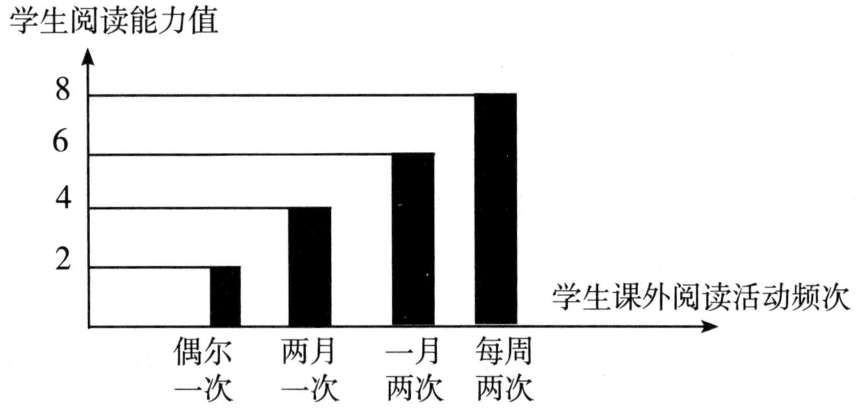

某地几所学校开展课外读书活动的时间不等，其时间为偶尔一次，两月一次，一月两次，每周两次，学生阅读能力值分别为2、4、6、8。因此答案为：学生阅读能力与课外读书时间成正比，经常开展课外阅读活动有利于提高学生的阅读能力。

解题注意事项

①注意题目中的标志性词语 信息推断题题干中往往有“该图表明（说明、证明）了”“用一句话概括为”“所揭示的问题是”“从中可以看出（得出）”等标志性词语。记得留意题目中的调查主体、调查目的。

②注意在表达中不能出现语病，特别是反映事物变化规律的词要准确 如表程度范围的“近一半（约50%）”“大部分（比例约在55%~70%）”“绝大多数（比例占70%以上）”“约几成”等。

③复核答案，看是否遗漏、多余、误推等。

中转站14

百科知识（答案见330页）

1. 我国唐朝著名的诗人“小李杜”是指谁?
2. 家庭礼仪主要包括哪些方面?
3. 古代“四大美人”分别是谁?
4. 邮政编号的最后两位数表示什么?
5. 世界上最长的河流是哪条河?
6. 我国农历中有多少个节气?
7. 声音是怎样产生的?
8. 产生海水潮汐的主要原因是什么?
9. 我国法律规定，未满18周岁的公民称为未成年人，对吗?
10. 企鹅是南极还是北极的特有动物?

脑筋急转弯（答案见330页）

1. 什么东西越剪越大?

2. 网是用什么做成的？

3. 没完成作业怎么办？

4. 牧师主持过各种各样的仪式，可是有一种却是他无法主持的，请问是什么？

5. 在一次监察严密的考试中，有两个学生交了一模一样的考卷。主考官发现后，却并没有认为他们作弊，这是什么原因？

6. 有两个硬币，是五角五分，其中一个不是五角，那是哪两个硬币？

7. 什么人从来不洗头发？

8. 一只狗和一只青蛙比赛游泳，平常都是青蛙游得快，为什么在一次比赛中狗赢了？

9. 小伟的书包里藏着一个鸭蛋，他为什么不肯拿出来交给妈妈做菜？

10. 人死了为什么要闭眼睛？

猜成语 （答案见330页）

1. 火烧眉毛——　　2. 火烧剃头店——　　3. 积压货物——

4. 机器人——　　5. 火烧阎王殿——　　6. 买卖人上街——

7. 货郎担——　　8. 祸包——　　9. 鸡蛋——

第二部分

说明文的阅读理解

说明文 说明文的特点是“说”，而且具有一定的知识性。它是以说明为主要表达方式，用来介绍或解释事物的状态、性质、构造、功能、制作方法、发展过程和事理成因的一种文体。它通过对实体事物科学地解说，对客观事物做出说明或对抽象事理的阐释，使人们对事物的形态、构造、性质、种类、成因、功能、关系或对事理的概念、特点、来源、演变、异同等能有科学的认识，从而获得有关的知识。说明文实用性很强，它包括广告、说明书、提要、提示、规则、章程、解说词等。

● 说明文常见的知识考点

想做好说明文的阅读，首先要掌握说明文最基础的相关知识，如说明文的类型；常见的说明顺序；说明的方法与作用；说明文语言的特点等。说明文的考点不像记叙文那样繁多复杂，主要集中在以下方面。

1. 认识并把握说明的对象，概括其特征。
2. 说明的顺序及其作用。
3. 运用了什么说明的方法？在文中有何作用？
4. 品析说明文语言的特点。
5. 阅读图形，辨识表格，解说表格，或者根据文章内容设计表格。
6. 从结构上分析文中段落、句子的作用。
7. 联系文章与生活实践谈自己的感悟、发现或创造、发明。
8. 概括文主要内容、归纳中心。
9. 分段写段意。
10. 对具体字、词、句的评析。

一、说明文的类型

（一）按说明对象分

1．事物说明文 事物说明文的说明对象是具体事物。通过对具体事物的形状、构造、特征、性质、用途等作客观而准确的说明，使读者了解、认识这个或这类事物。例如《雄伟的人民大会堂》，“雄伟”是个修饰语，指出说明对象的特征，“人民大会堂”是具体事物，是说明对象。由此可见《雄伟的人民大会堂》是事物说明文。还有《核舟记》《恐龙》《中国石拱桥》《海底世界》《苏州园林》《看云识天气》等都是事物说明文。

2．事理说明文 事理说明文指在解释事物本身的道理或内部的规律，事理说明文的说明对象是比较抽象，将抽象事理的成因、关系、原理等说清楚，使读者知其然知其所以然，明白这个事理“为什么是这样”。如《敬畏自然》《大自然的语言》。同事物说明文一样，事理说明文也需要遵循三个原则：（1）了解事理。可以通过亲自观察研究或是查阅资料来了解事物的道理。只有自己先弄懂了道理，才可能向别人介绍。（2）安排写作顺序。事理说明文所遵循的首先是逻辑顺序（事物的因果、递进等关系），也就是事物的内在联系和认识事物的规律。逻辑顺序不但要运用在段落关系上，句子之间也要按照这种顺序来写。（3）选用合适的说明方法。

事物说明文与事理说明文的区别 依据的不同，把说明文分为事物说明文和事理说明文两大类。但是，有时在一篇说明文中，介绍事物与阐述事理往往是交错使用的。事物说明文的说明对象是具体事物。通过对具体事物的形状、构造、性质、特点、用途等做客观而准确的说明，使读者了解、认识这个或这类事物。事理说明文的说明对象是某个抽象事物。将抽象事理的成因、关系、原理等说清楚，使读者既要知其然也要知其所以然，明白这个事理“为什么是这样”是其主要目的。因此，不管是事物说明文还是事理说明文都要求作者对说明的对象进行真实的介绍，这其中，我们也能感受到文中的科学精神。事物说明文是对事物进行详细介绍的文体形式，而事理说明文是对道理进行详细介绍的文体形式。区别是前者针对事物，后者针对道理。

（二）按语言风格分 （说明语言的特色、说明语言的生动程度等）

1. 平实说明文 平实说明文常常是直截了当地说明对象。不描写，不夸张，没有弦外之音，像数学、物理、生物等教科书。选用平实说明的说明文一般是以解释科学原理，说明制作过程、步骤，或介绍建筑物等为主的文章，适用于说明科学性及条理性较强的说明文，更多的是给读者以理性认识。

2. 生动说明文（文艺性说明文） 生动说明文又叫文艺性说明文（如科学小品文、知识小品文等）。常常用较形象的手法来说明事物，使被说明的事物具有生动性和形象性，易于引起读者的兴趣。能使语言达到生动效果的方法有：（1）使用比喻和拟人的修辞方法（拟人一定要形象、恰当，否则事物形象性会减弱），使被说明的事物形象性加强；（2）现身说法，利用生活感受，可使文章在准确性的基础上更添真实性和生活情趣，易于让人接受；（3）适当运用叙述和描写，可使被说明事物栩栩如生，而不是枯燥无味。采用生动语言的说明文大多是文艺小品和科普读物，这类文章在给人知识的同时，又强调文章的生动性。

平实说明文与生动说明文的区别 平实性说明文纯用说明的表达方式，语言朴实简明，内容具体，切实使人读了就能明白。如自然科学的各类教科书、科技信息资料、实验报告、说明书等。而生动说明文以说明为主，辅以叙述、描写、抒情等多种表达方式，并常常借助一些修辞方法，形象化地介绍事物或阐述事理，使读者在获得知识的同时，还能得到艺术的享受。如科学小品文等。

二、说明对象（事物）的特征

介绍事物的形状、性质、构成，解说事物的成因、功用、关系等，都必须抓住事物的特征。所谓“特征”，就是一事物区别于其他事物的标志。了解事物的特征，不能停留在表象上，而要了解事物内在的本质。可抓首括句和中心句。好的说明文往往运用这种句子来突出所要说明的事物和特征。那么，如何把握说明事物的特征呢？也可从两个方面入手：

（一）从标题着眼 有的标题在指出文章说明对象的同时，指出其特征，如《雄伟的人民大会堂》一文，标题指出说明对象“人民大会堂”，也指出其特征“雄伟”；有的标题用设问句的形式，引导读者有针对性地把握说明对象的特征，如《食物从何处来》一文，标题指出说明对象“食物”，同时引领读者阅读课文，不难看出“食物是一种能构成躯体和供应能量的物质”一句点明了“食物”的特征是“构成躯体和供应能量”；有的标题用生动形象的比喻、拟人的方法说明事物的特征，如《天气陛下》一文运用拟人的修辞方法称天气为“陛下”，生动有趣地说明了天气的威风。

（二）从分析材料入手 逐段分析作者介绍了有关事物的哪一方面的特征，然后归纳小结。有的事物的本质特征，作者已在文章中明确地指出来了，阅读时要找出这些关键句。例如《中国石拱桥》一文中，“这种桥不但形式优美，而且结构坚固”和“中国的石拱桥有悠久的历史”两句，就点明了中国石拱桥的特点：形式优美、结构坚固、历史悠久。又如《苏州园林》一文中“务必使游览者无论站在哪个点上，眼前总是一幅完美的图画”一句，概括了苏州园林的特点“图画美”。有的说明文没有明显的关键句，阅读时更需要细心琢磨，从中加以提炼。例如：“永定河发水时，来势很猛，以前两岸河堤常被冲毁，但是这座桥从没出过事，足见它的坚固。桥面用石板铺砌，两旁有石栏石柱。每个柱头上都雕刻着不同姿态的狮子。这些石刻狮子，有的母子相抱，有的交头接耳，有的像倾听水声，千态万状，惟妙惟肖。”这段文字没有关键句，但用了做比较的说明方法和生动形象的描写。例如：拿两岸的河堤常被冲毁与这座桥从没出过事做比较，是为了说明卢沟桥“结构坚固”的特点；用排比、拟人的修辞方法描写柱头上石刻狮子的情态，是为了说明卢沟桥“形式优美”的特点。

三、说明文的三要素

（一）内容的科学性 如实地反映客观事物，把握事物的特征、本质和规律，给读者以正确无误的认识。

（二）说明的条理性 按时间顺序写和记叙文相似；按空间顺序写需注意观察点，注意事物的表里、大小、上下、前后、左右、东南、西北等的位置和方向；按逻辑顺序写要注意摸清各部分的内在联系，由表及里，由浅入深，由现象到本质。

（三）语言的准确性 说明文的语言前提是准确，要求准确无误，要求语言简明，说明严密，拥有科学性和严谨性。说明文的语言风格也是多种多样、各有特色的，有的以平实见长，有的以生动活泼见长。一般来说，以说明事物为主的说明文，重在抓住事物的特点，用简明的语言平实地加以说明。而科学小品，讲究趣味性、文艺性，需要做必要的生动、形象的说明。

说明文三要素常见的考点 在说明文三要素的考点中，以本文运用了什么说明语言为典型考点。对整篇文章语言的品析，一般从两个角度谈：一、准确。准确是一般说明文的共同特点；二、形象生动或简明平实。这个要针对不同语言风格的角度谈。这种评析整篇文章语言特点的题目，一定要结合文章具体内容谈，比如可以选择一句话为例子。

一般答题格式 这篇文章充分体现了语言准确、生动形象、简明平实的特点，如“……”一句，就准确、生动形象、简明、平实地说明了事物“……”的特征、事理，像这样的例子文章中还有很多。

四、说明文的结构

（一）总分式 事物说明文常用的结构形式

1. **总—分** 如《苏州园林》（先概括，再分说，结尾没有总结性的语言）
2. **总—分—总** 如《故宫博物院》（先总概括，再分说，最后再总结）
3. **分—总** 如《东北三宝》（先分说，最后再总结）

（二）递进式 事理说明文常用的结构形式

各层之间的关系由浅入深、由表及里、由现象到本质。各层之间的关系为递进关系，一层一层地剖析事理。如《向沙漠进军》。

（三）并列式 文章各部分的内容没有主次轻重之分。如培根的《论读书》，三个部分分别谈到了读书的目的、读书的方法、读书的好处，这采用的就是并列结构。

说明文结构的常见考点 说明文的结构是常考题，典型考题是说明文章的结构。说明文的结构并不复杂，常见的结构形式有“总—分”“总—分—总”“分—总”“并列式”“递进式”等。理清结构，可以帮助我们了解作者的思路，更清晰地领会内容要领。说明文的结构和说明顺序密不可分，相辅相成，分析时可同步进行。而且理清文章结构，对于说明文的分段也起着举足轻重的作用。

五、说明顺序及作用

说明要有顺序，这是使说明内容条理化的必要条件。常见的说明顺序有：时间顺序、空间顺序、逻辑顺序。说明的时间顺序和记叙的时间顺序相似。空间顺序，要特别注意弄清空间的位置，注意事物的表里、大小、上下、前后、左右、东南西北等的位置方向。逻辑顺序，常以推理过程来表现。采用什么顺序，主要取决于作者所说明对象的特点。有何作用？要根据说明的顺序来。

说明的顺序及作用常见考点 本文使用了什么说明顺序？有何作用？

（一）逻辑顺序 逻辑顺序是常见的说明顺序之一。逻辑顺序即按照事物、事理的内在逻辑关系，或由个别到一般，或由具体到抽象，或由主要到次要，或由现象到本质，或由原因到结果等一一介绍说明。

基本答题格式 本文使用了……的说明顺序对……加以说明，使说明更有条理性。

例如 山川、江河、花草、树木、器物等，还是抽象的事理，如思想、观点、概念、原理、技术等，都适用于以逻辑顺序来说明。

（二）时间顺序 时间顺序是文章常见的记叙、说明顺序之一。时间顺序在文章中使用恰当可让读者一目了然，起到画龙点睛的效果。

基本答题格式 本文使用了……的说明顺序对……加以说明，使读者一目了然，起到画龙点睛的效果。

例如 即按照事理发展过程的先后来介绍某一事物的说明顺序。凡是事物的发展变化都离不开时间，如说明生产技术、产品制作、工作方法、历史发展、文字演变、人物成长、动植物生长等，都应以时间为序。

（三）空间顺序 空间顺序，即是按事物空间结构的顺序来说明 ，或从外到内，或从上到下，或从整体到局部来加以介绍，这种说明顺序有利于全面说明事物各方面的特征。一般说明某一静态实体（如建筑物等），常用这种顺序。

基本答题格式 本文使用了……的说明顺序对……加以说明，有利于全面说明事物各方面的特征。

例如 《故宫博物馆》按照先总后分的顺序，先概括说明故宫建筑物的总体特征，然后再具体介绍太和门、太和殿、中和殿、保和殿、乾清宫……御花园，而在介绍每一座建筑物的时候，则又按照先外后内、先上后下的顺序，这样安排合乎人们观察事物的习惯，是所有顺序中最合理的顺序。空间顺序，按空间部位的顺序说明事物的构造或建筑物的构造。这种顺序常用于对群体事物的说明。

六、说明方法及作用

在说明文的阅读考点中，说明的方法及作用是重点考点，其典型考题为文中画线的句子或哪个部分运用了什么说明方法？有何作用？下面就针对这两点将说明的方法及作用做一个归纳总结地讲解。

（一）举例子 举出实际事例来说明事物，使所要说明的事物具体化，以便读者理解，这种说明方法叫举例法。

基本答题格式 文中画线的句子或那个部分运用了举例的说明方法，其作用是使说明更具体，更有说服力。

例如 我国发现过一头近四万公斤重的鲸，约十七米长，一条舌头就有十几头大肥猪那么重。——《鲸》

（二）作比较 说明某些抽象的或者是人们比较陌生的事物，可以用具体的或者大家已经熟悉的事物和它比较，使读者通过比较得到具体而鲜明的印象。事物的特征也往往在比较中显现出来。

基本答题格式 文中画线的句子或那个部分运用了作比较的说明方法，其作用是使读者通过比较得到具体而鲜明的印象。

例如 “我们看太阳，觉得它并不大，实际上它大得很，一百三十万个地球才能抵得上一个太阳。”拿地球跟太阳作比较，突出地说明了太阳的体积之大这一特点。——《太阳》

（三）列数字 为了使所要说明的事物具体化，还可以采用列数据的方法，以便读者理解。需要注意的是，引用的数字，一定要准确无误，不准确的数字绝对不能用，即使是估计的数字，也要有可靠的根据，并力求近似。

基本答题格式 文中画线的句子或那个部分运用了数字的说明方法，其作用是用具体的数据对事物的……加以说明，使说明更准确，更有说服力。

例如 其实，太阳离我们有一亿五千万公里远。到太阳上去，如步行，日夜不停地走，差不多要走三千五百年；就是坐飞机，也要飞二十几年。——《太阳》

（四）打比方 利用两种不同事物之间的相似之处做比较就叫作打比方。使用打比方的方法，可突出事物的性状特点，增强说明的形象性和生动性。

基本答题格式 文中画线的句子或那个部分运用了打比方的说明方法，其作用是通过将……比作……，从而形象生动地说明了事物的……

例如 “太阳会发光，会发热，是个大火球。”这样打比方，把太阳的形状及会发光发热的特点生动地反映出来了。——《太阳》

（五）下定义 用简明的语言对某一概念的本质特征做规定性的说明叫下定义。下定义能准确揭示事物的本质，是科技说明文常用的方法。

基本答题格式 文中画线的句子或那个部分运用了下定义的说明方法，其作用是用简明的语言对……加以说明，从而更科学地概括和揭示事物的本质。

例如 “统筹方法，是一种安排工作进程的数学方法。”——《统筹方法》

（六）分类别 要说明事物的特征，往往从单方面不易说清楚，可以根据形状、性质、成因、功用等属性的异同，把事物分成若干类，然后依照类别逐一加以说明，这种说明方法，叫分类别。它可使说明更有条理性（更清楚更明确）。

基本答题格式 文中画线的句子或那个部分运用了分类别的说明方法，其作用对……分类别加以说明，使说明更有条理性（更清楚更明确）。

例如 “风沙的进攻主要有两种方式。一种可以称为游击战；一种可以称为阵地战。”——《向沙漠进军》

（七）作假设 假设说明即用假定的环境来预设将出现的状况说明事物的方法。通过假设，强调突出其重要性。

基本答题格式 文中画线的句子或那个部分运用了作假设的说明方法，其作用是通过假设，强调突出其重要性。

例如 “如果没有太阳，地球上将到处是黑暗，到处是寒冷，没有风霜雨露，没有草木野兽，自然也不会有人。”这就强调了太阳与人类的关系非常密切。——《太阳》

（八）作引用 为了使说明的内容更充实具体，可以引用一些文献资料、诗词、俗语、名人名言，可使说明更具说服力等。其作用有：

1. 引用具体的事例。（作用同举例子）
2. 引用具体的数据。（作用同列数字）
3. 引用名言、格言、谚语。（作用是使说明更有说服力）
4. 引用神话传说、新闻报道、谜语、趣闻等，作用是增强说明的趣味性。

（引用说明在文章开头，还起到引出说明对象的作用。）

基本答题格式 文中画线的句子或那个部分运用了作引用的说明方法，其作用使说明更具说服力或增强说明的趣味性等。

例如 有这么一个传说：“古时候，天上有十个太阳，晒得地面寸草不生，人们热得受不了，就找一个箭法很好的人射掉了九个，只留下一个，地面上才不那么热了。”——《太阳》

（九）作诠释 从一个侧面，就事物的某一个特点做些解释，这种方法叫诠释。诠释的说明方法，对事物的……加以具体的解释说明，使说明更通俗易懂。

基本答题格式 文中画线的句子或那个部分运用了作诠释的说明方法，其作用对事物的……加以具体的解释说明，使说明更通俗易懂。

例如 一种可以称为阵地战，就是风推动沙丘，缓缓前进。——《向沙漠进军》

（十）摹状貌（作描写） 为了使被说明对象更具体、生动，可以进行状貌摹写，这种说明方法叫摹状貌，实际就是记叙文中的状物描写，但也要把这种说明方法和描写要区分开，两者虽一样，却是在不同的文体中的。

基本答题格式 文中画线的句子或那个部分运用了摹状貌的说明方法，其作用是对事物的……加以形象化的描摹，使说明更具体生动形象等。

例如《中国石拱桥》一文中的 “每个柱头上都雕刻着不同姿态的狮子。这些 石刻狮子，有的母子相抱，有的交头接耳，有的像倾听水声，有的像注视行人，千态万状，惟妙惟肖。

（十一）画图表 为了把复杂的事物说清楚，还可以采用图表法，来弥补单用文字表达的欠缺，对有些事物解说更直接、更具体。使读者直观，一目了然地了解事物的特征。

基本答题格式 文中画图表的说明方法，其作用是更直接、更具体地说明……使读者直观，一目了然地的了解事物的……

七、说明文的开头方法及作用

说明文的阅读，针对文章第一段，一般的提问方式有以下两种：

1. 文章第一段运用了什么方法开头？这样开头有什么作用？

2. 文章开篇介绍了……，这样写有什么好处？

一般答题格式为以下几种：

1. 本文的开头运用了……方法，其作用是……（形式上主要从各种开头的说明方法及作用回答。是什么说明方法就分析什么说明方法）

2. 内容上概括本段内容……，引出说明对象是……，说明这个对象的……特征。

3. 开头如果是设问句，设置悬念，引人思考，引出说明对象……或内容，激发兴趣。

4. 引出下文对……的说明。

5. 如果是引用式，则引用古诗文，增强文学性。

具体用哪种答题格式，要根据文章的开头方法来，常见的开头方法有：

（一）概述式 开头用简洁的语言介绍事物的概况，给人以总体形象。

例如 在北京的中心，有一座城中之城，这就是紫禁城。人们叫它故宫，也叫故宫博物院。紫禁城是明清两代的皇宫。是中国现存的最大最完整的古代宫殿建筑群，有五百多年了。（开头介绍了故宫博物院的地理位置、名称、性质和年代。通过概述的介绍，我们可以大致了解故宫博物院的概况）——《故宫博物院》

（二）描写式 开头描写事物的特征或状态，让读者有一个直观的总体认识。

例如 石拱桥的桥洞成弧形，就像虹。古代神话里说，雨后彩虹是人间天上的桥，通过彩虹就能上天。中国的诗人把拱桥比作虹，说拱桥是“卧虹”“飞虹”，把水上拱桥形容为“长虹卧波”。（开头描述石拱桥的重要部位“桥洞”的状态特征，然后用神话传说和诗人对石拱桥的描述补充说明这一特征）——《中国石拱桥》

（三）设问式 开头设问，能激发读者的阅读兴趣并有急切了解事物或事理的心态。

例如 花朵的红色是热情的色彩，它强烈，奔放，激动，令人精神振奋。红紫烂漫的春天，活力充沛，生气蓬勃。花儿为什么这样红？人们一边赞叹，一边不免提出疑问，寻求科学的解释。（由描述红花的鲜艳和美丽，自然提出“花儿为什么这样红”的问题，让人们随作者的具体解说了解其原因，探寻其知识）——《花儿为什么这样红》

（四）定义式 开始对事物下定义，提示事物内涵（本质特征）和外延（包含的范围），让人了解事物的本质。

例如 统筹方法，是一种安排工作进程的数学方法，它的使用范围极其广泛。——《统筹方法》

八、说明文的结尾方法及作用

说明文的阅读，针对文章结尾段，一般的提问方式为结尾采用了什么方法？其作用是什么？和开头的考点大同小异。

一般答题格式 文章结尾采用了……方法，其作用是……

具体怎样作答，要先了解结尾的方法。结尾的方法与作用一般有以下几种：

（一）总结法 就是对说明对象说完后做总结的方法。总结法结尾能把作者的目的、意图等集中起来揭示给读者，使读者对全文有一个总的印象。

例如 激光作为人类历史上从未有过的奇特的光源，不仅大大促进了科学技术的发展，为开拓新的科学领域提供了强有力的工具，还启发着科学工作者产生更多、更美妙的科学幻想：激光可能是打开无穷无尽的能源宝库的钥匙；激光可能使人类看到过去从来没有见过的现象；激光可能成为宇宙航行的动力……当然，把这么多的可能变成现实，需要经历一段漫长的征途，还有待于我们进一步去探索。——《奇特的激光》

（二）感叹法 就是对说明对象说完后表示深沉的感叹的写法。这一感叹用于篇末，具有很强的号召力，能增强文章的感染力。

例如 “……让我们用一把把植树锹，在祖国的大地上写出一篇篇八十年代的新‘白杨礼赞’吧！”。——《杨树》

（三）展望法 就是在说明对象说明完后对其未来进行展望的方法。篇末用展望法能给人以希望，能引起人们的联想和想象。

例如 ……今天，载人的宇宙飞船已经成功地实现了环绕地球的飞行，将来一定会揭露更多的宇宙秘密，加速人类征服宇宙的进程。——《宇宙里有些什么》

（四）评议法 就是对说明事物说明后加以评价和议论的方法。评议法用在篇末，对说明对象做个最终的评价，能有力地表达作者的爱憎感情，给人以鲜明的印象。

例如 “晋祠，真不愧为中国锦绣河山中一颗璀璨的明珠。”——《晋祠》

（五）号召法 就是对读者发号召的方法。结尾用号召法能引起读者的重视。

例如 毫无疑问，要使农作物产量不断地增加，不但需要不断地研究培育抗病能力更高的优良品种，还要做到各个地区各种作物都有能抗不同病害的品种。这是

植物保护工作者和育种工作者的一项重大任务。——《农作物抗病品种的培育》

（六）反问法 就是用否定的形式表示肯定的意思，或者用肯定的形式表示否定的意思的一种方法。结尾用反问法能加强气势，起强调作用，增强文章的表达效果和逻辑力量。

例如 “什么样的钹声能响亮到足以歌颂它那得来不易的刹那欢愉呢？”——《蝉》

（七）比喻法 就是对说明对象采用比喻的方式来说明的方法。结尾用比喻法不仅生动形象，还能传达深刻的寓意，给人以教育和启迪。

例如……它好像架设着一座座坚实的阶梯，召唤着不畏艰辛的人们努力攀登。——《从甲骨文到口袋图书馆》

（八）描述法 就是对说明的对象加以描述的方法。结尾用描述法，能借此表达作者的感情，能给人以形象的感染，能给人以深刻的印象。

例如我们花了一整天时间看完这座大厦的时候，万道霞光洒在外面苍翠的树丛上，洒在杏黄色的墙壁上，洒在天安门的红墙黄瓦上，放射出一片光辉灿烂的异彩。——《雄伟的人民大会堂》

（九）旁补法 就是文章最后追加补充其不足的写法。旁补法有利于维护说明文的科学性和客观性，能帮助人们准确地、正确地认识客观世界。

例如……但是，天气变化异常复杂，看云识天气自然有一定的限度。我们要准确地掌握天气变化的情况，还得依靠天气预报。——《看云识天气》

九、说明文的分段方法

说明文的分段方法一般按照说明文的结构或写作顺序分段，即总分式、并列式、递进式、空间顺序、时间顺序、逻辑顺序等。

例如《新型玻璃》一文的分段方法就是按照文章的结构（并列式）来分的。即：第一段（1）；第二段（2）；第三段（3）；第四段（4）；第五段（5—6）。

十、说明文概括段意的方法

说明文任何一个段落，都是为了说明点什么。所以要想概括一段说明文的段意，一般提笔就要先写三个字——说明了。

首先，在“说明了”之后加上第一个点——说明对象。阅读完一段文字，找出这段说明文字的说明对象即可！

接着，在“说明对象”之后加上第二点——说明了哪方面。一段文字说明一个对象，只能说明一个方面或两三个方面，把说明哪个或哪几个方面指出来。

最后，在“哪方面”之后加上最后一个点——“怎么样”（如果是事理说明文，就不用加了）。

一般答题格式 说明了……说明对象……方面……

例如 《新型玻璃》的段意，第一段（1）：说明了夹丝网防盗玻璃的特点和用途。第二段（2）：说明了另一种不防盗夹丝网玻璃的特点和用途。第三段（3）：说明了变色玻璃的特点和用途。

十一、说明文的中心思想

说明中心就是归纳出一篇说明文说明了被说明事物的怎样的特征，或阐释怎样的事理。

弄清说明对象之后，就要就题立意——确定中心思想。确定中心思想时，要注意以下三点。首先是正确。也就是说，我们解说的事物的本质及规律性要有科学的根据，经得起实践的检验。其次是深刻。深刻是指说明事物要透过现象揭示本质，反映事物内部的规律性。要使读者不仅了解事物“是这样的”，而且要明白“为什么是这样的”。第三是集中。所谓集中就是重点突出，中心明确。

在理清说明顺序的基础上，分析段与段、部分与部分之间的关系，就容易看出文章的基本结构了。如是总—分式的结构还要着重分析“分”的部分是按什么原则组合的，是并列，是递进，还是包含有总分关系。递进式结构要着重分析各层意思是怎样逐步深入展开的，是由现象到本质，还是由个别到一般，或是从结果到原因等。把握结构后，最好能画出结构示意图。在理清说明顺序、把握文章结构的基础上，再归纳说明中心也就不难了。

一般答题格式 本文以……为说明对象，说明了……，说明了……道理（倡导我们要……做）

例如《死海不死》的中心：本文说明了死海的特征和形成过程，倡导人们加强环保意识，热爱大自然。

有的文章全文都在说明某种行为的危害，其写作目的就是警示人们不要做什么；有的文章全文都在说明某种做法的好处，其目的自然是倡导人们做什么。总之，说明一个事物，作者总是想告诉我们应该做什么，应该怎样做。这就是作者的写作意图。写作意图的表达正面：倡导人们做某事（或者如何做），反面：警示人们不要或要……

十二、说明文的主要内容

一般答题格式 本文以……为说明对象，说明了……说明对象的……方面……

例如《中国石拱桥》的主要内容：文章以桥为说明对象，举例说明石拱桥的特点，说明了赵州桥和卢沟桥的结构，另外也对石拱桥还有些历史性的说明和描叙。

十三、说明文字、词、句、题目的作用及考点

1. 文中加点或画线字词有何作用?

常用答题格式 加点一词是……的意思，它说明……（内容），体现了说明文语言的准确和严密。

2. 能否替换为另一个词语?

常用答题格式 不能，……换成……一词，意思有哪些改变（内容），这样体现了说明文语言的准确和严密。

3. 加点词语能否删去?

常用答题格式 不能，……一词删去后意思有哪些改变（内容），用这个词这样体现了说明文语言的准确和严密。或“删去后不符合人们认识客观事物的规律”或“与客观事实不符合”之类的表述。或者加“如果去掉了就与实际不符，用了这个词体现了说明文语言的准确性”。

4. 文中画线句子有什么的作用?

常用答题格式 起了（总起、总结、过渡等）作用。

5. **标题的作用** 说明文的标题一般有两个作用，一是题目运用比喻、拟人等修辞，或题目运用问句的形式，含有“为什么、什么、为何”等词语，这样的题目形象生动、新颖别致，引起读者的注意与思考，激发了读者的阅读兴趣等。二是点明说明对象是什么，说明对象有什么特征，有些题目只有说明对象。如《苏州园林》，答题时直接作答：“本文的题目点明了说明对象是苏州园林”。这类题目一般不含修辞成分，题目常常是名词。

常用答题格式 本文以“……”为题，这样的题目新颖别致，引起读者的注意与思考，激发了读者的阅读兴趣（点明说明对象是……，说明了……（此处为说明对象）的……特征）。

十四、说明方法与修辞手法的区别

说明文中的说明方法与各种文体都可使用的修辞手法，有的有些相似处容易让个别同学产生混淆。比如“打比方”只是一种说明方法，适用于说明文。而比喻则是一种修辞手法，适用于各种文体。

比喻还有明喻、暗喻、借喻之分，而说明多用明喻和暗喻，不宜用借喻。

说明文中，如果是为了使抽象的事物变得具体，使深奥的问题变得浅显，使陌生的事物变得熟悉，运用比喻的修辞手法，此时，我们也可以称之为“打比方”的说明方法。（但前提必须是为说明介绍该事物服务的）从这一角度来说，比喻就是打比方。如《苏州园林》：“没有修剪得像宝塔那样的松柏，没有阅兵式似的道旁树：因为依据中国画的审美观点看，这是不足取的。有几个园里有古老的藤萝，盘曲嶙峋的枝干就是一幅好画。”这个句子运用了比喻的修辞手法，也可以说运用了打比方的说明方法，说明苏州园林修剪和栽种树木着眼在画意，讲究自然之趣的特点。如说明文《笑》最后几段话：“笑，你是嘴边一朵花，在颈上花苑里开放。笑是脸上一朵云，在眉宇双目间飞翔。你是美的姐妹，艺术家的娇儿。你是爱的伴侣……笑，你是治病的良方，健康的朋友。你是一种动力，推动工作与生产前进。笑是一种个人的创造，也是一种集体生活感情融洽的表现。”这是作者用诗一样的优美语句讴歌“笑”，不属于说明或介绍“笑”的内容，所以，这几段文字只是运用了比喻修辞，而不是打比方的说明方法。

注：本章节讲的是说明文的阅读，要详细了解说明文的写作方法，请看《作文公式中学版》。

十五、说明文总结公式表

说明文总结公式表

（一）说明文的类型
1. 从说明对象的角度：事物说明文、事理说明文。
2. 从说明文语言特征：平实说明文、生动说明文。

（二）说明文的顺序
1. 逻辑顺序
2. 时间顺序
3. 空间顺序

（三）说明文三要素
1. 内容的科学性
2. 说明的条理性
3. 语言的准确性

（四）说明文结构
1. “总分”式
2. “总分总”式
3. “分总”式
4. 并列式　5. 递进式

（五）说明文的分段方法
1. 总分式　2. 总分总式　3. 分总式
4. 并列式　5. 递进式　6. 对照式

（六）说明文段意答题格式
事物说明文：说明了……说明对象……哪方面……怎么样
事理说明文：说明了……说明对象……哪方面

（七）说明文的中心思想　基本答题格式　本文以……为说明对象，说明了……说明对象的……哪些方面……，说明了……道理（倡导我们要……做）

（八）概括说明文的主要内容　基本答题格式　本文以……为说明对象，说明了……说明对象的……哪些方面……

十六、说明方法与作用总结公式表

说明方法与作用总结公式表

（一）**举例子**　举出实际事例来说明事物，使所要说明的事物具体化，以便读者理解，这种说明方法叫举例法。

（二）**作比较**　说明某些抽象的或者是人们比较陌生的事物，可以用具体的或者大家已经熟悉的事物和它比较，使读者通过比较得到具体而鲜明的印象。事物的特征也往往在比较中显现出来。

（三）**列数字**　为了使所要说明的事物具体化，还可以采用列数据的方法，以便读者理解。需要注意的是，引用的数字，一定要准确无误，不准确的数字绝对不能用，即使是估计的数字，也要有可靠的根据，并力求近似。

（四）**打比方**　利用两种不同事物之间的相似之处做比较，以突出事物的性状特点，增强说明的形象性和生动性的说明方法叫作打比方。

（五）**下定义**　用简明的语言对某一概念的本质特征做规定性的说明叫下定义。下定义能准确揭示事物的本质，是科技说明文常用的方法。

（六）**分类别**　根据形状、性质、成因、功用等属性的异同，把事物分成若干类，然后依照类别逐一加以说明，这种说明方法，叫分类别。它能使说明更有条理性（更清楚更明确）等。

（七）**作假设**　通过假设强调突出其重要性。

（八）**作引用**　为了使说明的内容更充实具体，可以引用一些文献资料、诗词、俗语、名人名言，可使说明更具说服力。

（九）**画图表**　为了把复杂的事物说清楚，还可以采用图表法来弥补单用文字表达的欠缺，对某些事物解说更直接、更具体。

（十）**作诠释**　从一个侧面，就事物的某一个特点做些解释，这种方法叫诠释。运用做诠释的说明方法，使说明更通俗易懂。

（十一）**摹状貌**　为了使被说明对象更具体、生动，可以进行状貌摹写，这种说明方法叫摹状貌。

十七、说明文的开头及作用总结公式表

说明文的开头及作用总结公式表

（一）概述式

开头用简洁的语言介绍事物的概况，给人以总体形象。如《故宫博物院》是这样开头的："在北京的中心，有一座城中之城，这就是紫禁城。人们叫它故宫，也叫故宫博物院。紫禁城是明清两代的皇宫。是中国现存的最大最完整的古代宫殿建筑群，有五百多年了。"开头介绍了故宫博物院的地理位置、名称、性质和年代。通过概述的介绍，我们可以大致了解故宫博物院的概况。

（二）描写式

开头描写事物的特征或状态，让读者有一个直观的总体认识。如《中国石拱桥》开头是这样描述的："石拱桥的桥洞成弧形，就像虹。古代神话里说，雨后彩虹是'人间天上的桥'，通过彩虹就能上天。中国的诗人把拱桥比作虹，说拱桥是'卧虹''飞虹'，把水上拱桥形容为'长虹卧波'。"开头描述石拱桥的重要部位"桥洞"的状态特征，然后用神话传说和诗人对石拱桥的描述补充说明这一特征。

（三）设问式

开头设问，能激发读者的阅读兴趣并有急切了解事物或事理的心态。如《花儿为什么这样红》的第一段。由描述红花的鲜艳和美丽，自然提出"花儿为什么这样红"的问题，让人们随作者的具体解说了解其原因，探寻其知识。

（四）定义式

开始对事物下定义，提示事物内涵（本质特征）和外延（包含的范围），让人了解事物的本质。如《统筹方法》开篇是这样定义事物的："统筹方法，是一种安排工作进程的数学方法，它的使用范围极其广泛。"

十八、说明文的结尾及作用总结公式表

说明文的结尾及作用总结公式表

（一）**总结法** 对说明对象说完后做总结的方法。总结法结尾能把作者的目的、意图等集中起来揭示给读者，使读者对全文有一个总体的印象。

（二）**感叹法** 对说明对象说完后表示深沉的感叹的写法。如《杨树》的结尾，就用了这种写法："……让我们用一把把植树锹，在祖国的大地上写出一篇篇八十年代的新'白杨礼赞'吧！"。这一感叹用于篇末，具有很强的号召力，能增强文章的感染力。

（三）**展望法** 在说明对象说明完后对其未来进行展望的方法。《宇宙里有些什么》的结尾，就用了这种方法："……今天，载人的宇宙飞船已经成功地实现了环绕地球的飞行，将来一定会揭露更多的宇宙秘密，加速人类征服宇宙的进程。" 篇末用展望法能给人以希望，能引起人们的联想和想象。

（四）**评议法** 对说明事物说明后加以评价和议论的方法。如《晋祠》的结尾，就用了这种方法："晋祠，真不愧为中国锦绣河山中一颗璀璨的明珠。" 评议法用在篇末，对说明对象做个最终的评价，能有力地表达作者的爱憎感情，给人以鲜明的印象。

（五）**号召法** 对读者发号召的方法。结尾用号召法能引起读者的重视，对读者产生作用。

（六）**反问法** 用否定的形式表示肯定的意思，或者用肯定的形式表示否定的意思的一种方法。《蝉》的结尾，就用了这种方法："什么样的钹声能响亮到足以歌颂它那得来不易的刹那欢愉呢？" 结尾用反问法能加强气势，起强调作用，增强文章的表达效果和逻辑力量。

（七）**比喻法** 对说明对象采用比喻的方式来说明的方法。《从甲骨文到口袋图书馆》的结尾，就用了这种方法："……它好像架设着一座座坚实的阶梯，召唤着不畏艰辛的人们努力攀登。" 结尾用比喻法不仅生动形象，还能传达深刻的寓意，给人以教育和启迪。

（八）**描述法** 对所说明的对象加以描述的方法。结尾用描述法，能借此表达作者的感情，能给人以形象的感染，能给人以深刻的印象。

（九）**旁补法** 文章最后追加补充其不足的写法。

十九、例题解析

新型玻璃

①夜深了，从一座陈列珍贵字画的博物馆里，突然传出了急促的报警声。警察马上赶来，抓住了一个划破玻璃企图盗窃展品的犯罪嫌疑人。你也许不会相信，报警的不是值夜班的看守，而是被划破的玻璃！这是一种特殊的玻璃，里面有一层极细的金属丝网。金属丝网接通电源，跟自动报警器相连。犯罪嫌疑人划破玻璃，碰着了金属丝网，警报就响起来了。这种玻璃叫“夹丝网防盗玻璃”，博物馆可以采用，银行可以采用，珠宝店可以采用，存放重要图纸、文件的建筑物也可以采用。‖

②另一种“夹丝玻璃”不是用来防盗的。它非常坚硬，受到猛击仍安然无恙；即使被打碎了，碎片仍然藕断丝连地粘在一起，不会伤人。有些国家规定，高层建筑必须采用这种安全可靠的玻璃。‖

③还有一种“变色玻璃”，能够对阳光起反射作用。建筑物装上这种玻璃，从室内看外面很清楚，从外面看室内却什么也瞧不见。变色玻璃还会随着阳光的强弱而改变颜色的深浅，调节室内的光线。所以人们把这种玻璃叫做“自动窗帘”。‖

④有人想，窗子上的玻璃要是能使房间里冬暖夏凉，那该多好！这样的玻璃早就问世了，它就是“吸热玻璃”。在炎热的夏天，它能阻挡强烈的阳光，使室内比室外凉爽；在严寒的冬季，它把冷空气挡在室外，使室内保持温暖。‖

⑤噪音像一个来无影去无踪的“隐身人”，不像烟尘和废水那样可以集中起来处理。尽管这位“隐身人”难以对付，人们还是想出了许多制服它的办法。“吃音玻璃”就是消除噪音的能手。临街的窗子上如果装上这种玻璃，街上的声音为40分贝时，传到房间里就只剩下12分贝了。

⑥在现代化的建筑中，新型玻璃正在起着重要作用；在新型玻璃的研制中，人们将会创造出更多的奇迹。

1. 用‖给文章分段并写出段意。

妙手解题

分段的第一步是分析文章的结构。前面的理论知识讲了，说明文的分段是依据文章的结构来的。分析文章的结构就要看段与段之间的关系。本文段与段之间的关系是并列的，所谓并列就是它们之间的顺序可以调换也不影响文章的结构与内容。文章总共讲了五种新型玻璃的特点与用途，以此把文章分为五段。写段意时要注意格式，有括号注明从几到几。即

第一段（1）：说明了夹丝网防盗玻璃的特点和用途。

第二段（2）：说明了夹丝玻璃的特点和用途。

第三段（3）：说明了变色玻璃的特点和用途。

第四段（4）：说明了吸热玻璃的特点和用途。

第五段（5~6）：说明了吃音玻璃的特点和用途。

2．文中画线的句子用的是什么说明方法？这样的说明方法有什么作用？

妙手解题

说明文中只要是有数字的用的就是列数字的说明方法。这里运用列数字的说明方法，用具体的数据对事物的隔音效果加以说明，使说明更准确，更有说服力。

走进森林

①森林是以树木为主体的许许多多生物组成的生物群落。森林里蕴藏着丰富的资源，森林资源按自然属性可划分为生物资源和非生物资源两大类。其中生物资源又可分为植物资源、动物资源和微生物资源三类。植物资源包括林木资源（乔木、灌木和竹子）和非林木资源（藻类、地衣、苔藓、蕨类和其他种子植物等）；动物资源主要包括哺乳动物、爬行动物、森林昆虫、鸟类和鱼类等；微生物资源主要包括各种菌类、支原体、衣原体等。非生物资源主要是指支撑森林生物的林地土壤、水分等资源。可见森林是地球上一个丰富多彩的大资源库，而且其主要部分即森林生物资源部分，是可以持续利用的可再生资源。

②森林资源是人类赖以生存的基础资源。同时，森林还具有维护地球生命、改善人类生存环境的生态价值。

③森林可以给人类源源不断地提供木材产品和林副产品。木材产品主要包括原木、锯材、纸浆材、人造板材等；林副产品主要包括森林动物与微生物提供的各种

产品等。为人类提供这些产品无疑是森林的重要功能。

④森林是生态平衡的主要调节器。森林可以把太阳能转化为化学能，使无机物转变为有机物，是生物和非生物之间物质和能量交换的重要纽带，对保持生态系统的整体功能起着中枢和杠杆作用。可以说没有森林就没有生态平衡。

⑤森林能够有效地涵养水源和防止水土流失。森林凭借庞大的林冠、深厚的枯枝落叶层和发达的根系，能够起到良好的蓄水保土和减轻地表侵蚀作用。据测算，5万亩森林的蓄水量约有一百万立方米。在森林被破坏或无森林的地区，水土流失严重，许多河道和水利设施不断受到泥沙淤积，经常造成水灾。

⑥森林能够有效地保护生物多样性。地球上的500～3000万种生物中，有一半以上是在森林中栖息繁衍。

⑦森林能够有效地缓解“温室效应”。由于近代人类大量使用石化燃料，使大气中二氧化碳、甲烷等温室气体浓度不断升高，引起地球上的“温室效应”。

⑧____________据有关专家研究，一公顷森林平均每年能吸引700多千克的二氧化碳，可减轻工业酸雨的危害；城市中路旁的林带可以阻挡沙尘，滞尘率高达70%～90%。同时林带还有降低噪声的作用，噪声经过30米宽的林带可降低6～8分贝。

⑨森林能产生直接的经济效益，同时又有巨大的生态环境效应，这是任何其他东西都无法替代的。

1. 文章是从哪两个方面对森林的价值进行说明的？

妙手解题

考查对文章整体内容的理解和把握的能力，只需找出全文的中心句或是总括句即可。即：森林能产生直接的经济效益，同时又有巨大的生态环境效应；或是森林资源是人类赖以生存的基础资源，同时森林还具有维护地球生命、改善人类生存环境的生态价值。

2. 根据对第①段的理解，在下面的横线上填写相应的内容。

（1）生物资源：植物资源、________、微生物资源。

（2）________：林地土壤、水分等。

妙手解题

考查信息筛选能力。解题思路是：依据题意，确定信息筛选范围是第①段文字，再从中提炼，浓缩有效信息。即：（1）动物资源（2）非生物资源。

3. 文章第⑤段中画线句子列举数字进行说明有什么作用？

妙手解题 考查对语言材料作用的评价能力。仔细通读全段，你会发现画线句子是全段中心句“森林能够有效地涵养水源和防止水土流失”的支撑句，是围绕“涵养水源”进行的具体说明，于是答案可以组织为：具体而准确地说明了森林在涵养水源方面的重要作用。

4. 第⑦段画线句子中的：“缓解”改成“消除”可以吗？为什么？

妙手解题 考查对说明语言的理解能力。这种题型一般要先解释它准确地说明了什么内容，然后分析删除或替换以后的结果，最后总结答案。即：不可以，森林只是吸收部分二氧化碳，降低温室气体浓度，减轻温室效应，不能吸收所有温室气体，使温室效应消失。

5. 文章第⑧段画线处应填写的表明这段文字说明中心的句子是什么？请写在下面。

妙手解题 考查对文章内容的理解和概括能力。解答这道题关键是要概括准确、全面。通读全段就会发现后面的文字主要写了森林的两个作用：净化空气、降低噪音。这样文段的中心句可以概括为：森林能够有效地净化空气和降低噪音。

6. 据报道，中国土地沙化正以平均每年2460平方千米的速度扩展，相当于一个中等县的土地面积。防治土地沙化势在必行。请你结合森林的作用，为治理土地沙化拟一条标语。要求语言简洁，有感染力。

妙手解题 这是一道开放性的试题，对知识的储备要求较高，答题时先要考虑文段的内容，再结合自己的知识积累，发挥想象，尽量写出新意。答案很灵活，只要与森林的作用和防治土地沙化二者有关，语言简洁、精辟、生动，均可得分。例如建生命之绿洲、防土地之沙化等。

动物的弄虚作假

①自然界一些动物为了生存竞争，繁衍子孙，常弄虚作假、玩弄骗术。其技巧之高超，简直令人难以想象。

②装死是动物的一大伎俩。椿象、金龟子只要稍动它一下，立刻会装死，从农作物上掉落地面，过会儿又活动开来。鸭子似乎是傻乎乎的，但当其被红狐追捕时，会翻着白眼装死。有人曾做试验，用红狐追捕养鸭场的50只鸭子，竟有29只在狐爪下逃生。

③蟹、虾、蛇、壁虎、水螅等能施用分身术，迷惑对方，保护自己。人们有时会发现有些蟹或虾的螯足一大一小，有的蛇或壁虎的尾巴粗细与身子相差悬殊，这绝不是先天畸形，也不是什么稀有品种，而是它们曾遇到过强敌，使出了断足截尾的绝招，来一个“舍车保帅”，新的足尾还未长成原来大小的缘故。水螅的分身术还高出一筹，它被切成数段之后，每一段可像蚯蚓那样，长出新的完整的个体来。

④变色法是动物的又一招式。栖息在北极圈内的白狐、北欧山区的雪兔、日本北部的高山兔和我国新疆阿尔泰山区的雷鸟，能随着季节变化而改变颜色。如雷鸟到白雪皑皑的时候，便银装素裹；当春暖花开时，又着上淡黄色的“春装”；盛夏酷暑，浑身又换成栗褐之色；当秋风萧瑟的时节来到，又穿上与环境协调一致的暗棕色羽裳。

⑤见过竹节蝗、木叶蝶的人，无不为它们的形成与所附着的茎叶是那么相似叫绝，这是一种生就的拟态。生活在澳洲的叶海马，其体态能模拟周围物体，全身生出许多叶形突出物和丝状物，好似马尾藻一样，在海水中缓缓飘荡，使对手极难辨别。

⑥有的动物甚至会“行诈术”。一位学者曾发现，一只苍鹭为觅食一条小鱼，颇费一番脑筋：它嘴叼着一根小羽毛，在小溪岸边踱着方步，两眼扫视着浅浅的溪水。随即突然止步，有意让羽毛掉进水里面，小鱼误以为是饵料，游近羽毛，苍鹭便以闪电般的动作扑向水面，吞食美味。

⑦动物在面临它的对手或要达到某一目的时，绝不是简单地屈从或毫不掩饰其真面目。人们在认识和利用动物时，务必要注意到这点。

1. 全文共七个自然段，其结构关系是（　　）。

A. 总—分　　B. 分—总

C. 分—总—分　　D. 总—分—总

妙手解题 本文的结构一目了然，没什么可分析的，文章开头是总起，文章结尾是总结，是典型的总分总式。

2. 用‖给文章分段并写出段意。

妙手解题 说明文的分段一般是按照其结构分，文章结构是总分总，所以首尾为一段，中间为一段。

段意：在归纳说明文的段意时，一定要注意分段的格式，一般要在括号里注明从几段到几段。

第一段（1）：自然界一些动物为了生存竞争、繁衍子孙，常会弄虚作假，玩弄骗术。

第二段（2～6）：列举多种动物来说明它们为了生存竞争、繁衍子孙，常会弄虚作假，玩弄骗术。其技巧之高超，简直令人难以想象。

第三段（7）：总结说明动物在面临它的对手或要达到某一目的时，绝不是简单地屈从或毫不掩饰其真面目。人们在认识和利用动物时，务必要注意到这点。

中转站 15

百科知识（答案见 330 页）

1. 地球上有四大洋，位于地球最北部的是什么大洋？
2. “岁寒三友”是指什么？
3. 号称“花草四君子”是指什么？
4. “文房四宝”是指什么？
5. “文房四宝”中的毛笔是谁发明的？
6. “四大发明”是指什么？
7. 我国古代有“琴棋书画”之说，请问琴指什么？棋指什么？

8．中国最长的河流是哪条河流？

9．世界最高峰是哪座山峰？

10．中国的国花是什么花？

脑筋急转弯（答案见330页）

1．黑手党为什么喜欢戴白手套？

2．国歌一共有几个字？

3．一块天然的黑色大理石，在1月1日扔入太平洋，会发生什么？

4．有5只小蚂蚁，每只小蚂蚁都说它身后还有1只小蚂蚁，为什么？

5．什么牛不吃草？

6．老师说："我们的身体里有206块骨头"，可是，小明说："他身体里有207块骨头"，这是为什么？

7．什么书既没有作者，也没人能读懂？

8．一个人一年中哪一天睡觉时间最长？

9．什么地方盛产安哥拉兔毛？

10．为什么金鱼看上去老是傻乎乎的？

猜成语（答案见330页）

1．鸡蛋碰石头——

2．激光射灯——

3．白卷——

4．黄瓜敲木钟——

5．杨花点点落砚台——

6．黄口红——

7．黄药师运气——

8．挥扇说相声——

9．黄忠上阵——

侦探推理小故事（答案见331页）

发黄的字据

北宋天圣年间，四川仁寿县的江知县上任不久，就受理一桩田地诉讼案。

原告张某是个专管征收赋税的小吏，告他的邻居汪某无端赖占他家良田20亩。

汪某申辩："并无此事，这20亩地是我祖父留下来的。去年张某来我家收税，说如把田产划归他名下，可以不交赋税，不服徭役。我正为交不出赋税犯愁，就答应了。当时我们商定在字据上写着将我的田产过拨给他，但实际上田产还是属于我的。"

张某说：”10年前，汪家遇有急事，主动提出把20亩地卖给我，有字据为证。”

知县接过字据，仔细审阅。这张叠起来的字据是用白宣纸写的，纸已发黄，纸的边缘也磨损了不少，像是年代很久了。知县将字据叠起又展开，展开又叠起。

突然，知县眼睛一亮，把惊堂木一拍，喝道：”大胆刁民，竟敢伪造字据，诓骗本县，还不从实招来！”

知县从字据上发现了什么破绽？

逻辑推理小故事（答案见331页）

有一个农夫，带了一条狗、一只猫和一条鱼，准备用船把它们运过河，但每一次只能运走一样。可是，狗不能和猫在一起，因为它们要打架，猫不能和鱼在一起，因为猫会吃鱼。请问农夫如何把它们运过河？

第三部分

议论文的阅读理解

议论文　是以议论为主要表达方式的一种文体，即表明赞成什么、反对什么的常用文体。它主要通过摆事实，讲道理，运用事实材料、逻辑推理来阐发作者的观点和主张。

● 议论文常见的知识考点

1. 作者要批驳的错误观点是什么？或主张的观点是什么？
2. 作者是怎样进行批驳的，用了哪些理论论据和事实论据？
3. 作者树立的正确的观点是什么？
4. 关键词语、重点句子含义及其表达作用；
5. 文章的论点是什么？
6. 理解论据的使用及选择的技巧；
7. 辨识理解论证方法；
8. 体会议论语言的准确性、严密性特点；
9. 文章的中心句、中心思想及主要内容；
10. 联系生活体验，理解作者的观点及写作意图；
11. 分段、段意、分层、层意。

一、议论文的分类

（一）按内容目的分

1. 一般性议论文　　2. 评议式议论文

3. 杂文（随笔、杂谈、笔记）　　4. 读后感

（二）按论证方式分

1. 立论文　　2. 驳论文

二、议论文的结构与写作顺序

文章基本结构（也作基本写作顺序）提出问题（引论）—分析问题（本论）—解决问题（结论）

●常见的考点

引论　针对引论部分的一般问题是引论有什么作用？可围绕以下五个方面或结合议论文的开头（后面有详讲）作答：

A. 直接申明自己的主张和看法，提出中心论点。

B. 交代背景，说明写作的目的和原因。

C．因事设问，启人思考。

D．从日常生活现象落笔。

E．引经据典，说古道今。

本论　针对本论部分的典型考点是怎样展开论证的？采用的是什么结构？一般围绕论证的方法与结构作答（详见议论文三要素中的第三点）。

结论　针对结论部分的典型考点是结论有什么作用？可结合议论文的结尾（详见议论文结尾的方法与作用），一般围绕总结、号召、勉励、警示等方面作答。

三、议论文的三要素

（一）论点（证明什么）　论点是作者对所论述问题的见解和主张，是作者看法的完整表述，也是文章阐述的中心问题，在形式上是个完整的简洁明确的句子。从全文看，它必能统摄全文，是议论文的灵魂。表述形式往往是个表示肯定或否定的判断句，是明确的表态性的句子。

一篇议论文一般只有一个中心论点（统帅分论点），有的议论文还围绕中心论点提出几个分论点。这几个论点可以是并列的，也可以是递进的，但它们都应该服从全文的中心论点（补充和证明中心论点）。他们与中心论点的关系是：有的文章把几个分论点综合归纳起来就是中心论点；有的文章几个分论点都是中心论点的论据。

1. 如何寻找论点

从位置上找　如标题、开篇、中间、结尾。文章的论点可以安排在开头，也可以安排在文章的中间或结尾。有些文章的题目就揭示了论点（议论文的标题不是表明论点就是点明论题，论题只揭示议论的范围，论点是作者的见解和主张）。即论点可以安排在文章的任何位置。但较多情况是在文章的开头，段落论点也是如此。

分析文章的论据　（可用于检验预想的论点是否恰当）我们判断一个句子是否就是文章的论点，还应通读整个文段，看文段的其他句子是否围绕这个语句来写，与这个句子有没有逻辑上的关系。

●论点常见的考点

A. 本文的论点是什么？

基本答题思路　一般文章的标题就是论点。

B. 文章是怎样提出论点的？

基本答题思路　可围绕以下几个方面作答：

摆事实讲道理后归结论点；

开门见山，提出中心论点（有时是作者自己的话、有时引用名言表明）；

针对生活中存在的现象，提出论题，通过分析论述，归结出中心论点；

叙述作者的一段经历，归结出中心论点；

从故事中提出问题，然后一步步分析推论，最后得出结论，提出中心论点。

归纳、概括式：文中没有现成的表示作者观点、态度的句子，需要读者进行归纳、概括，从中提取出文章的论点。

C. 分论点之间的关系怎样？

基本答题思路　分论论点一般是并列的。

D. 对论点的评述。

基本答题思路　一般围绕作者要阐明的观点作答。

E. 作者如何证明论点的？

基本答题格式　作者为了证明……观点，首先使用了……论据，然后对……论据进行了怎样的分析，从而证明了……观点。

（二）论据（用什么证明）　论据是作者用来证明论点的材料，是论点赖以成立的基础，是文章的主体。几个论据共同论证一个论点时，要注意其顺序：或时间，或空间，或主次，或数据的大小等。论据是论点立足的根据，一般分为事实论据和理论（道理）论据。

1. 事实论据：　事实论据是证明论点的最有说服力的论据，所谓“事实胜于雄辩”就是这个道理。事实论据包括典型事例（最好是名人故事或家喻户晓的故事）、概括事实、统计数字、亲身经历等。用事实做论据，事例必须真实可靠，有典型意义，能揭示事物本质并与论点有一定的逻辑联系。

2. 理论（道理）论据：　用作论据的言论，应有一定的权威性。一般都是经过验证的真理、名人名言、格言、谚语，自然科学的原理、定律、公式等。直接引用时要原文照录，认真核对，不能断章取义；间接引用时不能曲解原意。

● **论据常见考点**

A. 本文为了证明论点用了哪些论据？概括文中的论据。

基本答题思路　一般使用事实论据和理论论据相结合的方法，从文章找出相关事实论据和理论（道理）论据即可。

B. 某个论据（材料）在文中有什么作用或阐明什么道理，或文中某段中引用某人的事例或名言有什么作用。

基本答题思路 阐明了什么道理就是文章作者所要说明的道理。有什么作用一般都有着具体有力地证明了论点，增强文章的说服力等。

C. 文中的某句名言或某个例子能否删去，为什么？

基本答题思路 不能，因为删去了就不能阐明作者所要说明的道理或不能增强文章的说服力等。

（三）论证（怎样证明） 论证是运用论据来证明论点的过程和方法，是论点和论据之间逻辑关系的纽带。论点是解决“需要证明什么”，论据是解决“用什么来证明”，论证是解决“怎样证明”。

论证的基本方法：

1. **举例论证（例证法）** 是列举确凿、充分、有代表性的事例证明论点的方法。因为“事实胜于雄辩”，所以举出确凿典型的事实来证明论点，能增强文章的说服力。

2. **道理论证（引证法）** 直接讲述一些支撑论点的基本道理，揭示了事情的本来面目，令人信服；引用名言警句、格言谚语、公理，阐明……道理，增强论点的权威性，使文章极具说服力。名言警句影响力大，格言谚语、公理为大家公认，道理不言自明。

3. **比喻论证（在说明文中为打比方，记叙文中为比喻）** 用人们熟知的事物做比喻来证明……论点，浅显易懂，这种方法可深入浅出地把道理讲得通俗形象，容易被人接受。增强说服力，同时又能使文章生动形象。

4. **对比论证（其本身也可以是举例论证和道理论证）** 是用正反两方面的事实和道理进行鲜明对比，从而证明论点的方法。将论据中截然相反的两种情况进行比较，形成鲜明的对照，互为衬托，特别能突出一方面的性质，具有很强的论证力量，使其对与错更加分明，正确的观点更容易被读者接受。

论证的基本结构：

1. **递进式（层进式）结构**（提出观点，分析原因。层层推进，环环相扣）

2. **并列式结构**（分论点并列，即围绕中心论点排列几个议论段落，一段一个小分论点）

3. **对照式结构**（正反对比、转折补充）

4. **总分式**（先总说，后分说）

● **论证常见的考点**

A．文章用了什么论证方法？说明其作用。

B．怎样展开论证的？采用的是什么结构？可围绕论证的结构作答。

基本答题思路 结合论证的四种方法与四种基本结构，各种方法与各种结构起着各自的作用。

四、议论文的语言特点

（一）语言准确 从逻辑的角度表现为：字词在概念上使用准确；定语、状语等修饰成分恰当等。

（二）语言严密 从严密的角度分析字词运用的严密性，表现为：判断和推理严密，语言表达周密等。

（三）语言概括简洁 从说理的角度分析其叙述的概括性和简洁性。表现为：用议论文的目的是以理服人，不宜详细叙事，否则会喧宾夺主等。

（四）语言鲜明 从修辞的角度分析为用词的鲜明、生动和增强感情色彩。具体表现为：表述明确，不模棱两可，态度明确，爱憎分明，恰当使用修辞方法和特殊句式，增强语言的生动性和说服力等。

● **议论文语言特点常见的考点** 分析议论文的语言特点。

基本答题思路 结合四种语言特点，从不同的角度分析会得出不同的结论。

五、议论文常见的开头方法及作用

在阅读中，典型考点是议论的开头与结尾有什么作用，要想解答这方面的问题，就得从详细了解议论文的开头与结尾的方法与作用开始。

（一）开门见山法 在文章的一开头就与全文的中心论点保持一致方向，直接表明自己的观点，不是亮出观点，就是导出观点，起到统领全文的作用。

例如 “我主张现在的小学生要减负，首先从他们的书面作业开始。其理由如下：……”（《为小学生减负》）本文用一句话，开门见山，既提出了问题，又表明了中心论点，简明扼要。

（二）引用式（名言博引法） 引用诗文、格言、名句、警句或成语等，然后发掘其所蕴涵的更深的道理以引出论点，能使语言增添许多风采，达到“使之一见而惊”的效果。

例如 “人们常说：‘失败是成功之母’，这句话确实有道理。但是，反过来说，成功乃失败之母，在某种情况下，此话也讲得通。”这种开头给人耳目一新之感，有新意，自然有吸引力。

（三）阐释题目法 在文章开头，就将标题或相关概念的含义解释一下，从而明确全文的中心论点，给人印象清晰明确。

例如 “汉字很早以前就有‘自强’一词了。《易经·上乾》说：‘君子以自强不息。’自强，就是自己努力向上。一个人要有所作为，应具备的品质是：既不要自卑，也不要自负，而要自强。”（《自强·自负·自卑》）文章开头准确解释概念，给人印象清晰明确。

（四）设喻叙事开篇法 在文章开头先叙述一个故事、一则寓言或者一段笑话等，然后从中引出想要阐述的中心论点。采用这种方法开头因为是就事说理，针对性强，所以能使文章富有说服力。

例如 我赞美“舍生取义”。因为“舍生取义”是千百万仁人志士的人生哲理，它激励人们为了真理和正义的事业而献身，它使人们的精神世界变得崇高、圣洁，它使一切见利忘义之辈、苟且偷生之徒变得渺小、丑恶。（《舍生取义赞》）文章开头通过对“舍生取义”的含义的阐述展示了自己的观点，语言简洁而立场鲜明。

（五）设问开篇法 在文章开头，先就要议论的问题提出疑问，然后在回答问题中提出自己的观点。采用设问，引起读者注意，然后自问自答，在释疑中自然推出全文的中心论点。

例如 “爱美之心人皆有之。作为新时代的青年，我们应该追求什么样的美？车尔尼雪夫斯基说：‘美是生活。’人们生活中美的语言、美的行为、美的心灵、美的生活方式，这才是我们所追求的最主要的美。”（《青年应该追求什么样的美？》

（六）巧用修辞法 修辞是语言运用中不可缺少的部分。巧妙而贴切的修辞方法的运用常能使语言增添许多风采。修辞的巧妙运用无论是在形式上还是在内容上都能给人耳目一新的感觉，给读者以强烈的视觉冲击效果。常用的修辞法有比喻式、排比式、对比式、假如式等。

（1）比喻式 运用比喻的修辞手法，用浅显常见的事物对深奥的道理加以说明，使道理深入浅出，化平淡为生动，化抽象为具体。

例如 自负，像一个泥潭，陷进去就难以自拔；自卑，像一根受了潮的火柴，难以把希望之火点燃。所以，我们既不能自负，也不能自卑。（《自负与自卑》）

（2）排比式 排比手法能增强语言的气势，使文章更具文采，内在逻辑推理更严密，无丝毫杂乱无章之感。

例如 如果说雏鹰腾飞苍穹要经历风雨的打击，那么，那搏击长空的意气就是它那犀利的双眼；如果说骏马奔驰于旷野要经历千万里奔跑的锤炼，那么，那奔腾万里为夙愿的意气就是助其翻越千山万水的铁蹄。人，欲傲立于世，成为一代雄主，立一世伟业，那舍我其谁、勇战万方的意气就是其成功的基石。（《谈意气》）。

（3）对比式 运用对比式，可直接帮助人们判断是非曲直。辩证说理、对比鲜明、判断曲直、深刻有力。

例如 古今中外，凡是在事业上有所造就、取得成功的人，没有不是用辛勤的汗水换来的；反之，那些懒惰昏庸的人，就难得成就事业。由此，我们可以说：勤则成事，惰则败业。（《说“勤”》）

六、议论文常见的结尾方法及作用

（一）首尾呼应法 全文贯通一气，首尾呼应是考场作文中最实用的方法之一。如果在开头提出论点，迅速入题，那么结尾再次反复，就可以呼应开头，首尾勾连，加强了论证的力度。一般来说，有什么样的开头，就需要有什么样的结尾。结尾在内容和语言风格上都应该考虑与开头和谐一致。这种结尾方式能产生一种首尾圆合、浑然一体的感觉。例如《守卫精神的火种》：

开头： 有一种光华，笼罩着中华民族的精神家园；有一种火苗，跃动在民族灵魂的奥林匹克山上；有一种烈焰，温暖了绵远的文明情思，那就是友善！

结尾： 我们不能因为屡受伤害就失去与丑恶斗争的信心，因为我们需要守卫我们的精神火种——友善！

（二）总结归纳法 总结全文，再现中心论点，使论点更加鲜明有力。在结尾常见字眼有“总之”“总而言之”“因此”等表示结束性的词语。

例如 综上所述，自强自立在个人成长和成材方面是非常重要的。雏鹰经过风和雨的洗礼，终究能成为一只展翅翱翔的雄鹰，靠的是自强自立的信念。（《说“自强”》）

（三）号召呼唤法 提出希望，发出呼吁号召。此类结尾可用“愿”字领起自己希望的内容，也可用“让我们”“大家请”等向某一群体发出呼吁，引起读者对所论述问题的重视。

例如 愿我们的社会在爱心和奉献里温暖亲密得就像一个“大家庭”，每个“我”都在这个大家庭里自由自在地幸福成长、生活、歌唱……（《论小与大的关系》）

（四）引用深化法 使观点更有说服力，提升表达的分量。

例如 高尔基曾说过：“天才出于勤奋。”卡莱尔也说过：“天才就是无止境刻苦勤奋的能力。”只要我们勤奋不懈，勇于探求，那就会使自己变得聪明起来，就能在事业上取得巨大的成就。愿我们每一个人都能体会到“勤”的深刻含义，做一个勤奋者。（《说“勤”》）

七、议论文题目的作用

（一）标题就是中心论点；

（二）标题提示论述范围；

（三）标题表示论述对象。

基本答题思路 无论哪种题目，多多少少有点明中心论点的作用，使人见其题而概知其旨，传达出文章内容之大概，便于阅读者准确而快速地把握整篇文章的基本内容。同时也有引起读者的阅读兴趣，引发读者思考的作用等。

八、议论文的分段、分层

议论文的分段、分层是依据文章的结构而定的，是比较容易划分的。

（一）分段方法 一般按文章基本结构（也作写作顺序）分：提出问题（引论）——分析问题（本论）——解决问题（结论）

（二）分层方法 一般按论证结构分，也可参照记叙文中的分层方法。

九、概括段意、层意

基本思路 议论文段意、层意结合议论的特点，一般是论据、论证部分的内容。

十、议论文的中心思想

议论文的阅读考题中，几乎没有归纳文章中心思想这一说，围绕中心这一提问，问题都是文章中心论点是什么，或作者通过哪些论据来阐明了作者哪方面鲜明的观点或坚定的立场等。这些提问实际都是要回答议论文的中心，只是在不同的文体中，问法不一样而已。议论文的中心论点常常出现在文章的开头和结尾，所以一般要从分析文章的开头或结尾入手。

例如 《谈骨气》一文中，作者在开头旗帜鲜明地表明了自己的观点：我们中国人是有骨气的！这就是这篇文章的中心论点。

十一、议论文的主要内容

议论文的阅读考题中，极少有概括文章主要内容这一问。一篇文章，是否能概括文章的主要内容是检验是否读懂一篇文章的主要方法。对于议论文类似的问题，一般用文章用了哪些论据、怎样论证等相似问法，对此问要结合议论文的特点，一般要从分析文章的事实论据、理论（道理）论据，各种论证方法入手，也可结合记叙文的分段方法，比如总结各段段意。

十二、字、词、句、段常见的考点及基本答题格式

（一）文中加点字词有什么作用？ 议论文阅读中考问的加点字词一般具有符合议论文的语言特点。回答这类问题，就要从分析议论文的语言特点入手（详见188页议论文的语言特点），从不同的角度也会得出不同的结论，即从逻辑上表现为使用的准确性与严密性等；从修辞的角度表现为生动性和增强感情色彩等；从说理的角度表现为叙述的概括性与简洁性等。

基本答题格式 文中加点字词表现了语言的准确性，即概念使用准确，定语、状语等修饰成分恰当等；或表现了语言的严密性，即判断和推理的严密性等；或增强了语言的生动性和说服力等。

（二）词语顺序是否可以颠倒？

基本答题格式 不能颠倒。因为某个词语具有一定的概括性或词语之间有先后顺序等。

（三）文章中的第几和第几自然段的顺序能否颠倒？

基本答题格式 不能颠倒。因为两段的关系是（递进、并列等），意思是逐渐深化，符合前文介绍的顺序等，所以不能颠倒。

注：本章节讲的是议论文的阅读，要详细了解议论文的写作方法，请看《作文公式中学版》。

十三、议论文三要素总结公式表

（一）**论点（证明什么）** 是作者对所论述问题的见解和主张，是文章阐述的中心问题，在形式上是个完整的简洁明确的句子。从全文看，它必能统摄全文，是议论文的灵魂。

（二）**论据（用什么证明）** 论据是作者用来证明论点的材料，是论点赖以成立的基础，是文章的主体。论据是论点立足的根据，一般全为事实论据和道理论据。事实：典型事例、史实、统计数字；理论：一般都是经过验证的真理、名人名言、格言、谚语，自然科学的原理、定律、公式。

（三）**论证（怎样证明）** 论证是运用论据来证明论点的过程和方法。是论点和论据之间的逻辑关系纽带。论点是解决“需要证明什么”，论据是解决“用什么来证明”，论证是解决“怎样证明”。

1. **举例论证**（例证法） 是列举确凿、充分、有代表性的事例证明论点的方法。因为“事实胜于雄辩”，所以举出确凿典型的事实来证明论点，能增强文章的说服力。

2. **道理论证**（引证法和说理） （1）直接讲述一些支撑论点的基本道理，揭示了事情的本来面目，令人信服。（2）引用名言警句、格言谚语、公理，阐明……道理，增强论点的权威性，使文章极具说服力。名言警句影响力大，格言谚语、公理为大家公认，道理不言自明。

3. **比喻论证**（在说明文中为打比方，记叙文中为比喻） 用人们熟知的事物做比喻来证明……论点，浅显易懂，这种方法可深入浅出地把道理讲得通俗形象，容易被人接受。增强说服力，同时又能使文章生动形象。

4. **对比论证**（其本身也可以是举例论证和道理论证） 是用正反两方面的事实和道理进行鲜明对比，从而证明论点的方法。将论据中截然相反的两种情况进行比较，形成鲜明的对照，互为衬托，特别能突出一方面的性质，具有很强的论证力量，使其对与错更加分明，正确的观点更容易被读者接受。

十四、议论文知识总结公式表

议论文知识总结公式表

（一）议论文的分类

按内容目的分：1. 一般性议论文　2. 评议式议论文　3. 杂文（随笔、杂谈、笔记）　4. 读后感

按论证方式分：1. 立论文　2. 驳论文

（二）议论文的写作顺序与论证结构

写作顺序（基本结构）：提出问题（引论）—分析问题（本论）—解决问题（结论）

论证结构是：1. 并列式　2. 总分式　3. 递进式　4. 对照式

（三）议论文的语言特点

1. 从逻辑的角度，分析其用词的准确、严密。
2. 从说理的角度分析其叙述的概括性和简洁性。
3. 从修辞的角度分析其用词的鲜明、生动和感情色彩。
4. 语言准确表现为：概念使用准确，定语、状语等修饰成分恰当。
5. 语言严密表现为：判断和推理严密，语言表达周密，逻辑性强。
6. 语言鲜明表现为：表述明确，不模棱两可，态度明确，爱憎分明，恰当使用修辞方法和特殊句式，增强语言的生动性和说服力。
7. 语言概括简洁表现为：用议论文的目的是以理服人，不宜详细叙事，否则会喧宾夺主。这一点一般的议论文都有体现。

十五、议论文开头及作用总结公式表

（一）**开门见山法** 这是采用率最高的一种方法。即在文章的一开头就与全文的中心论点保持一致方向，直接表明自己的观点。不是亮出观点，就是导出观点，表明了中心论点，简明明了，起到统领全文的作用。

（二）**引用式（名言博引法）** 引用诗文、格言、名句、警句或成语等，然后发掘其所蕴涵的更深的道理以引出论点，能使语言增添许多风采，达到“以奇句夺目，使之一见而惊”的效果。

（三）**阐释题目法** 在文章开头，就将标题或相关概念的含义解释一下，准确解释概念，从而明确全文的中心论点，给人印象清晰明确。

（四）**设喻叙事开篇法** 在文章开头先叙述一个故事、一则寓言，或者一段笑话，然后从中引出想要阐述的中心论点。采用这种方法开头因为是就事说理，针对性强，所以能使文章富有说服力。但要注意列举的事例必须真实典型，语言要简洁，立场要鲜明。

（五）**设问开篇法** 就是在文章开头，先就要议论的问题提出疑问，然后在回答问题中提出自己的观点。采用设问，引起读者注意，然后自问自答，在释疑中自然推出全文的中心论点。

（六）**巧用其他修辞法** 修辞是语言运用中不可缺少的部分。巧妙而贴切的修辞方法的运用常能使语言增添许多风采。修辞的巧妙运用无论是在形式上还是在内容上都能给人耳目一新的感觉，给读者以强烈的视觉冲击效果。例如：

1. **比喻式** 运用比喻的修辞手法，用浅显常见的事物对深奥的道理加以说明，使道理深 入浅出，化平淡为生动，化抽象为具体。

2. **排比式** 排比手法能增强语言的气势，使文章更具文采，而且内在逻辑推理严密，无丝毫杂乱无章之感。

3. **对比引入法** 运用对比引入法，可直接帮助人们判断是非曲直。 辩证说理、对比鲜明、判断曲直、深刻有力。

十六、议论文常见结尾及作用总结公式表

议论文常见结尾及作用总结公式表

（一）**首尾呼应法** 全文贯通一气，首尾呼应是考场作文中最实用的方法之一。如果在开头提出论点，迅速入题，那么结尾再次反复，就可以呼应开头，首尾勾连，加强了论证的力度。一般来说，有什么样的开头，就需要有什么样的结尾。结尾在内容和语言风格上都应该考虑与开头和谐一致。这种结尾方式能产生一种首尾圆合、浑然一体的感觉，照应开头，使文章结构更加紧密，有力地突出了论点。

（二）**总结归纳法** 总结全文，再现中心论点，使论点更加鲜明有力。在结尾常见字眼有“总之”“总而言之” “因此” 等表示结束性的词语。例如：综上所述，自强自立在个人成长和成材方面是非常重要的。雏鹰经过风和雨的洗礼，终究能成为一只展翅翱翔的雄鹰，靠的是自强自立的信念。（《说“自强”》）

（三）**号召呼唤法** 提出希望，发出呼吁号召。此类结尾可用“愿”字领起自己希望的内容，也可用“让我们”、“大家请”等向某一群体发出呼吁，引起读者对所论述问题的重视。例如：愿我们的社会在爱心和奉献里温暖亲密得就像一个“大家庭”，每个“我”都在这个大家庭里自由自在地幸福成长、生活、歌唱……（《论小与大的关系》）

（四）**引用深化法** 使观点更有说服力，提升表达的分量。例如：高尔基曾说过：“天才出于勤奋。”卡莱尔也说过：“天才就是无止境刻苦勤奋的能力。”只要我们勤奋不懈，勇于探求，那就会使自己变得聪明起来，就能在事业上取得巨大的成就。愿我们每一个人都能体会到“勤”的深刻含义，做一个勤奋者。（《说“勤”》）

十七、例题解析

人人皆可为国王

①说到权力和享受，国王可算是一国之最。因此王位就成了很多人追求的目标，但我们也大可不必妄自菲薄，我们人人都可以成为自己的国王。

②虽然大有大的好处，但它却不能占据全部的风光。比如，同是长度单位，以“里”去量路程可以，去量房屋之大小则不成；以“尺”去量房屋大小可以，去量一本书甚至一张纸的厚薄则难为它了。同是观察工具，望远镜可以观数里、数十里之外，看微生物则不行，能挥洒自如的是显微镜。以人而论，权大位显，如王如皇亦有他的局限。比如他就不能享受村夫之乐、平民之趣。《红楼梦》里凤姐说得好，“大有大的难处”。据说现在的荷兰女王也很为继承人发愁，因为她的三个子女因担心失去生活之趣对王位都不感兴趣。

③在现代社会里，每一个成功者都可以在自己的王国里成为国王，享受高呼万岁的崇敬，享受鲜花和红地毯。你看歌星、球星是追星族的国王；作家、画家是欣赏者的国王；学者、教授是他学术领域的国王；幼儿园的阿姨、小学校的教师整天享受着孩子们的拥戴，也俨然如王——孩子王就是牧羊人，在蓝天白云下长鞭一甩，引吭高歌，也有天地间唯我独尊的国王感。

④当一个人壮志难酬或怀才不遇时，他仍然可以为王。塞翁失马，焉知非福；失之东隅，收之桑榆。北宋时的柳永，宋仁宗不喜欢他，几次考试不第连个做臣子的资格也拿不到，他只好去当“民”。“凡有井水处都有柳词”。因而他在词坛成为了自己的国王——词王。林则徐被清政府贬到新疆伊犁，沿途官民却争相拜迎，泪洒长亭，赠衣赠食争睹尊容。到住地后人们又去慰问，去求字。以至于待写的宣纸堆积如山，在人格王国里林则徐被推举为王。

⑤在日常生活中更是人人可以为王。我看过一场演唱会，那歌手也没有什么名，但当时着实有王者风范，台下的女孩子毫不羞涩地高喊“我爱你”，演唱结束，要跟他拥抱。

⑥国王的精神享受有三：一是有成就感；二是有自由度；三是有追随者。只要做到这三点，不管你是白金汉宫里的英国女王，还是拉着小提琴的街头艺术家，在精神上都能得到同样的满足。要做到这一点并不难，只要诚实、勤奋就行——因为

你虽没有王业之成，大小总有事业之成；虽没有权的自由，但有身心的自由；虽没有臣民追随，但一定有朋友、有人缘，也可能还有崇拜者。所以人人皆可为国王，谁也不用自卑，谁也不要骄傲。

1. 文章的中心论点是什么？

妙手解题

一般来说，议论文的题目就是文章的中心论点。即：人人皆可成为国王。

2. 文章第②段运用的论证方法主要是什么？作用是什么？

妙手解题

第二段里用的明显的“比如”，这样的词就是举例论证。作用是为了证明“虽然大有大的好处，但是却不能占据全部的风光”这一观点，使这一观点更有说服力。

3. 文章第③段到第⑤段分别是从哪些方面来论述文章观点的？

妙手解题

第③段：每一个成功者都可以在自己的王国里成为国王。

第④段：当一个人壮志难酬或怀才不遇时，他仍然可以为王。

第⑤段：在日常生活中更是人人可以为王。

4. 你认为本文的观点对生活中的哪些人会有非常大的触动？

妙手解题

只要紧扣“当一个人壮志难酬或怀才不遇时，他仍然可以为王”这一分论点，举出例子并做简要分析即可。答案是丰富多彩的。

过有理想的生活

过有理想的生活。

如果不能过一种理想的生活，那就一定要过一种有理想的生活。很难描述理想的生活是什么样子，物质和精神要达到怎样的精彩和极致才算是理想。如果真的达到了那种状态，是不是就失去了理想的色彩。“理想只有在不可企及时才可以理想的本质存在着”，不可企及，是理想最具魅力、最诱惑人的地方。

有理想不是以理想的对象来否定现实的自己；有理想也不是高挂起一个愿望，对它冷若霜冰。C ______________________________

有理想就是在未来的日子里，你应该怎样寻找更高的成就感和真切的幸福感。

有理想就是日日更新着自我，又时时否定着自我。有理想就是不耽于现实，不溺于幻想，敢破旧，敢立新。

有理想不是追求什么职业，而是想成为什么样的人。

有理想的人不奢侈，不自私，做善事，有自我。自爱爱人，自信信人。不妄自菲薄，亦不趾高气扬。有雅趣而不浮于情调，有俗务而能轻松身心。能放松自己在原则底线之上，要提升境界达毕生追求之巅。

有理想的人眼神明亮坚定，眼光高远清幽。他心胸开阔，处事从容；生活简单，情感单纯；他要把一部分爱和力量献给自己的理想。

有理想的生活使你每天充实自信，精神愉悦。有所追求，故不会懈怠；有所期望，故不会苟且。有理想的生活，在感觉最寒冷迷茫的时候，你可以向心中的理想借来火，温暖你的心，借来光，照亮你的路。

有理想就有了信仰，平凡的工作，世俗的生活，却保有一颗超凡脱俗、不染尘的心灵。于是，你的言谈举止在寻常之中就有了一层源于内心的光辉。

平淡的生活里，有了理想，灵魂就有所归依，心灵就有所扶持，人生，就被赋予了新的意义。

有过理想的生活，什么时候开始都为时未晚。

1. 本文的中心论点是什么？

妙手解题

一般来说，议论文的题目就是文章的中心论点。即：过有理想的生活。

2. 请为文章中C处补写一个与上文连贯的事实论据。

妙手解题

生活中，只要与文章中心论点相匹配、相关联的故事都可以。例如：张海迪五岁时因患脊病，导致胸部以下全部瘫痪，但她身残志坚，后发表数十部文学作品。

3．第一段在文中起什么作用?

妙手解题 议论文第一段的作用前面理论知识讲了，对比此文，可以看出起到了引起下文的作用。

4．谈一谈对“有理想也不是高挂起一个愿望，对它冷若霜冰”这句话的理解。

妙手解题 在现实生活中，常常会听到有人讲道理时，就会说“只有行动才是实现理想的唯一途径”。所以联系生活，就明白了此话就是讲：有了远大的理想，不仅要时常把它挂在嘴边，更要付诸于行动这一道理。

中转站16

百科知识（答案见331页）

1．我国有名的三大火炉城市是哪三个城市?

2．中国的象棋双方各有几种棋子?

3．目前，世界人口超过多少亿?

4．“孟母三迁”的故事出自哪里?

5．中国的居民身份证号码有多少位数字?

6．吃太多手摇爆米花机爆出的爆米花会导致什么金属中毒?

7．诺贝尔奖的创立人是哪国人?

8．我国的四大名著分别是什么书?

9．我国最有名的长篇神话小说是什么书?

10．三国时期的三国分别是哪三国?

脑筋急转弯（答案见331页）

1．你爷爷的儿子的爸爸的妈妈的姑姑的小姨的叔叔的大伯跟你是什么关系?

2. 一个长方体盒子，有8个角，8条边，请问这个长方体盒子从中间切开，还剩几个角，几条边？

3. 读一年级的东东没有学过外文，为什么也会写外国字？

4. 是黑鸡厉害还是白鸡厉害？

5. 有一个东西，你能用左手拿，不能用右手拿，这东西是什么？

6. 螳螂请蜈蚣和壁虎到家中做客，烧菜的时候发现酱油没了，蜈蚣自告奋勇出去买，却久久未回，究竟发生了什么事？

7. 什么筋伤了不能贴膏药？

8. 打破了什么人人都叫好？

9. 一个人掉到海里，为什么他的头发没有湿？

10. 什么东西人们都不想要？

猜成语（答案见331页）

（答案见331页）

1. 挥毫引来蜂蝶狂——
2. 挥泪斩马谡——
3. 回——
4. 列车从中转发车——
5. 回老家——
6. 回声——
7. 鹦鹉学舌——
8. 会计——
9. 混沌火——

第四部分

应用文阅读

应用文　应用文是一种切合日常生活、贴近日常生活、工作及学习的实际需要，具有一定格式、篇幅短小、简明通俗的实用文体。它包括通知、广告、便条、申请书、个人简介、商品说明与介绍、新闻报道等，形式多样，题材各异，如图示、表格等。

● 应用文常见的知识考点

1. 对格式的掌握、运用以及指错。

2. 对文中称谓的掌握以及修改。

3. 读懂一般性话题的简短文字材料，例如公告、说明、广告以及书、报、杂志中的简短文章并能识别不同文体的特征。

4. 对电子邮件、论坛帖子等新型应用文体的关注。

5. 应用文写作等。

一、应用文的种类

（一）书信类 一般书信，专用书信（感谢信、表扬信、慰问信、介绍信、公开信、证明信、申请书、建议书、倡议书、聘请书、个人简介），电报、汇款。

（二）笔记类 日记、读书笔记。

（三）公文类 通知，通报，报告（调查报告、科学报告），请示，计划，总结，会议记录。

（四）宣传类 广告稿、演讲稿、板报、新闻、通信、产品说明书。

（五）告示类 启示、海报。

（六）礼仪类 请柬，祝辞（贺信、贺电），唁电，唁函。

（七）契据类 条据（收条、借条、领条、欠条、请假条、留言条等），合同（协议书），公约。

（八）传志类 传记，地方志，家史（校史、村史）。

二、应用文的特点

（一）语言表达规范 应用文主要使用规范的现代汉语，适当采用一些古语词汇，文章的语言庄重、简洁、严密，这一点和文学作品形成了鲜明的差异。

（二）实用性强 应用文在内容上十分重视实用性。它是用来办事、解决实际问题的，具有很强的实用性。

（三）真实性强 “真实”是文章的生命，一切文章都要求具有真实性。对于这一点，各类文章要求不同。它反映的情况、问题，叙述的事实是客观存在的，发布、传达上级指示精神是确有的，不能经过任何艺术加工。

（四）针对性、目的性强 应用文写作目的明确，是为实现特定目的服务的，因此其写作动因与目的十分明确。它根据不同的领域、不同的具体业务、不同的行文目的，选用不同的文种。

（五）时效性强 应用文在传递信息、解决实际问题方面取得好的效果，必须注意时间、效率，讲究时效性。一般来说，应用文往往是在特定的时间来处理特定的问题，尽快地传递相关信息，因此时效性很强。不及时发文，拖拖拉拉，或时过境迁再放马后炮，使信息失败，就会失去其实用价值。应用文其所针对的事务一般是在一定时期内存在的，因此执行时间、有效期和成文日期等时间要素非常明确。

（六）格式比较固定 应用文有其惯用的外观体式和主体风格。有不少体式是社会长期约定俗成的，也有一些体式由国家统一规定，如公文。还有一些应用文格式比较简单。不论体式如何，都是为了提高办事效率，更好地发挥它的工具作用。大多数应用文已经形成了稳定的通用格式和体例，这体现了其规范性和严肃性，撰写者在拟文时必须遵守格式体例的要求。

三、应用文总结公式表

应用文总结公式表

（一）应用文的分类

1. **书信类**　一般书信，专用书信（感谢信、表扬信、慰问信、介绍信、公开信、证明信、申请书、建议书、倡议书、聘请书、个人简介），电报，汇款。
2. **笔记类**　日记、读书笔记。
3. **公文类**　通知，通报，报告（调查报告、科学报告），请示，计划，总结，会议记录。
4. **宣传类**　广告稿、演讲稿、板报、新闻、通信、产品说明书。
5. **告示类**　启示、海报。
6. **礼仪类**　请柬，祝辞（贺信、贺电），唁电，唁函。
7. **契据类**　条据（收条、借条、领条、欠条、请假条、留言条等），合同（协议书），公约。
8. **传志类**　传记，地方志，家史（校史、村史）。

（二）应用文的特点

1. **语言严谨**　应用文主要使用规范的现代汉语，适当采用一些古语词汇，文章的语言庄重、简洁、严密，这一点和文学作品形成了鲜明的差异。
2. **实用性强**　应用文在内容上十分重视实用性。它是用来办事、解决实际问题的，具有很强的实用性。
3. **真实性强**　“真实”是文章的生命，一切文章都要求具有真实性。
4. **目的性强**　应用文写作目的明确，是为实现特定目的服务的，因此其写作动因与目的十分明确。它根据不同的领域、不同的具体业务、不同的行文目的，选用不同的文种。
5. **时效性强**　应用文在传递信息、解决实际问题方面取得好的效果，必须注意时间、效率，讲究时效性。
6. **格式固定**　应用文有其惯用的外观体式和主体风格。

四、常用应用文的基本格式及范文

在应用文的阅读考题中，了解以及运用应用文的各种格式的写法以及写作内容是应用文最重要的考点。以下提供了常用应用文的基本格式及范例，只要熟练掌握，答题时比对下列提供的范文的格式、内容等，必定提高应用文的阅读能力。

（一）通知 通知就是指把有关事项告诉大家知道，包括学校领导、党团组织以及各班委将某种规定、情况、事项告诉有关班级或同学的文件。

通知要在第一行的正中写上“通知”字样，有时可把通知的性质标出来，如“紧急通知”“会议通知”等。通知的正文要写清时间、地点、事件、要求谁参加以及注意事项。**范例**

通　知

各中队长：

定于6月1日下午五点，在学校小礼堂召开优秀中队长表彰大会，请准时参加。

少先队大队部

×年×月×日

（二）请假条 请假条根据请假的原因，可以分为请病假和请事假两种。

请假条的写法，有标题、称呼、正文、祝颂语、落款五个部分。**范例**

请　假　条

敬爱的张老师：

今天我生病了，我要去医院，特向您请假一天。

此致

敬礼！

您的学生：张阳

×年5月9日

（三）留言条 在日常生活中，你如果有事情要通知对方，或有事托付对方，对方不在，你却又没时间等候他回来，那就可以写张字条留给对方，这种条子就是留言条。

留言条的格式分四部分：称呼、正文、署名和日期。称呼要顶格写，条子留给谁就称呼谁。**范例**

留 言 条

李红：

今天下午来你家，你不在家。借你的书看完了，谢谢你。我把书放在了你邻居张红家。

张小

3月9日晚7时

（四）借条（借据） 借条是你借对方物品的时候，写给对方的一个书面凭证。你再把物品归还对方的时候，借条就同时作废了。

借条的格式包括标题、正文、落款等几个部分，其中正文要详细记录谁、什么时候，向谁借了什么物品，计划什么时候归还等等。落款为借物品人的签名和借的时间。**范例**

借条（借据）

今天借了学校体育器材室一个篮球，用于下午课外活动的比赛。比赛结束马上归还。

×年级×班：李江

×年×月×日

（五）收条 收条是你收到对方物品的时候，写给对方的一个书面凭证，来证明某个物品已经由对方交到了你的手里。

收条的格式和借条类似，正文要写清楚什么时候收到了谁送来的什么物品。如果该物品有什么计划中的用途，也要一并写清楚。落款要由收物品的人签名。**范例**

收 条

今天收到了六年级（3）班生活委员柳杨同学送来的款项875元，是该班全体同学为玉树地震捐献的。等我们班捐款活动结束后，我会将两个班的款项合在一起交给教导处。

×年级（3）班生活委员：王超

×年×月×日

（六）领条 领条一班用于班级和学校、个人和年级之间。比如学校给每个

年级发了清洁用品，你代表你们班去领取，当你如数领取到清洁用品后，为了留存以作证明，可以写一张领条交给学校。**范例**

领　条

今天下午3点钟领取到教务处发给我们班的拖把2个、扫帚4个、抹布2个。

×年级（3）班：王琳

×年×月×日

（七）欠条　欠条是为证明一方欠另一方财物而立下的字据，一般由标题、正文、落款三部分组成。**范例**

欠　条

截至今年七月一日，本人尚欠王红人民币伍万元整（50000），特立此据！

欠款人：王晓明

×年×月×日

（八）启事　当我们要向人们说明一件事或有什么事要请人们帮忙时，我们就可以写一个启事张贴出去。

启事的标题要写明启事的名称，这主要由启事的内容决定，如内容是征文，则名称写明“征文启事”，名称字体应大于正文字体，居中写。

①寻物启事。**范例**

寻物启事

昨天下午课外活动的时候，我在东区操场单杠区域丢失了一个粉红色蝴蝶形状的发卡。那是我非常喜欢的发卡，请捡到的同学还给我。非常感谢！

四年级（3）班：黄小丽

×年×月×日

②征文启事。**范例**

“我爱写作” 征文启事

《校周刊》决定举办“我爱写作” 征文活动。

征文要求：凡能给人启发，能反映奋发向上、顽强自信的精神风貌内容的文章均可，字数一千至两千。

投稿时间到本月末为止。稿件直接交往《校周刊》专栏 。

《校周刊》专栏

2011年3月5日

（九）请柬 请柬，也叫请帖，是为邀请客人而发出的专用通知书。请柬有很多种。使用请柬，既表示主人对事物的郑重态度，也表明主人对客人的尊敬，密切主客间的关系，还可使客人欣然接受邀请。请柬，按内容分有喜庆请柬和会议请柬。会议请柬格式与喜庆请柬大致相同，均由标题、正文、落款三部分组成。**范例**

请 柬

张明先生及家人：

家母逢六十大寿，特于2009年9月9日中午12点在福禄园大酒店举行寿宴，敬请光临！

李明

2009年9月1日

（十）书信 书信由称呼、正文、结尾、署名和日期五部分组成。每一部分都有一定的格式：称呼要顶格写在信的第一行，并要单独成行，称呼后面要用冒号。正文是信的主要部分。正文的开头空两格，通常先写问候的话。如果是回信，先要写明信已收到，并对来信中提及的问题或要求办理的事情做出回答。如果内容较多，也可以分段写，一件事情写一段落。敬祝语写在正文之后，是用于表示敬意或祝愿的话，多用“此致敬礼”“祝您健康”等。署名在敬祝语之后，另起一行于后半行署上写信人的姓名，目的在于告知对方信是谁写的。日期写在名字右下方，由年月日组成，一般只写月日。**范例**

给妈妈的一封信

亲爱的妈妈：

您好！

天气转冷了，妈妈您要多穿几件衣服，以防着凉。

我最近读了很多书，最令我感动的一本是《钢铁是怎样炼成的》。里面讲了一个叫保尔·柯察金的男孩，他的生活是如此艰苦，但他还是坚强地活下去。这书告诉我：要坚持不懈，就会有成就。

我还读了一篇有感想的文章——《狮子和蚊子》，讲的是一只蚊子打败了狮子，但因为骄傲，所以惨死在一个蜘蛛网里。这个故事告诉我：做人不能骄傲自满。所以我要谦虚，请妈妈也要谦虚。

快考试了，我要加倍努力才行，但是也需要妈妈的指导，我才能考个好成绩。

祝您身体健康，天天快乐！

您的女儿：王静

×年×月×日

（十一）感谢信 感谢信是对给予自己关心、帮助和支持的人或者单位表示感谢的一种书信。

感谢信是书信的一种，所以在格式上和书信是一样的。不同之处在于，感谢信的标题 "感谢信"或"致某某（某单位）的感谢信"要写在第一行正中，字体要大些。感谢信的内容要写清楚对方在什么时间，什么地点，由于什么原因，做了什么好事，对自己或单位有什么支持和帮助，事情有什么好的结果和影响。还要写清楚从中表现了对方哪些好思想、好品德、好风格。最后可以表明自己或所在单位向对方学习的态度和决心。**范例**

感 谢 信

敬爱的满老师：

您好！

您教了三年的语文，讲课非常生动，每讲一篇课文……

深深感谢您对我学习的帮助；感谢您对我作文的精心辅导……

敬爱的满老师，您像地下的树根，一点一点吸来知识的营养……

满老师，我决心学习您，抓紧时间，努力学习；学习您认真工作的态度……

祝您身体健康，工作愉快！

您的学生：张明

×年×月×日

（十二）贺信 贺信一般由标题、称谓、正文、结尾和落款五部分构成。**范例**

贺 信

《读者》杂志社：

我们怀着十分欣喜与钦佩的心情通知您，贵刊在刚刚结束的"中国期刊奖"暨"第二届全国百种重点社科期刊"评选中荣获"中国期刊奖"暨"第二届全国百种重点社科期刊"称号。在此，向贵刊表示衷心的祝贺与诚挚的敬意。

处于世纪之交的“中国期刊奖”与“第二届全国百种重点社科期刊”的评选，是20世纪最后一次对全国期刊界的检阅，承先启后，继往开来，预示着新世纪中国期刊业进一步繁荣、腾飞的灿烂前景。吮吸着悠久历史的芬芳，化育着时代奋进的精神，祝愿贵刊早日成长为中国期刊之林的一棵参天大树。

中国出版杂志社敬贺

×年×月×日

（十三）表扬信 表扬信是对在生活、工作和学习的某一个方面做出了贡献，发扬了风格的个人和集体加以表彰的书信。

表扬信也是书信的一种，所以在格式上也和书信相同。不同之处在于，表扬信的正文一要写清被表扬者；二是讲明表扬的先进事迹；三要表达感谢之情，希望受表扬的人或集体发扬成绩，继续进步；四要宣传先进思想和事迹，号召大家学习以便形成良好的风气，提高全民素质。**范例**

表 扬 信

尊敬的校领导：

您好！首先我为贵校能培养出优良品德的孩子而致敬！

事情是这样的：本人于2009年12月12日丢失钱包（钱包内有现金660元，卡3张，暖气费收据一张），因为……

本人的感激之情无法言表。苗丽丽同学这种拾金不昧的精神……

再次为贵校能培养出优良品德的孩子而致敬！

此致

敬礼！

失主：张明

×年×月×日

（十四）申请书 申请书是个人或集体向组织、机关、企事业单位或社会团体表述愿望、提出请求时使用的一种文书，是个人对组织、下级对上级、一般单位对主管部门有所请求而写的。申请书要求一事一议，内容要单纯。不同的对象有不同的申请书，常见的有入团申请书、入党申请书等。

申请书一定要重点突出申请的理由、申请的目的，包括请求上级办什么事，用词要严谨。**范例**

入队申请书

尊敬的少先队组织：

我是一年级（1）班的学生李明，从开学到现在，我从不迟到旷课，并及时地完成老师布置的作业。我很积极地参加班上和学校组织的活动，并且从老师和同学身上学到许许多多的东西。看到高年级的哥哥姐姐每天戴着红领巾去上课，我非常渴望有一天我也能像他们一样，成为一名少先队员，戴上鲜艳的红领巾。

在我成为少先队员以后，我会继续努力地学习，并且会更加团结友爱同学。争当做一个德、智、体全面发展的好学生，成为一名合格的少先队员。恳请老师批准为盼！

此致

敬礼！

申请人：李明

×年×月×日

（十五）倡议书 倡议书是由个人或集体就某一问题提出的确实可行的建议或者提议、号召他人去做某事的一种书信。

倡议书的格式包括标题、称呼、正文、结尾、落款。**范例**

倡 议 书

尊敬的市民们：

大家好！

我是本市一名六年级的小学生，在这个美丽的城市中快乐的生活，已经有十多年的时间了，也算是本市的小市民了……

此类事情虽小，浪费也不大，但自然资源是有限的，有限的资源不会再生，也许某一天早上，那些个水龙头再也流不出一滴水了。

资源，是地球赐给我们的礼品，是我们生存的根本，没了它们，人类怎么生活？所以，从身边的一点一滴做起，保护资源，从关掉水龙头开始。

倡议人：张强

×年×月×日

（十六）求职信 第一，介绍自己的情况，如年龄、性别、学历、所学专业或技术特长、技术职称、政治面貌、民族、籍贯等（不要忘记附上自己的近照，尤其是应聘服务行业的职业时）。

第二，写自己的简单经历，着重写从事专业教育以后的经历。

第三，提出自己所应聘的职位，并阐述自己能胜任此项工作的理由，尽可能写得详细、充分。注意要谦虚、客观，不要夸夸其谈或信誓旦旦。

第四，写自己现在的身份和职位，提出工资、福利、住房方面的要求。

第五，谈一下自己对应聘单位的认识和发展前景，尽可能提出自己的意见和建议，表现出“主人翁”意识，但不要长篇大论。

第六，写清自己的联系地址、电话及联系时间。**范例**

求 职 信

尊敬的公司领导：

您好！

首先感谢您在百忙之中能抽空阅读我的简历，我是一名高中毕业进入中专学习的学生，并且在这两年报考了大连理工大专进修，也即将毕业。

由于我拥有过高中生活，所以进入中专之后非常快地进入角色，并且利用自身的优势，以高度热情迎接中专生活……

我是一个个人阅历较为丰富的人，曾经先后利用假期去过武汉……

我是一个独立性很强，也喜欢独立思考，并且善于处理人际关系……

最后感谢您的检阅，祝贵公司业绩频升，祝您事业蒸蒸日上！

此致

敬礼！

求职人：张红

×年×月×日

（十七）请托信 请托信，是亲友间、同志间相互委托办事，向他人提出请求推荐、为人做媒介的书信。**范例**

委 托 信

张林大哥：

你好！

本想三度来访，又恐你外出，特改写信给你。我从去年失业后，直到现在都没有找到工作，最近生活一步不离地压迫我，不得不请你帮忙。听说某公司现在缺×职，我正好是学这一行的。你与某处的人事很熟，请你代我写信介绍。我想这点忙你一定肯帮的。如果愿意鼎力相助，事情成功，那我感激不尽，我一定尽力做好工作，不负你的苦心。信写好请留在贵寓我去取好了。

祝平安！

弟：××

×年×月×日

（十八）推荐信 推荐信是个人或单位向用人单位或个人介绍某人可以担当某职务或承担某项工作的书信。推荐信的收信者可以是某单位或单位负责人，也有向私人推荐的，收信者是个人。写推荐信应注意的事项：（1）推荐者是被推荐一方与用人者一方的中介，要本着对双方负责的精神，实事求是地介绍被推荐者，不可夸大其能力学识，也不可因怕人说狂妄而过分谦卑。（2）要详细写明被推荐者的学历、特长、志向、优点、缺点，以及生活经历、家庭状况等，以便对方斟酌录用。（3）语气诚恳、委婉，留有余地。不管自己辈分职位多高，年龄多大，都不可以命令的语气强求，以免对方为难。**范例**

自 荐 信

尊敬的贵公司领导：

您好！首先感谢您能抽出宝贵的时间来看我的自荐信。

我是武汉市二轻工业技术学校2009届的应届毕业生。我喜爱模具这项专业并为其投入了很高的精力和热情……

当今社会需要高质量的复合型人才，因此我时刻注意自身的全面提高，建立合理的知识结构……

三年技校生活的学习和锻炼，给我的仅是初步的经验积累，对于迈向社会还远远不够……

希望通过我的这封自荐信，能使您对我有一个更全面深入的了解，我愿意以极大的热情与责任心投入到贵公司的发展建设中去。您的选择是我的期望。给我一次机会还您一份惊喜。期待您的回复。

祝贵公司的事业蒸蒸日上！稳步发展！

此致

敬礼

张强

×年×月×日

（十九）决心书 决心书是一种常用的书信文体。决心书是个人、集体、单位为响应上级号召而表明决心所用的文书。一般都是个人对组织和领导、下级对上级表达决心而用的。小学生的决心书一般是写给老师、家长、同学或自己看的。

写决心书要注意格式：写标题时把“决心书“三字写大一些放中间；写内容时首先要写清写决心书的原因，接着写决心做到什么。写决心做到的具体事项和具体措施，这是决心书的主要部分，最好分条开列，每条各成一段，注意条理性。如果是递交的书信式的决心书，也要像一般书信的格式一样有称呼、正文、结束语、署名和日期；如果是当众宣读志愿，可以不写“此致敬礼”之类的结束语。**范例**

决 心 书

各位老师，各位同学：

上午好！我是三年级（3）班的张婷，很高兴能代表三年级（3）班的同学在开学典礼上发言。跨过了寒冷的冬天，度过了愉快的寒假……

新的学期开始了，我们再一次相聚在可爱的校园。同学们对寒假生活也许都非常地留恋……

同学们，新的一年开启新的希望，新的空白承载新的梦想。为了让我们的梦想能成为现实，我们决心做到五个关键词：

一、认真：课前准备好学习用品，上课专心听讲，大胆发言，不懂就问，回答问题声音响亮，课间做有益游戏。认真完成家庭作业。

二、积极：上课积极答问，不和他人说话，不做小动作。

三、卫生：讲究卫生，服装整洁，见到垃圾随手捡起。

四、守纪：下课不疯狂打闹，不骂人，不打架，不在教室、走廊上玩耍。不你追我打，不做危险游戏。

五、文明：尊敬师长，团结同学，对人有礼貌。

让我们争做讲文明、讲卫生的好学生。同学们，想做大事，就必须从身边的点点滴滴做起。我也深深知道，语言代替不了行动，而行动是最好的语言。让我们用自已的行动来实现我们的诺言。请大家看我们三（3）班全体同学的行动吧！

谢谢大家！

三（3）班代表：张婷

×年×月×日

（二十）检讨书 俗称检查，是犯了错误的个人或单位向领导或上级单位深刻检查反省自己错误所写的书信，也就是把自己犯错误的时间、地点、人物、起因、经过、结果做描述，然后认识到错误，并认真深刻地反省的过程。

检讨书的格式：

1. **标题** 在第一行正中写明“检讨书”或者“检查”即可；有的也可注明所犯错误范围或性质，如“没有完成作业的检讨书”“工作失误检讨书”“关于违反校规的检讨书”。

2. **称谓** 写明检讨书呈报的对象，可以是自己、师长、长辈、上司等。

3. **正文** 正文由三部分组成：一是所犯错误事实；二是对所犯错误的认识；三是改正错误的决心与措施。

4. **署名和日期** 检讨人的姓名或单位名称，书写时间。**范例**

检 讨 书

尊敬的王老师：

您在上个星期五布置了一份作业给我们，目的是为了让我们更好地理解和记忆所要学习的课程，但是……

我已经深刻认识到此事的重要性，于是我一再告诉自己要把老师交待的作业当成头等大事来抓，不能辜负老师对我的一片苦心……

此致

敬礼！

检讨人：张明

×年×月×日

（二十一）建议书 建议书是指个人、单位或集体向有关单位或上级机关和领导，就某项工作提出某种建议时使用的一种常用书信。建议书也是指个人、单位和有关方面，为了开展某项工作，完成某项任务或进行某种活动而倡议大家一起做的事情，或提出合理化的意见。**范例**

建 议 书

尊敬的学校领导：

每周星期一上午8：00，全校师生都集中到学校大操场举行升旗仪式。随着那雄壮的国歌声，鲜艳的五星红旗……因而，我们向学校领导提出如下建议：

一、学校政教处配合少先队大队部对升、护旗手加强纪律教育和革命传统教育。

二、聘请驻滁官兵来校，严格训练升、护旗手，从而规范他们的步伐和动作。

三、对全体少先队员进行礼仪教育和爱国主义教育，让全校少先队员懂得国旗法。

尊敬的学校领导，为了使我校的升旗仪式更加庄重、严肃，为了使所有升、护旗手的动作更加规范，请考虑一下我们的建议和请求吧！

六（4）中队全体队员

×年×月×日

（二十二）计划书 计划书有很多种，学习、工作、生活等方面的事都可拟定计划安排。写计划是指对未来一定时期内某项工作预先拟定的具体内容和步骤，也就是在做一件事情之前，或者对于接下来的一段时间，所要进行的活动的安排。比如读书计划、假期计划，等等。做计划可以让你成为一个胸有成竹的人，在事情发生之前就有准备，不至于手忙脚乱。**范例**

寒假学习计划

寒假就要开始了，根据爸爸妈妈的要求，为了能过一个有意义的寒假，使新学期有一个好的开始，我决定拟一个寒假计划。

第一条：每天早上6：00起床，晚上9：00睡觉。

第二条：起床跑半个小时的步，然后每天坚持户外活动两个小时。

第三条：每天背诵作文范文精彩片段2段。

第四条： 每周1篇命题作文；周记一周一篇，完成时间自选。

第五条：电脑中学习新概念英语第一册半小时／天。

第六条：每周一次跟爸爸妈妈出去活动，活动形式含逛商场、骑自行车郊游、爬山、游公园等；一周可选择性观看自己喜欢的电视节目2小时。

第七条：语文、数学的作业要同步进行。

第八条：每天写一篇小字，如果时间宽松，再练毛笔字一张。

另外，对于我的压岁钱，我要拿出20％作“流动资金”，30％交学费，50％捐给希望工程。如果以上我都完成得很好，那以后我就给自己做很多的计划，这样我就能成为一个很优秀的学生。

（二十三）总结 总结是通过对工作过程的回顾，对工作得失的分析，将工作中片断的、零星的认识变成有条理性的认识，从中找出有规律性的东西，以利于发扬成绩，克服缺点，力争把以后的工作做得更好。**范例**

个人学期总结

记得上学期，妈妈经常说我学习成绩没有进步，现在期末快来了，而我的学习在老师和身边同学的帮助下，有了很大的提高，我想，主要有以下几个方面。

第一，学习态度比较端正。能够做到上课认真听讲，不与同学交头接耳，不做小动作，自觉遵守课堂纪律；对老师布置的课堂作业，能够当堂完成；对不懂的问题，主动和同学商量，或者向老师请教。

第二，改进了学习方法。为了使自己的成绩有所提高，我给自己定了一个学习计划：（1）做好课前预习……

第三，课外学习不放松。能够利用星期天和节假日，到少年宫去学习作文、奥数、英语和书法，按时完成老师布置的作业，各门功课都取得了好的成绩。参加少儿书法大赛，还获得特别奖。

经过自己的不懈努力，这学期的各门功课，都取得了比较好的成绩。自己被评为三好生，还担任了班级学习委员一职。

虽然取得了比较好的成绩，但我决不骄傲，还要继续努力，争取下学期更上一层楼，取得更好的成绩。

（二十四）公约　公约是社会组织或团体为了维护公共利益，通过讨论、协商所制订出的，约定大家共同遵守的规则。**范例**

卫生公约

为了保持校园及教室的清洁，创造一个良好的学习环境；同时也为了同学们的身体健康，特制订如下卫生公约：

1．不能随地乱扔垃圾，任何人见到垃圾必须主动捡起。

2．严禁随地吐痰，不小心吐了要及时清理。

3．搞好个人卫生，做到“四勤”：洗澡勤、勤刷牙、勤理发、勤换衣服。

4．个人产生的垃圾课后立即送入垃圾桶内。

5．课间休息时间每位同学负责清洁自己的桌面和脚下。

6．桌面和桌肚里都要保持整洁，不能留有垃圾。

7．劳动工具按指定地点摆放整齐。

×小学四（二）班全体同学

×年×月×日

（二十五）规定（规则）　范例

借书规则

为了充分发挥图书的作用，用好管好现有图书，特订立如下规则：

一、学校图书室以半开放方式向全校同学借阅图书。

二、每人凭借书证借书一册（一百页以内的可借两册），借期两周，逾期不还者，停止借书。

三、要爱护图书，借书时所借书籍当面查阅一遍，发现有涂污损坏，交本室加盖检查章以明责任，读者不得在书刊上圈点书写，不得折叠和撕破。

四、书如遗失，原则上应赔原书，或根据该书使用价值照原书价值1.5倍赔偿现金，所借图书如有严重污损，应按原书价赔偿。

五、学期结束时，借书应还书。

六、借还图书时间：每星期一、二、四、五下午两节课。

××小学图书阅览室

×年×月×日

（二十六）通报（表彰通报）　范例

关于对市52化工厂实现安全生产年的表彰通报

市52化工厂采取有力措施，切实贯彻《安全生产条例》，建立安全生产岗位责任制，1993年实现全年生产无事故，成为我市第一个安全生产年优秀企业。为此，市政府决定对市52化工厂给予通报表扬，并奖给锦旗一面，奖金10万元。

市政府号召全市各企业以52化工厂为榜样，层层建立健全安全生产岗位责任制，扎扎实实抓好安全生产，争创安全生产型企业，把我市安全生产推上一个新台阶。

×人民政府（印章）

×年×月×日

（二十七）会议记录　范例

四（二）中队队委会记录

时间：×年×月×日下午

地点：本班教室

出席人：中队委员

列席人：中队辅导员

主持人：中队长张军

记录人：王强

一、中队长提出这次队委会讨论的中心内容是：怎样开展秋季体育活动。

二、讨论：中队委员们纷纷发表意见，研究了具体活动内容、实施时间、步骤及各种比赛时间。

三、决议：

1．全体队员都要积极锻炼身体，坚持晨练。

2．上好体育课，人人要达到广播体操锻炼标准。

3．课间时间多做运动，积极参加校园各项体育比赛活动。

4．开展各项体育运动。10月5日，以小队为单位，选派三名队员参加踢毽子比赛；10月15日中队举行班级一分钟跳短绳比赛。

上述几点决议，本周五在中队会上向全体队员公布，各队员讨论修改后实行。

（二十八）演讲稿　演讲稿，是为演讲准备的稿子，是讲演者把自己认为正确的主张、看法、分析和判断向听众阐述的文稿。**范例**

珍爱生命中的每一天

同学们，你们看，碧绿的大海里，鱼儿在自由自在地遨游；你们听，蔚蓝的天空下，鸟儿在欢快地鸣唱……哦！这个世界最生机盎然的就是生命！正是这一条条鲜活的生命啊，让我们的整个地球也鲜活起来。

我一直喜欢那一首歌：《在我生命中的每一天》，歌中唱道：“看时光飞逝，我祈祷明天……”每当那熟悉的旋律响起，我就感到生命的可贵。

每天清晨，当朝霞映红了我的双颊，当树上的小鸟叫醒了我的梦想，我知道新的一天又开始了……

是啊，生命就像一朵花，生命之花是绚烂的，也是脆弱的，稍不珍惜就会枯萎、凋零。

同学们，让我们吸取生活中的教训，珍爱生命中的每一天。看时光飞逝，我祈祷明天，愿我们每个小小的梦想，都能够慢慢地实现！从现在开始，从我们做起：不要因为贪玩而失去了宝贵的生命，健康成长，让生命之花永远绽放。

（二十九）新闻消息　一篇报道稿，发表在广播、报纸上，叫新闻稿，或者叫消息。发表在学校的板报上，叫报道稿，或板报稿。**范例**

好人好事报道稿

记得刚升入五年级的时候，梁迪可算得上是我们班的后进生，学习、纪律以及各项工作都拖班级的后腿，老师也经常批评他，为此，他也感到烦恼。

他想当一名好同学，想成为人人敬仰的人。于是，他就拼命地努力着。

最近一个阶段，在班主任老师的耐心教育、鼓励下，梁迪有了很大的改变。上课能认真听讲……

在我们班像梁迪这样的同学还有许多。从后进变成先进，同学之间比学习、比进步，谁也不甘落后。我们班浓浓的学习气氛，感染着许多后进的同学。让我们一起努力吧！

中转站 17

百科知识（答案见 331 页）

1.《水浒传》中有景阳冈打虎的故事，打虎英雄叫什么？

2. 中国的国歌歌名是什么？

3. 黄山四绝是指什么？

4.《水浒传》的作者是谁？

5.《西游记》的作者是谁？

6.《三国演义》中煮酒论英雄的主要人物是谁？

7.《三国演义》中塑造了一位过五关斩六将，千里走单骑的英雄形象，这个英雄是谁？

8. 最小最冷的行星是什么星？

9. 地球的厚被是指什么？

10. 谁发明了蒸汽机？

脑筋急转弯（答案见 331 页）

1. 森林中有十只鸟，小明开枪打死了一只，其他九只却都没有飞走，为什么？

2. 你每天都能看见的最大的影子是什么？

3. 积木倒了要重搭，房子倒了要怎样？

4. 熊为什么冬眠时会睡这么久？

5. 小明从六楼向下跳，为什么还没有受伤？

6. 什么东西掉进水里不会湿？

7. 什么动物天天熬夜？

8. 一个人，一艘船，一条狗，一只兔子，一棵白菜，这个人要把这三样东西运到河那边，先送那两个？

9. 什么人最喜欢别人叫他滚？

10. 用什么拖地最干净？

猜成语（答案见331页）

（答案见331页）

1. 欢迎参观——　2. 环境美心灵美——　3. 换岗——
4. 换小钱——　5. 皇家园林——　6. 换牙——
5. 浣花草堂酬来宾——　8. 皇帝——　9. 皇——

第五部分

文言文的阅读理解

文言文　文言文是中国古代的一种书面语言，主要包括以先秦时期的口语为基础而形成的书面语。“文言”，即书面语言，“文言”是相对于“口头语言”而言，“口头语言”也叫“白话”。第一个“文”，是美好的意思。“言”，是写、表述、记载等的意思。最后一个“文”，是作品、文章等的意思，表示的是文种。

● 文言文常见的知识考点

1．理解字词意思。

2．理解并翻译文中的句子。

3．理解常见实词在文中的含义。

4．了解常见文言虚词在文中的用法。

5．对全文内容的理解与概括。

6．翻译成白话文。

7．理解与现代汉语不同的句式和用法。

8．筛选并提取文中的信息。

9．归纳内容要点，概括中心思想。

10．分析概括作者在文中的观点态度。分析是把整体分解为部分；综合是把部分归纳成整体，把分散的聚合成要点。分析与综合在思维过程中是互相配合的，通过这一思维过程以达到对整篇文言文深层的、本质的认识，从而准确、全面地把握文意。

一、文言文的特点

（一）言文分离 语言学研究认为，书面语是在口语的基础上产生和发展起来的，二者相互影响又互相促进，关系非常密切。文言是在先秦口语的基础上形成的，但随着时间的推移，文言与后世的口语逐渐拉开了距离。从汉魏到明清，由于官方的推行和科举考试的需要，读书人刻意模仿“四书五经”的语言写诗撰文，以古雅为尚。这样，作为书面语的文言就与人们口头实际用的语言距离越来越大了，造成了言文分离的现象。

（二）历久不变 一直到五四运动以前，文言作为占统治地位的书面语言被人们代代相传、沿用下来，其语言成分基本未变。例如先秦时期的一些基本句式、常用虚词的用法等都在历代的文言中得到了保存，就连语言三要素中最活跃的词汇，在文言里也具有很强的稳定性。有些词的古义在口语中早已消失，可在文言文中却照旧使用。虽然后世人们在模仿中难免会掺入些许当时的口语，从而给文言带来某些细微的变化，但从总体看来，文言在词汇系统、语法系统方面还是基本保持了原先的面貌。

（三）行文简练 我国古代的重要典籍大多是用文言写成的，其中许多不朽的作品历来以简约精练著称。可以说文言本身就包含着简练的因素：一是文言文中单音节词占优势，双音节词和多音节词比较少；二是文言文多省略，省去主语、宾语、谓语、介词的情况很常见。再加上历代名家多注重锤炼语言，讲求“微言大义”，所以就形成了文言文严密简洁的风格。

（四）古奥难懂 由于年代的久远，与口语相脱离的文言越来越艰涩难懂了。佶屈聱牙的句子、生僻古奥的词语，还有许多陌生的名目典章制度……这一切，在初学者的眼中成了捉摸不透的“迷言”。所以，给古书做注，解决难懂的问题，历来是文人学者孜孜以求的工作之一。

二、文言文的学习方法

学习文言文第一要掌握的就是文言文里字词的意思，但是一个一个的去记忆很难的，可能今天早上记住了，过几天就忘了。几次之后，就丧失兴趣了，以后一看到文言文就头疼。这个可以通过背书来解决，一个个的去记忆字词的意思没有关联性很难记住。整篇的课文就不同了，通篇是一个整体，记忆起来容易一些，注意在背诵课文的时候一定要在理解的基础上来记忆，这样就能达到记忆文言文字词意思的效果了。久而久之，背诵的多了，一些基本字词的意思就能记住，以后再看文章就能看懂了。

在背诵的基础上同时要注意古汉语的有些语法和现代汉语是不同的，在掌握字词的意思的时候同时要知道古汉语的语法规则，这个可以去找一本资料看看，在看文言文的同时看看里面都用了哪些语法规则，这样掌握得快一点。

最后就是课外阅读了，要经常在古汉语的语言环境中练习，才能最终掌握。另外，在阅读文言文文章的时候碰见不懂的字词要立刻查字典，这样日积月累，一些生僻字词的意思也能掌握了。学习文言文不是为了应付考试，学会了就能轻松地从古典书籍中汲取知识、获得自己的体验。

三、文言文翻译

（一）文言文翻译的步骤 首先要通读全文，把握文章大意，做到心中有数，切忌一上来就匆匆忙忙翻译。在翻译时，遇到疑难词句，可暂时放过，等译完上下文，再进行推敲。译完全文后，再通读一遍，检查校正，以防误译、漏译和曲译。

（二）文言文翻译技巧（“四重奏”） 文言文翻译要做到“信、达、雅”三个字。“信”即准确无误，忠于原文，不随意增减内容和改变风格；二是要做到“达”，即文字顺，语意明确，行文规范；三是要做到“雅”，指文句流畅，具有文采，准确、鲜明、生动。

其实，还是可以讲究一点技巧，从以下四个方面着手，奏一曲美妙的“文言文翻译四重奏”：

1. 翻译要注意补充省略的句子成分 文言文中省略现象大量存在，有省略主语、省略谓语动词、省略介词、省略宾语等。在大家做翻译题时，一定注意先把原文省略的句子成分补充完整，否则译文易句意不清、不通。

2. 翻译要注意调整语序 文言文中变式句时常出现，有主谓后置、定语后置、介词结构后置、宾语前置等四种类型。翻译时调整好语序，才能便于翻译，否则译文易颠三倒四，给人“丈二和尚摸不着头脑”的感觉。

3. 翻译要注意活用现象 文言文中的某些实词可以在一定的语言环境中临时改变它的词性和用法，这就是活用。主要有动词、形容词、名词的使动用法，形容词、名词的意动用法，名词用做动词，名词做状语等。翻译时要抓住词语的临时含义。

4. 翻译要抓住关键词，联系语境，重点突破 在文言文阅读中，有些句子往往因为个别词而影响全句的理解。这个词就是一个关键词。对于它，要联系语境去理解、参悟。

综上所述，文言文翻译，只要平时努力，并注意以上四点，加以灵活掌握，要翻译正确是不难的。

（三）文言文翻译的原则 在文言文翻译过程中，必须遵循“字字有着落，直译、意译相结合，以直译为主”的原则。这就要求我们，在具体翻译时，对句子中的每个字词，只要它有一定的实在意义，都必须字字落实，对号入座。翻译时，要直接按照原文的词义和词序，把文言文对换成相应的现代汉语，使字不离词，词不离句。如果直译后语意不畅，还应用意译作为辅助手段，使句意尽量达到完美。

（四）文言文翻译的要求 字字落实，以直译为主，意译为辅。要尽量保持原文的语言风格。文言文翻译的步骤，首先要通读全文，把握文章大意，做到心中有数，切忌一上来就匆匆忙忙翻译。在翻译时，遇到疑难词句，可暂时放过，等译完上下文，再进行推敲。译完全文后，再通读一遍，检查校正，以防误译、漏译和曲译。

（五）文言文翻译的基本方法 文言文翻译的基本方法有直译和意译两种。

1. **直译** 所谓直译，是指用现代汉语的词对原文进行逐字逐句地对应翻译，做到实词、虚词尽可能文意相对。直译的好处是字字落实；其不足之处是有时译句文意难懂，语言也不够通顺。

2. **意译** 所谓意译，则是根据语句的意思进行翻译，做到尽量符合原文意思，语句尽可能照顾原文词义。意译有一定的灵活性，文字可增可减，词语的位置可以变化，句式也可以变化。意译的好处是文意连贯，译文符合现代语言的表达习惯，比较通顺、流畅、好懂。其不足之处是有时原文不能字字落实。

这两种翻译方法当以直译为主，意译为辅。

（六）文言文翻译的具体方法 文言文翻译的具体方法就是留、删、补、换、调、变。

1. **“留”就是保留。**凡是古今意义相同的词，以及古代的人名、地名、物名等，翻译时可保留不变。

2. **“删”就是删除** 删掉无须译出的文言虚词。比如“沛公之参乘樊哙者也”——沛公的侍卫樊哙。“者也”是语尾助词，不译。

3. **“补”就是增补** ①变单音词为双音词；②补出省略句中的省略成分；③补出省略了的语句。注意：补出省略的成分或语句要加括号。

4. **“换”就是替换** 用现代词汇替换古代词汇。如把“吾、余、予”等换成“我”，把“尔、汝”等换成“你”。

5. **“调”就是调整** 把古汉语倒装句调整为现代汉语句式。主谓倒装句、宾语前置句、介宾后置句、定语后置句等翻译时一般应调整语序，以便符合现代汉语表达的习惯。

6. **“变”就是变通** 在忠实于原文的基础上，活译有关文字。如“波澜不惊”，可活译成“（湖面）风平浪静”。

四、文言文阅读知识的重点难点

（一）文言实词 古汉语实词包括名词、动词、形容词、数词和量词。至于代词，在古汉语中，因其语法作用特殊，一般归为虚词。文言词汇中出现频率最多的是实词，较难掌握的也是实词。熟悉实词主要是掌握通假字、古今异义、一词多义、词类活用等知识。

1. 识别通假字 掌握其本字、读音和意义。古今通假现象是一个很复杂的问题，对于我们来说，一要掌握通假现象的原则，即通假字和本字读音必须相同或相近，如“便要还家，设酒杀鸡作食”中“要”通“邀”，读作“yāo”。二要靠平时积累，牢记所学课文中注释所指出的通假字。注意，如果通假字与本字读音不同，应读本字的现代读音。如“火齐之所及也”中“齐”通“剂”，应读“jì”。

2. 辨析词的古今异义 古今异义的词语是学习文言文的重点之一。一要注意古今词义的差别，积累课内所学课文中的古今异义词，如“太行、王屋二山，方七百里，高万仞，本在冀州之南，河阳之北”中“河”专指“黄河”；而现在已是一个普通名词，成为河流的通名。再如：“扁鹊望桓侯而还走”中“走”是“跑”的意思；现代汉语中的含义是“行走”。二要注意不要把连在一起的两个文言单音词误认为现代汉语的双音合成词。如“中间力拉崩倒之声”中“中间”是两个词，意思是“里面夹杂着”。

3. 正确解释多义词在不同语境中的意思 在文言文中，一词多义的情况很多，同一个词，在这个句子里是一个意义，在那个句子里又是另一个意义。阅读文言文要特别重视并掌握这类多义词的情况，这是培养文言文阅读能力的重要基础。怎样确定它们在句子中的意义，要根据上下文和文章内容来考虑。如“温故而知新”，“故”的意思是旧的，“桓侯故使人问之”，“故”意思是特意。在学习时，还应对一词多义现象及时总结、归纳，并牢记例句。

4. 词类活用 在古代汉语中，词类一般是比较稳定的，但是有些词在特殊情况下会改变它的词性，起了另一类词的作用。这种特殊的语言现象叫“词类活用”。

例1：妇抚儿乳。乳，本义是“奶”，这里是名词作动词“喂奶”。

例2：屠乃奔倚其下，弛担持刀。弛，形容词作动词，放下。

例3：箕畚运于渤海之尾。“箕畚”在这里表示“运”的工具，译为“用土筐”。

例4：无丝竹之乱耳，无案牍之劳形。乱，“使……混乱”；劳，“使……劳累”。

例5：敏而好学，不耻下问。耻，以……为耻。

（二）文言虚词 文言虚词主要包括：代词、副词、介词、连词、助词、叹词。准确掌握常见虚词的一般用法，对提高文言文阅读能力十分重要。而唯有熟读、精思才能摸到门道，掌握规律。因此，课文要认真学，有些典型句子要背诵，常见虚词的用法可以整理成表，这样才便于记忆。

（三）理解内容 理解文言文的内容要注意以下几点。

1. 在整体感知课文大概内容的基础上，逐段概括内容要点，然后“合并同类”，将课文分成几个部分，弄清各部分之间的联系，了解文章的结构特点，文章的内容和作者的思路也就把握住了。

2. 注意文体特点，把握核心句和关键句。核心句指对主旨做出概括、提示的句子。把握了核心句就抓住了文章的主旨。关键句指那些在思路的展开、主旨的表现上起重要作用的句子。

3. 结合有关时代背景和作者生平领会作者的思想情感，评判文章的社会意义。

4. 重视诵读。反复朗读，以至成诵，有助于理解文章内容和作者思路，体会作者的思想感情。

5. 分析写法、品味语言。

五、考题中的重点、难点分析

（一）理解常见实词在文中的含义 文言实词包括名词、动词、形容词、数词、量词。备考中应掌握古今异义、一词多义、假借义等语言现象。另外，文言实词中，某个词属于哪一类是比较固定的，但在一定的语言环境中，有些词可以按照一定的习惯灵活运用，即词的活用，这种用法在备考中也必须了解和掌握。只有掌握了这些古汉语知识，才能对文言文中一些语言现象做出正确的理解，也才能对实词做出确切的解释。

（二）了解常见文言虚词在文中的用法 文言虚词包括代词、副词、介词、连词、助词和叹词，划定了26个，它们是安、但、而、耳、乎、何、故、或、既、乃、其、且、然、若、遂、所、为、焉、也、以、已、矣、于、则、者、之。文言虚词的数量虽然远不及实词多，但使用的频率之高，用法之灵活，语法功能之强，在汉语发展中变化之大，都远胜过实词，可见掌握虚词意义及用法的重要。了解常见文言虚词的用法要能分清虚实，辨明用法，通畅古今，注意特殊等。

（三）理解与现代汉语不同的句式和用法 古今汉语与现代汉语不同的句式主要有判断句、被动句、省略句和倒装句四大种。

1. 判断句的基本形式

（1）……者，……也；或：……者，……；或：……，……也；或：民……者也。

（2）用“乃”“为”“则”“即”“因”“皆”“是”“非”等词语表判断。

（3）不用以上任何形式的意合判断，如“刘备天下枭雄”。

2. 被动句的基本形式

（1）用“于”字表示；

（2）用“见”“见……于……”“受……于……”表示；

（3）用“为”“为……所……”“……为所……”表示；

（4）用“被”表示；

（5）不用以上字词，从意念上表示。

3. 省略句的基本形式

（1）省略主语；

（2）省略谓语或谓语动词；

（3）省略宾语；

（4）省略介词后的宾语；

（5）省略介词“于”。

4. 倒装句

（1）主谓倒装（古今相同）；

（2）宾语前置；

（3）定语后置；

（4）介词短语后置等。

（四）理解并翻译文中的句子 翻译的标准一是要做到“信”，即准确无误，忠于原文，不随意增减内容和改变风格；二是要做到“达”，即文字顺，语意明确，行文规范；三是要做到“雅”，指文句流畅，具有文采，准确、鲜明、生动。原则上是直译为主，意译为辅。方法是留、换、删、补、调等。

（五）筛选并提取文中的信息 筛选并提取文中的信息，首先要理解阅读者材料的文意，在读懂弄通的基础上，捕捉重要的语言信息。就文意定句意，就句意定词义，由整体到个别，再由个别到整体，分析综合，反复深化，即能从文中获取定向所应提取的信息。

（六）归纳内容要点，概括中心思想 这是考查学生在理解文意的基础上，归纳根据所述事件或所说道理并进行综合的判断或推理的能力。要求学生或说出某个论点的依据，或说出某个事件发生的原因，或说出某种事件的发展所导致的结果，等等。

（七）分析概括作者在文中的观点态度 这一条与“归纳内容要点、概括中心思想”所不同的是，原文作者不只是客观叙述某一事件或说明某一道理，而是还要表述自己的看法，表明自己的观点，而这种观点和看法在文中又不是十分显露，而是比较含蓄曲折。要求分析概括无疑增加了试题的难度，这类题要求高，试题中偶有出现。

六、重点字例题解析（例句选自教材）

（一）通假字

1. 子曰：“学而时习之，不亦说乎？” “说”通“悦”，愉快，高兴。（《论语十则》）

2. 女知之乎？“女”通“汝”，人称代词，你。（你知道怎样教导别人吗？）（《论语十则》）

3. 两小儿笑曰：“孰为汝多知乎？” “知”通“智”，智慧的意思。（谁说你知道的事情多呢？）（《两小儿辩日》）

4. 担中肉尽，止有剩骨。“止”通“只”。（《狼》）

5. 先自度其足，而置之其坐。“坐”通“座”，指座位。（他先在家里拿根绳子量好自己脚的尺寸，就把量好的尺寸放在自己的座位上了。）（《郑人买履》）

6. 出门看火伴。“火”通“伙”，指伙伴。（《木兰诗》）

7. 才美不外见 。“见”通“现”，指出现。（《马说》）

8. 河曲智叟亡以应。“亡”通“无”。（《愚公移山》）

9. 小惠未偏，民弗从也。“偏”通“遍”，指遍及，普遍。（《曹刿论战》）

10. 一切乌有。“乌”通“无”，指没有。（《山市》）

（二）古今异义

1. 绝境　古义：与世隔绝的地方。　今义：无出路的境地。

例句：自云先世避秦时乱，率妻子邑人来此绝境，不复出焉，遂与外人间隔。（《桃花源记》）

2. 交通　古义：交错相通。　今义：主要用于称各种运输和邮电事业。

例句：阡陌交通，鸡犬相闻。（《桃花源记》）

3. 穷　古义：穷尽。　今义：经济贫困。

例句：复前行，欲穷其林。（《桃花源记》）

4. 鲜美　古义：鲜艳美丽。　今义：指（食物）味道好。

例句：芳草鲜美，落英缤纷。（《桃花源记》）

5. 布衣　古义：平民。　今义：棉布衣服。

例句：臣本布衣，躬耕于南阳。（《出师表》）

6. 感激　古义：感动振奋。　今义：感谢。

例句：由是感激。（《出师表》）

7. 可以　古义：可以凭借。　今义：对某事表赞同。

例句：可以一战，战则请从。（《曹刿论战》）

8. 开张　古义：扩大。　今义：开业（多指商业部门）。

例句：诚宜开张圣听。（《出师表》）

9. 涕　古义：泪。　今义：鼻涕。

例句：今当远离，临表涕零，不知所言。（《出师表》）

10. 兵　古义：兵器。　今义：士兵。

例句：兵甲已足。（《出师表》）

11. 狱　古义：案件。　今义：监禁犯人的地方（监狱）。

例句：小大之狱，虽不能察，必以情。（《曹刿论战》）

12. 池　古义：护城河。　今义：小水塘、池塘。

例句：城非不高也，池非不深也。（《〈孟子〉二章》）

13. 居　古义：停留、过了。　今义：居住、住所。

例句：居十日，扁鹊复见。（《扁鹊见蔡桓公》）

14. 走　古义："跑"的意思。　今义：行走。

例句：扁鹊望桓侯而还走。（《扁鹊见蔡桓公》）

15. 汤　古义：热水。　今义：菜或面做的稀状食物。

例句：及其日中如探汤。（《两小儿辩日》）

16. 去　古义：离开。　今义：到……去。

例句：我以日始出时去人近。（《两小儿辩日》）

17. 再　古义：第二次。　今义：又一次。

例句：一鼓作气，再而衰，三而竭。（《曹刿论战》）

（三）"之"的用法

1. "之"作代词的用法最多。如：

而一牧童见之，"之"代指书画。

处士笑而然之，"之"，代词，指牧童说的话。

学而时习之，不亦说乎？代词，指学过的知识。

2. "之"作动词。如：送孟浩然之广陵"之"是动词"到"。

3. "之"作结构助词"的"，如：圣人之道。

4. "之"起调节音节作用。如：不译久之，目似瞑。

（四）"其"的用法

1. 代词，指"他、她、它（们）的"。

2. "其"用在句首，表示希望、祈使、疑问等语气。

其真无马邪？其真不知马也。（《马说》）第一个"其"，表反问语气，可译作"难道"；第二个"其"，表推测语气，可译作"恐怕"。

（五）"而"的用法　用作连词，连接词与词，短语与短语，句子与句子，表示前后两部分的并列、承接、转折等关系。

1. 人不知而不愠，不亦君子乎？（但是，表转接）

2. 学而时习之，不亦说乎？（表并列）

3. 温故而知新。（然后，表承接）

（六）常见的语气词 一般放在句尾，表陈述、疑问、感叹等，常见的有“也，矣、乎、耶、邪”等。

1. 此画斗牛也，“也”用在句末，语气词，译作“呀”。

2. 谬矣，“矣”：语气词，译作“了”。

3. 学而时习之，不亦说乎？乎：语气词，译作“吗”。

七、全文例题解析（例题选自教材）

伯牙绝弦

伯牙善鼓琴，钟子期善听。伯牙鼓琴，志在高山，钟子期曰：“善哉，峨峨兮若泰山！”志在流水，钟子期曰：“善哉，洋洋兮若江河！”伯牙所念，钟子期必得之。子期死，伯牙谓世再无知音，乃破琴绝弦，终身不复鼓。

1. 成语_____出自这个故事。这个故事中_____和_____是知音，从_____这两句可以看出。

妙手解题

成语“高山流水”出自这个故事。这个故事中俞伯牙和钟子期是知音，从“伯牙所念，钟子期必得之。子期死，伯牙谓世再无知音，乃破琴绝弦，终身不复鼓”这两句可以看出。

2. 人们常用“俞伯牙摔琴谢知音”的故事感叹__________

妙手解题

人们常用“俞伯牙摔琴谢知音”的故事感叹俞伯牙和钟子期这对知音。

3. 高山流水比喻________人们把知音比作__________的人。

妙手解题

高山流水比喻知音难觅或乐曲高妙。人们把知音比作真正了解自己的人。

4. 你是怎样理解伯牙绝弦的：________________

妙手解题

伯牙因为钟子期死了，就把琴摔破,再也不弹琴了。

陋 室 铭

山不在高，有仙则名。水不在深，有龙则灵。斯是陋室，惟吾德馨。苔痕上阶绿，草色入帘青。谈笑有鸿儒，往来无白丁。可以调素琴，阅金经。无丝竹之乱耳，无案牍（dú）之劳形。南阳诸葛庐，西蜀子云亭。

孔子云：何陋之有？

译文

山不在于多高，有神仙（居住）就能声名远扬。水不在于多深，有龙（居住）就能显得有灵气。这是间简陋的屋子，只是我（住屋的人）的品德高尚就不觉得简陋了。苔藓碧绿的痕迹蔓延到台阶上；草色青葱，映入竹帘里。到这里谈笑的都是渊博的大学者，交往的没有知识浅薄的人。可以弹奏朴素的古琴，阅读佛经。没有（嘈杂的）音乐扰乱双耳，没有官府的公文使身体劳累。（我的陋室就像那）南阳诸葛亮的茅庐，西蜀扬子云的亭子。孔子说："有什么简陋的呢？"

1. 题目《陋室铭》文章一开始并没有写"铭"，而是先写水和山，然后引出陋室，这是什么写法?

妙手解题

以水为类比，引出陋室，以山不高水不深衬托"陋"，以"仙""龙"衬托"德"，以"名""灵"衬托"馨"，暗示陋室不陋。

2. “孔子云：何陋之有？”一句用于结尾什么作用？

妙手解题

引用孔子的话画龙点睛，总结全文，用这种反问形式结尾，呼应前文的“斯是陋室，惟吾德馨”，深化主题，引发读者思考。

3. 回答下列问题。

（1）陋室不陋的主要原因是？

妙手解题

“陋室”不陋的原因在于屋主人的品德高尚。

（2）写陋室环境清幽的句子是？

妙手解题

苔痕上阶绿，草色入帘青。

（3）写陋室不受世俗官场干扰的句子是？

妙手解题

无丝竹之乱耳，无案牍之劳形。

4. 本文托的什么物，言的什么志？

妙手解题

托物——陋室（对陋室的环境及室主人的日常生活描写）。

言志——表达作者高洁傲岸的情操和安贫乐道的情趣。

5. 从文中看，刘禹锡笔下的“陋室”究竟是不是陋室，为什么？作者是从哪些方面写的？

妙手解题

不是陋室。“苔痕上阶绿，草色入帘青”是写陋室优美的自然环境。“谈笑有鸿儒，往来无白丁”是写陋室往来客人的脱俗。“南阳诸葛庐，西蜀子云亭。孔子云：何陋之有？”这是作者援引诸葛亮和西汉扬雄的事例，大教育家孔子的名言，有力地证明了“斯是陋室，惟吾德馨”。

6. 想象陋室周围的环境?

妙手解题

既不是门庭若市，也并非人迹罕至。人与自然有着心灵的默契，草木生长，绿意葱葱。

7. 结合文章想象作者在陋室里经常干些什么? 表明作者有怎样的志向?

妙手解题

主人情趣高雅，琴棋书画可能样样精通。作者本已才学非凡，与之交往的人更有博学的学问。作者志向：雅致淡泊、豁达乐观、不图功名利禄，追求个人品德的高尚和道德的安宁与乐观。

8. 文章题目为“陋室铭”，文中又说“何陋之有”，这样矛盾吗?

妙手解题

不矛盾。题中之“陋”为房屋的形陋，尾句的“陋”为“鄙俗”之义，指屋中主人的“德馨”，不鄙俗。

9. “苔痕上阶绿，草色入帘青”用了怎样的修辞方法? 有什么作用? “上”和“入”用在这里有何好处，突出了环境怎样的特点?

妙手解题

运用了对偶、拟人的修辞方法。把苔藓、青草写活了，有精神，有韵味，使人不觉陋室的环境凄凉荒芜，反而觉得春意盎然，生机勃勃，恬静雅致。“上”和“入”二字生动传神，化静为动，使景物有生气，而且流露出作者对这景物的喜爱之情，环境特点是恬静、雅致。

10. 刘禹锡自比诸葛亮和扬雄，他们之间的共同点是什么?

妙手解题

都具有安贫乐道、淡泊名利的君子之风，高雅脱俗而且才华横溢。

11. 《陋室铭》中表现主人交往之雅的句子是（用原文回答）______?

妙手解题

谈笑有鸿儒，往来无白丁。

12. 为什么交待陋室主人的朋友都是才华出众、学识渊博的“鸿儒”？

妙手解题

物以类聚，人以群分，俗话说：知其人必知其友，知其友亦知其人，由此我们可知：主人必是高雅之士，并且德才兼备，超凡脱俗。

13. 作者为陋室作铭，为什么要写“南阳诸葛庐，西蜀子云亭”？运用了什么手法?

妙手解题

因为诸葛庐、子云亭都是古代君子的陋室，作者借以赞自己的陋室，赞美自己的志趣和品格。这是类比的手法。

14. 在物质生活日益丰富的今天，你如何看待本文作者所表达的“惟吾德馨”的道理情操?

妙手解题

“惟吾德馨”含而不露地表现了作者安贫乐道、洁身自好的高雅志趣和不与世事沉浮的独立人格。它向人们揭示了这样一个道理：尽管居室简陋、物质匮乏，但只要居室主人品德高尚、生活充实，那就会满屋生香，处处可见雅趣逸志，自有一种超越物质的神奇精神力量。物质生活日益丰富的今天，更需要高尚的精神生活。只有保持自己的浩然正气和独立人格，才能不为利诱，不为势趋。（答到重点即可）

15. 你怎样看待作者的行为？请结合现实谈一谈。

妙手解题

刘禹锡写此文时已是贬谪生活的后期，心情比较稳定，追求安乐恬淡的生活，同时文中又有读佛经的内容，所以铭文流露了一种避世消闲的消极成分。对此应从两方面分析：当社会处于黑暗时期，文人官吏们有两个出路，一是与腐朽势力同流合污、自甘堕落。一是退一步，如孟子所说的“穷则独善其身”，保持自己的浩然正气和独立人格。相比之下，后者更值得肯定，刘禹锡选择的就是这一条路。同时，人的生活是复杂的，有张有弛，不能一味剑拔弩张，而有时也要休息娱乐。因此，不能简单地批评闲情逸致。另一方面，铭文中也反映了作者的宏伟抱负，他引用诸葛庐和子云亭是有其特殊含义的，诸葛亮是政治家，扬雄是文学家，这也是作者一生的两大理想。早年他在革新中激流勇进、雄心勃勃，贬谪后他就涉足文坛，最后终于以文学家名世。因此，文中还有积极进取的精神在内。（答到重点即可）

16. 本文短小精悍，仅81个字却数次引用典故，请你谈一谈这种写法有何妙处？

妙手解题

本文在写作上的特点是巧妙地运用比兴手法，含蓄地表达主题，开头四句既是比，又是兴，言山水引出陋室，言仙、龙引出德馨，言名、灵暗喻陋室不陋。用诸葛庐、子云亭类比陋室，表达了作者政治、文学的两大理想，最后引孔子的话作结又暗含“君子居之”的深意。其次，大量运用了排比、对偶的修辞手法，排比句能造成一种磅礴的文势，如开头几句排比，使全篇文气畅通，确立了一种骈体文的格局。对偶句易形成内容的起伏跌宕，如中间的六句对偶，既有描写又有叙述，言简意丰，节奏感强。文章还运用了代称、引言等修辞手法。（答到重点即可）

17. 《陋室铭》中既说“可以调素琴，阅金经”，又说“无竹之乱耳，无案牍之劳形”，这是否矛盾？为什么？

妙手解题

不矛盾。前者是指生活情趣高雅，后者是说没有俚语扰耳俗务缠身。

18. 你对作者的这种交友方式持何态度？

妙手解题

赞同。因为“鸟随鸾凤飞腾远，人伴贤良品自高”，结交高尚、学识渊博的人也会让自己变得高尚和渊博起来。所以，我选择朋友就选择有学问、品德高尚的人，这样才能不断进步。

不赞同。《论语》中说“三人行，必有我师焉”，每个人身上都有值得我们学习的优点，所以，我交朋友的标准不在于他是“鸿儒”还是“白丁”，只要他真诚、善良，好学上进，身上有值得我学习的地方，我都会结交他。

19. 《陋室铭》中与“时人莫小池中水，浅处无妨有卧龙”意思相近的句子。

妙手解题 水不在深，有龙则灵。

20. 点明文章主旨（中心）的句子是？表现了作者怎样的精神品质？你怎样来看待这种品格？

妙手解题 点明文章主旨的句子是“斯是陋室，惟吾德馨”。表现了刘禹锡身居陋室，却不与世俗同流合污，洁身自好的生活态度以及不慕名利、高雅淡泊，高洁傲岸的品格。我认为这种品格正是一个有才华而又具有广阔胸襟的人所应具有的。在现今社会，为一己之私利而贪赃枉法，贪慕荣华的人还是存在的，因此，提倡刘禹锡的这种不为私利、安贫乐道的精神是有现实意义的，我们应大力提倡。

中转站 18

百科知识（答案见 331 页）

1. 为什么不要看电焊火花？
2. 为什么不能关灯看电视？
3. 中华人民共和国十大元帅是谁？
4. 为什么兔子不用喝水？
5. 什么是流星？
6. 被列宁称为“中国十一世纪最伟大的改革家”是谁？
7. 古巴的官方语言是什么？
8. 伟大的国际主义战士白求恩是哪国人？
9. 景德镇素有什么之称？
10. “二十四史”的最后一部是什么？

脑筋急转弯（答案见 331 页）

1. 人为什么喜欢往上爬？

2. 大象的长鼻子是怎么长成的？

3. 一艘船最多能承受50个人，现在已经坐了49个人了，又来了一个人，那艘船却沉了，为什么？

4. 桌子上有一个蜡烛和一个煤油灯，请问先点哪一个？

5. 动物园的大象死了，为什么管理员哭得死去活来？

6. 什么东西天气越热，它爬得越高？

7、什么东西晚上才生出尾巴呢？

8. 文文在洗衣服，但洗了半天，她的衣服还是脏的，为什么？

9. 为什么彤彤与壮壮第一次见面就一口咬定壮壮是喝羊奶长大的？

10. 为什么青蛙可以跳得比树高？

猜成语（答案见 332 页）

1. 花园遇雹灾——
2. 划龙舟——
3. 华人——
4. 剪不断理还乱——
5. 化妆品——
6. 画地为牢——
7. 画家——
8. 园丁——
9. 坏事全与己无关——

第六部分

古诗词的阅读理解

课标规定小学生必背70首古诗词。一个简单的字词，在古诗词中能延伸出那么多层意思，这实在很容易让人混淆。每一篇古诗词都是一个典范，学好古诗对知识积累有很大的帮助，也能受到美的熏陶，同时还可以训练和提升思维能力和语言能力。

● 古诗词常见的知识考点

1. 理解字词意思；
2. 理解诗句意思；
3. 找出诗中押韵的字并指出韵脚；
4. 领会作者要表达的思想感情，说出自己对作品中感人的情境和形象的体验；
5. 对全诗内容的理解与概括，了解诗境；
6. 根据情景填写或运用诗句；
7. 说出诗的作者以及作者所处的年代等相关信息；
8. 对诗中修辞的掌握；
9. 说出诗的形式；
10. 翻译成白话文等。

一、古诗的分类

古诗按照不同的形式可以分为不同的类型。

（一）律诗 中国近体诗的一种，格律严密，起源于南北朝，成熟于盛唐时期。律诗要求诗句字数整齐划一。每首分别为五言、六言、七言句，简称五律、六律、七律，其中六律较少见。通常的律诗规定每首8句，如果仅6句，则称为小律或三韵律诗，超过8句即10句以上的，则称排律或长律。

通常以8句完篇的律诗，每2句成一联，计四联，习惯上称第一联为破题（也作首联），第二联为颔联、第三联为颈联、第四联为结句（也称尾联）。每首的二、三两联（即颔联、颈联）的上下句必须是对偶句。

律诗要求全首通押一韵，限平声韵；第二、四、六、八句押韵，首句可押可不押，律诗每句中用字平仄（平即普通话一声二声，仄即普通话三声四声）相间，上下句中的平仄相对，有“仄起”与“平起”两式。另外，律诗的格律要求也适用于绝句。

唐代律诗在定型化过程中和定型后，都存在变例，有些律诗不完全按照格式写作，如崔颢的《黄鹤楼》，即前半首为古体格调，后半首才合律。律诗的这种变化被称为拗体。**范例**

钱塘湖春行

白居易

孤山寺北贾亭西，水面初平云脚低。

几处早莺争暖树，谁家新燕啄春泥。

乱花渐欲迷人眼，浅草才能没马蹄。

最爱湖东行不足，绿杨阴里白沙堤。

（二）绝句 每首四句，是律诗的减半，又称“截句”“断句”“绝诗”。通常有五言、七言两种。简称五绝、七绝，也偶有六绝。绝句分为律绝和古绝。律绝是律诗兴起以后才有的，古绝远在律诗出现以前就有了。律绝跟律诗一样，押韵限用平声韵脚，并且依照律句的平仄，讲究粘对。**范例**

望庐山瀑布

李　白

日照香炉生紫烟，遥看瀑布挂前川。

飞流直下三千尺，疑是银河落九天。

（三）打油诗 另外打油诗也应掌握，打油诗是旧体诗的一种，内容和词句通俗诙谐、不拘于平仄韵律，相传为唐代张打油所创。打油诗最早起源于唐代民间，以后瓜瓞绵绵，不断发展，表现出活跃的生命力。这类诗一般通俗易懂，诙谐幽默，有时暗含讥讽，风趣逗人。

唐人张打油不过是一般的读书人，有人说他是个农民，总之是个无名小卒。但他的《咏雪》“江上一笼统，井上黑窟窿。黄狗身上白，白狗身上肿。”一鸣惊人，开创了一个崭新的打油诗体，名垂千古。此诗描写雪景，由全貌而及特写，由颜色而及神态。通篇写雪，不着一“雪”字，而雪的形神跃然。遣词用字，十分贴切、生动、传神。用语俚俗，本色拙朴，风致别然。格调诙谐幽默，轻松悦人，广为传播，无不叫绝。**范例**

咏　雪

张打油

江上一笼统，井上黑窟窿。

黄狗身上白，白狗身上肿。

二、古诗词的基本学习方法

俗话说："熟读唐诗三百首，不会作诗也会吟。"所以多读能有效加深对古诗的理解。

（一）初读古诗，知其概貌 它要求从读入手，大体了解、感知全诗写的是什么内容；对不懂的字词，可以借助工具书字词典等来解决。

（二）再读古诗，理解诗意 在初步感知的基础上，要从词到句、从句到篇连起来，由部分到整体把全诗的意思弄清楚。

（三）诵读古诗，品味诗境 在理解诗意的基础上，要通过诵读，咀嚼诗味，想象诗的意境。

（四）体味情感，勾画诗境 俗话说：诗中有画，画中有诗。当与作者的情感形成共鸣时，可通过自身的丰富想象，用笔简要地勾画出诗的意境。这样，由诗到画，将诗情画意融为一体，就会逐步取得学习古诗的最佳效果。

三、学习古诗词技巧之一诗中事物寓意大全

理解字词是学习古诗词的基础。学习古诗词首先要理解每句诗词中各个词的意思。先看注释，借助工具书、字典、词典等。其中理解诗句最重要的方法是掌握诗词中各种事物的寓意。下面对诗中常见事物做了大量收集。

（一）树木类

1. 柳：送别、留恋、伤感。

（1）"柳""留"二字谐音，经常暗喻离别。

（2）"柳"多种于檐前屋后，常作故乡的象征。

（3）"柳"絮飘忽不定，常作遣愁的凭借。

2. 松：傲霜斗雪的典范，坚挺、傲岸、坚强、生命力。诗人常用它来警世自勉

或表达自己高尚的品节。

3. 梧桐：凄凉悲伤的象征。

4. 黄叶：凋零、成熟、美人迟暮、新陈代谢。

5. 绿叶：生命力、希望、活力。

6. 竹：象征人高洁的品格，积极向上。

7. 红叶：代称传情之物，后来借指以诗传情。

（二）花草类

1. 红豆：即相思豆，借指男女爱情的信物，比喻男女爱情或朋友情谊。

2. 菊花：隐逸、高洁、脱俗。多赞其品格坚强，气质清高。

3. 梅花：傲雪、坚强、不屈不挠。

4. 莲花：

（1）由于“莲”与“怜”音同，所以古诗中有不少写莲的诗句，借以表达爱情。

（2）用于表达自己的美好品质。

花开——希望、青春、人生的灿烂。

花落——凋零、失意、人生事业的挫折、惜春、对美好事物的留恋、追怀。

5. 桃花：象征美人。

6. 兰：高洁。

7. 牡丹：富贵、美好。

8. 草：生命力强、生生不息、身份地位卑微。

9. 禾黍：黍离之悲（国家的今盛昔衰）。

10. 梅子：以其成熟比喻少女的怀春，如“倚门回首，却把青梅嗅。”（李清照《点绛唇》）

11. 丁香：指愁思或情结。

（三）动物类

1. 鸿雁：书信对亲人的思念。鸿雁是大型候鸟，每年秋季南迁，常常引起游子思乡怀亲之情和羁旅伤感。

2. 鹧鸪：鹧鸪的鸣声让人听起来像“行不得也哥哥”，极容易勾起旅途艰险的联想和满腔的离愁别绪。

3. 寒蝉：秋后的蝉是活不了多久的，一番秋雨之后，蝉儿便剩下几声若断若续的哀鸣了，命在旦夕。因此，寒蝉就成为悲凉的同义词。

4. 鸳鸯：指恩爱的夫妇。

5. 燕子：候鸟，喜欢成双成对，出入在屋内或屋檐下，为古人所青睐。

（1）将其当作春天的象征，加以美化和歌颂。

（2）燕子素以雌雄颉颃（xié hóng鸟上下飞），飞则相随，以此而成为爱情的象征。

四、学习古诗词技巧之二根据情景填写诗句

（一）远眺洞庭，平静的湖面在皎洁的月光的辉映下，明亮而迷蒙，美丽的君山在其中，你不由吟道："遥望洞庭山水色，白银盘里一青螺 。"

（二）中秋的夜晚，小芳在院子里对着一轮圆月，想着远在异乡的朋友，祈祷道："但愿人长久，千里共婵娟。"

（三）到瀑布脚下，昂首仰望，瀑布倾泻而下，撞击在岩石的棱角上溅起朵朵美丽的浪花。望着这美丽的瀑布，我不禁想起"飞流直下三千尺，疑是银河落九天 "这句诗来。

（四）昨天下午，张老师布置了一道数学思考题。晚上，我绞尽脑汁，百思不得其解，就在我"山重水复疑无路"时，爸爸走了过来，助我一臂之力。经他一点拨，我豁然开朗，真是"柳暗花明又一村"，于是迅速地解开了这道难题。

（五）老师，"春蚕到死丝方尽，蜡炬成灰泪始干"这诗句不是赞颂您燃烧自己，照亮别人的奉献精神，还能赞颂谁呢？

（六）古往今来，无数仁人志士为了祖国，抛头颅洒热血，文天祥说道：" 人生自古谁无死，留取丹心照汗青 "，陆游临终前还告诫儿子："王师北定中原日，家祭无忘告乃翁"，王昌龄发出了" 黄沙百战穿金甲，不破楼兰终不还"的满腔豪情。

（七）爷爷70大寿，亲朋好友都前来祝贺。大家祝爷爷"福如东海，寿比南山"，可爷爷却叹道：" 夕阳无限好，只是近黄昏"。我赶紧把爷爷的话打住："老骥伏枥，志在千里。烈士暮年，壮心不已。"爷爷，你的身子骨比年轻人还壮实。"爷爷笑了，摸摸我的头："就你会耍贫嘴！"

（八）人们常用杜甫的"随风潜入夜，润物细无声"一句来形容老师对学生默默无闻的培育，潜移默化的熏陶。唐朝大诗人王昌龄用"洛阳亲友如相问，一片冰心在玉壶"来表白自己坚贞的操守，光明磊落的品格。曹植质问哥哥苦苦相逼的诗

句："本是同根生，相煎何太急。"

（九）"小荷才露尖尖角，早有蜻蜓立上头。"刚刚开始开放的荷花，亭亭玉立，令人喜爱，而盛开的荷花却是"接天莲叶无穷碧，映日荷花别样红。"

（十）春天的大地到处生机勃勃，花园里开满了鲜花，红的、黄的、白的、紫的，五彩缤纷，争奇斗艳，真是"等闲识得东风面，万紫千红总是春。"

（十一）一个人要想不被社会所淘汰，就必须读书，正如宋代大文字家朱熹所说："问渠哪得清如许，为有源头活水来。"当然，光读书是远远不够的，要想做一个真正有学问的人，就必须把读书和实践结合起来，正如陆游在《冬夜读书示子聿》中写的："纸上得来终觉浅，绝知此事要躬行。"

（十二）《暮江吟》这首诗，"一道残阳铺水中"一句交待"半江瑟瑟半江红"的原因。

（十三）儿童是那样天真可爱，"路人借问遥招手，怕得鱼惊不应人。"怕鱼儿吓走时的担心；"儿童散学归来早，忙趁东风放纸鸢"写出了儿童放风筝时的天真；"最喜小儿无赖，溪头卧剥莲蓬"写出了儿童剥莲蓬时的稚态；"童孙未解供耕织，也傍桑阴学种瓜"写出了儿童模仿大人种瓜时的讨人喜欢的样子。

（十四）"嫦娥一号"的升空让我们浮想联翩：寂寞的牛郎织女，"如今直上银河去，同到牵牛织女家。"

（十五）有时候，有些人对自己所处的环境下正在做的事情反而不及旁人看得清楚，这就是人们常说的"当局者迷，旁观者清。"宋朝诗人苏轼在《题西林壁》中的诗句"不识庐山真面目，只缘身在此山中"说的就是这个朴素的道理。

（十六）灾情就是命令，解放军官兵义无反顾地奔赴灾区抗震救灾。他们置个人生死于不顾，争分夺秒地抢救被困者。我想对在这场特殊的战斗中牺牲的战士们说："人生自古谁无死，留取丹心照汗青。"人民不会忘记你们，你们将永留史册！

（十七）汶川地震发生后，很多地方顷刻间夷为平地，面对失去家园、失去亲人的灾民，我想说："千磨万击还坚劲，任尔东西南北风。"只要我们像竹子一样顽强，就没有战胜不了的困难！

（十八）秋天到了，很多树叶渐渐枯黄了，飘飘悠悠地落下来，有人感到可惜，"常恐秋节至，焜黄华叶衰"；有人却吟出了"停车坐爱枫林晚，霜叶红于二月花"这样的诗句表达对秋叶的喜爱之情。

（十九）开发大西北，退耕还林、退耕还草，在不久的将来，祖国的大西北将会重现"天苍苍，野茫茫，风吹草低见牛羊"的迷人景象。

五、例题解析（例题选自教材）

（一）写出下列诗句运用了什么修辞手法

1. 两个黄鹂鸣翠柳，一行白鹭上青天。（ 对偶 ）
2. 莫愁前路无知己，天下谁人不识君？（反问 ）
3. 白发三千丈，缘愁似个长。（ 夸张 ）
4. 危楼高百尺，手可摘星辰。（夸张 ）
5. 煮豆燃豆萁，豆在釜中泣。（拟人 ）
6. 大漠沙如雪，燕山月似钩。（比喻、对仗 ）
7. 问渠哪得清如许？为有源头活水来。（设问 ）
8. 忽如一夜春风来，千树万树梨花开。（夸张）

（二）诗句中的人物

江晚正愁余（余：辛弃疾）。

落花时节又逢君（君：李龟年）。

笑问客（客：贺知章）从何处来 。

平明送客（客：辛渐 ）楚山孤。

故人（故人：孟浩然）西辞黄鹤楼 。

西出阳关无故人（故人：老朋友）。

却看妻子（妻子： 妻子和儿子）愁何在。

春　望

（唐）杜甫

国破山河在，城春草木深。
感时花溅泪，恨别鸟惊心。
烽火连三月，家书抵万金。
白头搔更短，浑欲不胜簪。

1. 从诗的表现形式上分这首诗属于律诗还是绝句？

妙手解题

律诗和绝句要重点掌握，也是考点之重。前面理论知识讲了，这首诗从表现形式上看属于五言律诗。

2. 请展开想象，描述“白头搔更短，浑欲不胜簪”所展现的画面，并揭示诗句的含义。

妙手解题

面对沦陷的山河，一位满头白发的老人因焦虑忧愁不停地挠头叹息。老人昔日那长长的头发如今纷纷断落，已经短得无法梳髻插簪。诗句所描写的这一细节，含蓄而深刻地表现了诗人忧国思家的情怀。（画面描写、揭示含义，意同即可）

3. 这首诗抒发了诗人怎样的思想感情?

妙手解题

反映了诗人热爱祖国，思念家人的感情。

4. “感时花溅泪，恨别鸟惊心”历来为人们所称道，请你说说好在哪里?

妙手解题

①诗人触景生情，原本能愉悦心情的花鸟，但因感时恨别，诗人见了反而落泪惊心，更烘托了自己“感时”“惜别”之悲。

②诗人移情于景，以花鸟拟人，感时伤别，花也溅泪，鸟也惊心，其实是诗人自己内心感情的写照，形象动人。

5. 请简要说说作者是怎样通过写景来表达内心世界的。

妙手解题

描写破败的春城，草木蔓生，花也落泪，鸟也惊心，感时忧国，思家念亲，借景抒情，深沉真挚。

6. “烽火连三月，家书抵万金”成为千古传诵的名句，请你从形式和内容上对这两句诗做简要评析。

妙手解题

用对偶的手法写出了安史之乱的战火连绵不断，诗人跟家人难通音信，此时的一封家信显得极其珍贵，可以胜过万金，表达了诗人眷念家人的美好感情。尤其是“家书抵万金”写出了消息隔绝、久盼音信不至的急迫心情，使人产生共鸣。

7. “烽火连三月，家书抵万金”一句中“抵万金”的含义是什么？表达了诗人怎样的思想感情？

妙手解题

“抵万金”写家书的珍贵，表达了他对妻子儿女的强烈思念之情。

8. 说说你对“国破山河在，城春草木深”两句的分析。

妙手解题

这两句诗写春望所见。一个“破”字，视野从城到山河，触目惊心；一个“深”字，视野从满城到花鸟，满目凄然。诗人的感情由隐而显，由弱而强，步步推进。两句诗对仗工巧，圆熟自然，诗意变化。“国破”对“城春”，两意相反，“国破”的残垣断壁同富有生机的“城春”对举，对照强烈。诗意变化的又一例为“国破”与“山河在”。前写国都沦陷，城池残破，后写山河依旧，意思相反；“城春”与“草木深”前写明媚春景，后叙荒芜之状，前后相悖，这种诗意的变化，突出了山河破败的景象。（答到重点即可）

9. 解说颔联“感时花溅泪，恨别鸟惊心”的意思，并评析此联的表达技巧。

妙手解题

因为感伤时事，看见花开也流泪；怅恨与家人离别，听见鸟鸣也惊心。（或：因为感伤时事，花儿也为之流泪；因为怅恨离别，鸟儿也为之惊心）寓情于景，形象地表达了自己的思想感情。（或：移情于物。答“反衬”或“以乐景写哀情，倍增其哀”也可。）

10. 评析此诗的表达技巧。

妙手解题

诗人目睹沦陷后的长安之萧条零落，身历逆境思家情切，不免感慨万端。诗的一、二两联，写春城败象，饱含感叹；三、四两联写心念亲人境况，充溢离情。全诗沉着蕴藉，真挚自然，反映了诗人热爱祖国，眷怀家人的感情。意脉贯通而平直，情景兼备而不游离，感情强烈而不浅露，内容丰富而不芜杂，格律严谨而不板滞。

11. 你认为“国破山河在，城春草木深”中哪个字用得好？请做简要赏析。

妙手解题

示例一：“破”字用得好。一个“破”字，写出了国都沦陷，城池残破的景象，使人触目惊心。

示例二：“深”字用得好。一个“深”字，写出了乱草遍地，林木苍苍的景象，令人满目凄然。

12. 说出这首诗每联的名称。

妙手解题

这首律诗是以8句完篇的，每2句成一联，计四联，习惯上称第一联为破题（也作首联），第二联为领联、第三联为颈联、第四联为结句（也称尾联）。

题西林壁

横看成岭侧成峰，远近高低各不同。
不识庐山真面目，只缘身在此山中。

1. 理解字词的意思：题、侧、只缘。

妙手解题

做这样的题，一般有诗的注解，首看注解，若没有注解，可根据诗大意理解，若方便最好使用工具书进行排查筛选。

题：书写；侧：侧面；只缘：只因为。

2．《题西林壁》的作者是__________代诗人__________。前两句写了诗人从______________、______________不同的角度，处在__________、___________、__________、__________不同位置观看_______________的感觉。这两句诗的意思是____________________。

妙手解题

诗的作者是大多数古诗的考点，诗的作者一定记牢，可以采用归纳法记忆，即理解每位大诗人的作品。《题西林壁》的作者是宋代诗人苏轼。前两句写了诗人从正面、侧面不同的角度，处在远、近、高、低不同位置观看庐山的感觉。这两句诗的意思是从正面看，整个庐山是一道道连绵起伏的山岭；再写从侧面看，它是一座座高峻峭立的险峰。站在远处、近处、高处、低处看，庐山变幻万千，呈现不同的景象。

3．俗话说："当事者迷"。诗中有哪句诗说明这个道理？你还积累了哪些富有人生哲理的诗句？（两句）试着写下来。

妙手解题

这也是诗的重点考点之一，小学阶段类似的诗句并不多，可以总结归纳一下。诗中"不识庐山真面目，只缘身在此山中"说明了"当事者迷"这个道理。（山重水复疑无路，柳暗花明又一村）

4．这是一首律诗还是绝句？

妙手解题

只要是四句的古诗都是绝句。绝句是律诗的减半，又称"截句""断句""绝诗"。通常有五言、七言两种。简称五绝、七绝，也偶有六绝。

5．说说诗的后两句的意思？你受到了什么启发？

妙手解题

诗的后两句的意思是看不到庐山各种不同的样子，原因是我人处在庐山之中。我受到的启发是对比较复杂的事物，如果不能客观地、冷静地进行调查分析，就容易主观地被局部的现象所迷惑，不能全面、正确地认识这个事物。

中转站19

百科知识（答案见332页）

1. “高尔夫”一词来自何种语言？　　2. “驸马”一词起源于何时？

3. 引起中毒的“煤气”中的主要有毒气体是什么？

4. 诺贝尔文学奖是从什么时候开始评选的？

5. “东风不与周郎便，铜雀春深锁二乔”是哪位诗人写的诗句？

6. 妈妈生急病时，应马上拨打什么急救电话？

7. 鸟站在裸露高压线上也不会触电，为什么？

8. 古时“花甲”是指多少岁？　　9. 现代汉语中有多少个韵母？

10. 2008年在北京举行的是第几届奥运会？

脑筋急转弯（答案见332页）

1. 什么东西没吃的时候是绿的，吃的时候是红的，吐出来的是黑的？

2. 为什么太阳天天都比人起得早？　　3. 什么船最安全？

4. 山坡上有一群羊，来了一群羊。一共有几群羊？

5. 想把梦变成现实，第一步应该干什么？

6. 大熊猫一生中最大的遗憾是什么？

7. 老板从来不去厨房，可他会烧相同的一道菜，请问这是什么菜？

8. 读书人最难堪的事是什么？

9. 牛的舌头和尾巴在什么时候遇在一起？

10. 借什么可以不还？

猜成语（答案见332页）

1. 画菊——　　2. 话剧——　　3. 话务员——

4. 坏典型——　　5. 白了少年头——　　6. 白了尾巴尖子的狐狸——

7. 白脸蛋上打粉——　　8. 白猫画云彩——　　9. 白糖嘴巴刀子心——

第七部分

现代诗歌的阅读理解

现代诗歌泛指从胡适提倡白话诗开始发展至今的新诗。它是一种用丰富新奇的想象和富有节奏、韵律的语言，高度概括地歌唱生活、抒发感情的文学体裁。

现代诗歌的节（相当于文章的自然段）数、每节的行数、每行的字数都没有固定的规格。虽然注意节奏，也有押韵，但押什么韵，换韵的位置，是否换韵等，也不强求一样。艾青的许多诗歌都是现代诗歌。

● **现代诗歌常见的知识考点**

1. 对全诗内容的理解与概括。如：仔细体会诗歌内容，说说它抒发了诗人怎样的感情等，传达出诗人怎样的心境或情怀等？

2. 语言的品析，关键词的诠释。如：《我爱这土地》（艾青），如何理解“土地”“河流”“风”“黎明”的含义？

3. 修辞方法的理解。如：说出对诗中修辞手法的分析等。

4. 诗歌的朗读节奏。如：划出关于这首诗歌朗读的节奏等。

5. 找出诗中押韵的字并指出韵脚。

6. 对诗歌意境的体味。如：写出你最欣赏的一句诗，并简要谈谈欣赏的理由等。

7. 表达技巧的考查，表现手法的评判。如：《我爱这土地》中，情与景是怎样交融的？

8. 表达读后的感悟或启示。如：说说你读了这首诗后的体验和感受等。

9. 鉴赏评价。如：对下面同一主题的两首诗歌试比较其异同。又如：请自选一个角度，对诗歌做百字左右的简单评析。

10. 写作训练。如：《我遥望》中，根据你对诗歌的理解，将这首诗改写成一篇一百字的小散文；又如：仿照此诗句式写几句等。

11. 领会作者要表达的思想感情；说出自己对作品中感人的情境和形象的体验等。

12. 写出诗的节意。诗歌不存在分段的题目。

一、诗歌的分类

（一）按表现形式分

1. 现代格律诗 闻一多先生在20世纪30年代，何其芳先生在20世纪50年代曾进行尝试的诗体。（如：闻一多的《死水》）

2. 自由体诗 特点是在语言形式上不受格律的限制，较为自由。（如：冰心的《繁星》《春水》）

3. 民歌 人民群众集体创作并能口碑相传的诗体，具有生活性、想象性、传诵性，且无固定样式和格律限制，常用比兴和夸张手法。如《回延安》，它是一首以陕北民歌“信天游”形式写成的新诗。信天游是陕北民歌的一种形式，它的曲调纯朴、高亢、悠长，节奏自由。歌词通常为两句一段，段数不等，但基本上以七字句为主。句中多用叠音字，多用比兴、夸张等修辞手法，较讲究押韵，可演唱。

4. **散文诗** 作为一种独立的文学体裁诞生于十九世纪中叶，中国的散文诗是近现代发展起来的，是兼抒情诗和散文特点于一身的一种诗体。语言具有诗的内在节奏感和音乐美，常用暗喻和象征。形式上具有散文的特点，不分行排列、不讲究押韵。（如：鲁迅的《雪》）

（二）按表达方式分

1. **抒情诗**

2. **叙事诗**

3. **哲理诗等**

二、诗歌的阅读方法

（一）要借助联想、想象感受诗的形象，进而深入体味诗中要暗示或启迪读者的东西。

（二）要领悟作者借助比喻、拟人、象征、夸张、联想、想象等手法创造的意境，即作者所描绘的生活图景和所表现的思想感情融合一致而形成的艺术境界。

（三）要品味诗歌语言的精练美和音韵美。

诗歌往往是作者瞬间感受或偶感，多读多悟，才能准确地把握诗歌结构与语言的特点。因此阅读时应把握诗中物象的基本含义；重视手法，把握意境；立足整体，抓住诗眼，把握诗歌的情韵与主旨。只有在弄清主要物象、把握意境的基础上，突破关键词句，才能准确地把握诗的情感倾向与主旨，且要立足共性，注意类别，把握不同诗体的不同特点。除以上三种技巧外，还可借助以下的技巧。

技巧一 整体把握与关键词语、表达技巧的体会。

1．初读时要整体把握，感悟主人公的情感倾向。

2．抓住关键词语，感悟形象所蕴涵的深层意义。

3．感悟诗歌文字表达的技巧。鉴赏时要从诗歌表达的特点出发，如诗的哲理性，象征、比喻、铺排的运用，结构与独特的用语等方面。

技巧二 阅读诗歌的四个步骤。

1．朗读吟诵，整体感受。

2．由表入里，体悟情感。

3．展开想象，捕捉意境。

4. 品味语言，领略其含蓄美、音韵感、节奏感。

技巧三 巧用答题格式、答题语言的运用。

诗歌赏析的一般步骤是：

“为何写”可用这样的答题句式表达：抒发……的思想感情，反映……的社会现实，表现……的情趣，寄托……的情怀（爱慕、愁绪、惆怅、苦闷等），表达……的追求，流露……的倾向，发出……的感慨，袒露……的心迹。

诗歌主旨可用这样的答题句式：这首诗采用了……（表达方式、修辞手法、表现手法）写法，写出了（意象）的……特点，表现了（突出了）……思想（感情），起到了……作用。

三、概括诗歌节意的方法

在诗歌的阅读中，因诗歌的体裁风格，就没有段落大意的说法，只有写节意的题目。写节意和记叙文的段意是一样的方法，但因诗歌没有具体的故事情节和事物，写节意更多是领会作者的情感，从情感中感悟作者所要表达的内容，提炼所表达的内容就是节意。

四、诗歌朗诵的节奏方法

现代诗歌中的节奏，指的是朗读时短暂的停顿，以便把诗人的情感、诗的韵律充分表达出来。划分节奏常用的方法有：

（一）根据词或词组划分 一般来说，一个单个的词或意思紧密的词组就是一个节奏。

例如 于是，怀着|一种|隐秘的|想望|有一天|我|终于|爬上了|那个|山顶（王家新《在山的那一边》。

（二）根据意思划分 一般来说，诗句中可以单独拿出来，表示一个意思的相对独立的词或词组就是一个节奏。

例如 饥寒的|年代里，理想|是|温饱。（流沙河《理想》）这里的“饥寒的”“年代里”分别是意思相对独立的词组，应看作一个整体，构成一个节奏。“理想”“是”和“温饱”是单个的词，也都分别表示是一个相对独立的意思，构成一个节奏。

（三）根据语法结构划分 一般说来，一个完整的句子是由主语、谓语、宾语组成，朗读停顿往往在主谓之间、动宾之间或修饰语和中心语之间，这样划分是符合句子意思的完整表达的。

（四）综合法（综合词、词组和意思、语法结构来划分） 在具体的诗句中，各种情形都会碰到，因此，只有把几种方法结合起来，划分节奏才能得心应手。

五、例题解析

唯一的光明

泰戈尔

如果所有人都害怕而离开了你，
那么，你，一个不幸的人，
就敞开心扉，孤军前进！
如果无人在狂风暴雨的茫茫黑夜里高举火把，
那么，你，一个不幸的人，
让痛苦点燃你心中的明灯，
让它成为你唯一的光明。

1．说说你对“如果无人在狂风暴雨的茫茫黑夜里高举火把，那么，你，一个不幸的人，让痛苦点燃你心中的明灯，让它成为你唯一的光明”的理解。

妙手解题 类似的诗句，可按照语句是褒义性的方式来理解，也就是说要往好的积极的方面去理解，只要包含人生正面的道理去解释题意即可。此句包含着诗人对生命真谛的认识和理解。不绝望，不消沉，充满着搏击困苦生活的激情，是激励我们前进的强者的座右铭。

2．这首短诗被誉为“强者的座右铭”，请根据本诗内容，说说这是为什么？

妙手解题 以同题1的理解方法一样。诗意充满了鼓舞力与激情，面对孤独能勇敢前进，把孤独的痛苦作为照亮自己前进的明灯。

3．朗读这首诗应该带着怎样的感情？采用怎样的语速？

妙手解题

在感情把握上，最后两句要高亢、激昂，前面平和坚定。一定不要背离原文的感情，如悲伤、绝望、消沉、忧郁等这样的情感就不行。语速的把握上，与所认定的感情要一致，快慢结合，除最后两句要稍提速外，前面几句就缓和均匀。

纸　　船

冰心

——寄母亲

我从不肯妄弃了一张纸，
总是留着——留着，
叠成一只一只很小的船儿，
从舟上抛下在海里。

有的被天风吹卷到舟中的窗里，
有的被海浪打湿，沾在船头上。
我仍是不灰心的每天的叠着，
总希望有一只能流到我要它到的地方去。

母亲，倘若你梦中看见一只很小的白船儿，
不要惊讶它无端入梦。
这是你至爱的女儿含着泪叠的，
万水千山，求它载着她的爱和悲哀归去。

1．诗末“求它载着她的爱和悲哀归去”，其中“它”“她”和“悲哀”各指代什么？

妙手解题

纵读全文，会明显感受到作者的思乡之心。“它”指代纸船；“她”指作者；“悲哀”指远离亲人、朋友和祖国的悲哀。

2．全诗共三节，归纳其节意，并写出诗的节意。

妙手解题 在诗歌阅读中，因诗歌的体裁风格，就没有段落大意的说法，只有写节意的题目。写节意和记叙文的段意是一样的方法，但因诗歌没有具体的故事情节和事物，写节意更多是领会作者的情感，从情感中感悟作者所要表达的内容，所表达的内容就是节意。

（1）第一节：写作者从不废弃纸张，把纸叠成船儿放到海里。

（2）第二节：写作者思念之情，难以传递到母亲身边的痛楚。写作者的愿望以及对“纸船”的希望。

（3）第三节：写纸船借助想象竟然超越茫茫海天的阻隔，最后飞越到母亲的梦里。

3．谈谈对作者写作手法的看法以及对诗意的感受。

妙手解题 第一节，写行动：我不肯妄弃了一张纸，总是留着——留着。接连两个“留着”，不仅形成了诗韵的旋律感，也使诗人执著的情感得以强化。叠成一只一只很小的船儿，从舟上抛下在海里。与前两句衔接，这“一只一只”，自然是说船儿虽小而数量却多，体现出诗人这一行动的意切情真。

第二节，写意愿。前两句：有的被天风吹卷到舟中的窗里，有的被海浪打湿，沾在船头上。乍看似写自然环境的无情干扰，其实是表达诗人内心的痛楚。她知道，自己此去，与亲人将相隔万里，短期内是无法相聚的。然而她坚信，母女之间的亲情，是风吹浪打不能拆开，万水千山不能隔断的。因之下两句随即接写：我仍是不灰心的每天叠着，总希望有一只能流到我要它到的地方去。

梦境。人们在思念至深时，往往寄希冀于梦幻。冰心相信，她想念母亲，母亲也在想念她。她叠的小船儿，定会漂流到母亲的梦里。她只希望母亲，不要惊讶它无端入梦。因为，这是你至爱的女儿含着泪叠的，万水千山，求它载着她的爱和悲哀归去。

4．诗句“总是留着——留着”。接连两个“留着”，有什么作用?

妙手解题 此句虽没用修辞手法，但有排比修辞之感，可借鉴排比的作用。诗就要谈诗的旋律，所以此句形成了诗韵的旋律感，使得句子有气势，使诗人执著的情感得以强化。

5. **请归纳出本诗的主旨。**

妙手解题 抒发了作者思念亲人、朋友和祖国的感情，也表达了她对亲人与祖国的眷恋、挚爱。

6. **下列划分的节奏有误的一项是（　　）。**

A. 我／从不肯／妄弃了／一张纸，

B. 总是／留着／——留着，

C. 叠成／一只一只／很小的／船儿，

D. 从舟上／抛下在／海里。

妙手解题 朗诵诗歌一般词组或短语相连。D（应划为：“从舟上／抛下／在海里。”）

母亲的爱

汪国真

我们也爱母亲
却和母亲爱我们不一样
我们的爱是溪流
母亲的爱是海洋

芨芨草上的露珠
又圆又亮
那是太阳给予的光芒

四月的日子
半是灿烂　半是辉煌
那是春风走过的地方

我们的快乐
是母亲脸上的微笑
我们的痛苦

是母亲眼里深深的忧伤
我们可能走得很远很远
却总也走不出母亲心灵的广场

1．依次找出诗中押韵的字填上拼音并指出韵脚。

妙手解题

现代诗歌里的押韵和韵脚跟古诗的一样。通俗理解就是读起读音顺口的字，它们的韵母是相同的。本文中的样（yàng）、亮（liàng）、芒（máng）、煌（huáng）、方（fāng）、伤（shāng）、场（chǎng）押韵，韵脚为ang。

2．这首诗歌抒发了作者什么样的思想感情？

妙手解题

对母亲的热爱，赞美母爱的伟大无私。

3．“我们的爱是溪流／母亲的爱是海洋”，这两句采用了哪些手法？有什么作用？

妙手解题

用了比喻、对比、对偶的修辞手法，这样的运用更加形象地突出了母爱的伟大和无私。

4．怎样理解“我们可以走得很远很远　却总也走不出母亲心灵的广场”的意思？

妙手解题

用生活中直白的语言理解为：我们虽然走得很远很远，母亲总是牵挂着我们，惦念着我们。

5．诗歌开头“我们也爱母亲”一句用了一个“也”字，它是承接什么意思而来的？

妙手解题

只有前后文内容中有相似的部分，在重复前面或后面的部分才会有用“也”字，所以文中“我们也爱母亲”是承接了“母亲爱我们”。

中转站 20

百科知识（答案见 332 页）

1. “五谷丰登”中的“五谷”是指哪五种农作物？
2. 漫画起源于哪个国家？
3. 被列为“世界十大文豪”之一的中国文学家是谁？
4. 《本草纲目》的作者是谁？
5. 发生“日食”是由于月亮挡在地球与太阳之间，对吗？
6. 成都的市花是什么花？
7. 鸟类中最小的是什么鸟？
8. 昙花在什么时候开？
9. 冰糖是用白砂糖做的吗？
10. “白色污染”是指哪一类污染？

脑筋急转弯（答案见 332 页）

1. 什么时候四减一会等于五？
2. 什么东西愈生气，它便愈大？
3. 被鳄鱼咬和被鲨鱼咬后的感觉有什么不同？
4. 哪种竹子不长在土里？
5. 黑头发有什么好处？
6. 什么鸡没有翅膀？
7. 有个人说用牙齿可以判断鸡的年龄，为什么？
8. 什么贵重的东西最容易不翼而飞？
9. 人在什么情况下会七窍生烟？
10. 有一种东西，买的人知道，卖的人也知道，只有用的人不知道，是什么东西？

猜成语（答案见 332 页）

1. 白仙鹤长了个秃尾巴——
2. 白衣女——
3. 说话很多——
4. 白纸上写墨字——
5. 百分表——
6. 拜观音得子——
7. 拜在隐者门下——
8. 板门店谈判——
9. 办喜事贴喜字——

第八部分

阅读理解基础知识

语文的基础是指除阅读写作以外的知识，在阅读理解的考试中，基础部分的知识又起着举足轻重的作用，如：看拼音写汉字或给字词注音、关联词的运用、病句的修改、句子的仿写等。因此，阅读理解的同时也要重视基础部分的重点内容，为此为大家归纳总结了部分语文基础知识的重点难点。

第一章
汉语拼音

汉语拼音是帮助识字和学习普通话的工具。在小学阶段要求熟练掌握声母、韵母、拼音、声调、整体认读音节和一些拼写规则，能正确地拼读、拼写音节；能按顺序背诵、默写字母表，认识大写字母，会用音序查字典；能运用拼音识字、正音和学习普通话。

● 拼音常见的知识考点

1. 正确认读声母、韵母，记住16个整体认读音节。
2. 熟记《汉语拼音字母表》，记住26个大小写字母的写法。
3. 熟练、准确地拼读音节，借助汉语拼音给字注音或根据拼音写字句。
4. 掌握汉语拼音拼写规则。
5. 读准声调，按汉语拼写规则给音节标声调。

绝大多数拼音是由声母、韵母、声调三部分组成的，一般说来，一个汉字就是一个音节。起头的音节叫声母，声母后面的音节叫韵母。

一、汉语拼音字母（26个）

汉字有约6万个，这约6万个汉字的读音是由拼音拼读的。拼音则是由26个字母组合成，26个字母可以组合成一千多个拼音。

26个字母分别是： a b c d e f g h i j k l m n o p q r s t u v w x y z

Aa（啊） Bb（玻） Cc（雌） Dd（得） Ee（鹅） Ff（佛）Gg（哥） Hh（喝） Ii（衣） Jj（基） Kk（科） Ll（勒） Mm（摸） Nn（讷） Oo（喔） Pp（坡） Qq（欺） Rr（日） Ss（思） Tt（特） Uu（乌） Vv Ww（巫） Xx（希） Yy（医） Zz（资）

二、汉语拼音声母（23个）

拼音是由声母和韵母组成的，音节开头的辅音叫声母。如wǒ中w是声母。《汉语拼音方案》中声母21个，小学教材将起隔音作用的w、y当作声母，这样小学拼音中声母就有23个了。

声母发音不响亮，必须配上合适的韵母，才能发出较大的声音。

普通话的声母按照发音部位可以分为7类：

（一）双唇音有3个（b、p、m）；

（二）齿唇音有1个（f）；

（三）舌尖前音有3个（z、c、s）；

（四）舌尖中音有4个（d、t、n、l）；

（五）舌尖后音有4个（zh、ch、sh、r）；

（六）舌面前音有3个（j、q、x）；

（七）舌面后音有3个（g、k、h）。

普通话的声母按照发音方法可以分为5类：

（一）塞音有6个（b、p、d、t、g、k）；

（二）鼻音有3个（m、n、ng，其中只有m、n作声母）；

（三）擦音有6个（f、h、x、sh、s、r）；

（四）边音有1个（l）；

（五）塞擦音有6个（j、q、zh、ch、z、c）。

普通话的声母按照发音时声带振动与否又可分为清音、浊音两类。普通话声母中除了m、n、l、r为浊音外，其余都是清音。

普通话的声母按照发音时气流强弱，又可分为送气音和不送气音两类。送气音和不送气音是成对的，如b和p、d和t、g和k、z和c、zh和ch、j和q。

三、汉语拼音韵母（24个）

韵母是汉字字音的后一部分，它的发音气流不受阻，声音响亮。普通话有39个韵母，其中23个由元音充当，16个由元音附带鼻辅音韵尾构成。小学生学习其中的23个。

按韵母的结构特点，一般把韵母分为三类，即：单韵母、复韵母、鼻韵母。

第一类是6个单韵母：a、o、e、i、u、ü。

第二类是9个复韵母：ai、ei、ui、ao、ou、iu、ie、üe、er。

第三类是鼻韵母：5个前鼻韵母 an、en、in、un、ün，4个后鼻韵母 ang、eng、ing、ong。

四、声调符号

声音的高低升降叫声调。声调是音节结构中不可缺少的组成部分，声调能区别汉字及词义，如“山西”与“陕西”、“题材”和“体裁”、“练习”和“联系”等若声调读不准就会出错。

阴平（ˉ）（一声）

阳平（ˊ）（二声）

上声（ˇ）（三声）

去声（ˋ）（四声）

五、标调

声调符号标在音节的主要母音上，轻声不标。例如：

妈 mā（阴平） 麻 má（阳平） 马 mǎ（上声） 骂 mà（去声） 吗 ma（轻声）（关于轻声变调的语音现象的详细讲解，见《阅读公式练习册小学中年级》150页（七）的“答题解析”。）

标调口诀：a母出现不放过，（即韵母中凡是有a的，标在a上。如lao，标在a上）没有a母找o、e，（没有a，但有o或e的，标在o或e上，如lou标在o上，lei标在e上）i、u并列标在后，（i和u并列时，标在后面，比如liu，标在u上，gui，标在i上），i上标调点不搁，单个韵母不必说。（单个的韵母，当然就标它上面了）

声母表

b	（玻）	p	（坡）	m	（摸）	f	（佛）
d	（得）	t	（特）	n	（讷）	l	（勒）
g	（哥）	k	（科）	h	（喝）	j	（基）
q	（欺）	x	（希）	y	（依）	w	（屋）
zh	（知）	ch	（吃）	sh	（诗）	r	（日）
z	（资）	c	（雌）	s	（思）		

韵母表

		i	（衣）	u	（乌）	ü	（迂）
a	（啊）	ia	（呀）	ua	（蛙）		
o	（喔）			uo	（窝）		
e	（鹅）	ie	（耶）			üe	（约）
ai	（爱）			uai	（歪）		
ei	（诶）			uei	（威）		
ao	（熬）	iao	（腰）				
ou	（欧）	iou	（忧）				
an	（安）	ian	（烟）	uan	（弯）	üan	（冤）
en	（恩）	in	（因）	uen	（温）	ün	（晕）
ang	（昂）	iang	（央）	uang	（汪）		
eng	（亨）	ing	（英）	ueng	（翁）		
ong	（轰）	iong	（雍）				

汉语拼音方案在拼写汉字时还有一些特别的规定。

（一）“知、吃、诗、日、知、雌、思”等字的韵母是i，拼音分别为 zhi、chi、shi、ri、zi、ci、si。

（二）i 行的韵母前面没有声母时，i 改用 y，写成 yi（衣），ya（呀），ye（耶），yao（腰），you（忧），yan（烟），yin（因），yang（央），ying（英），yong（雍）。

（三）u 行的韵母，前面没有声母时，u改用w，写成wu（乌），wa（蛙），wo（窝），wai（歪），wei（威），wan（弯），wen（温），wang（汪），weng（翁）。

（四）ü 行的韵母，前面没有声母时，写成 yu（迂），yue（约），yuan（冤），yun（晕）。

（五）ü 行的韵母跟声母 j、q、x 拼的时候，ü 写成u，如ju（居），qu（区），xu（虚）。

（六）ü 行的韵母跟声母n、l 拼的时候，仍写成 nv（女），lv（吕）。

（七）iou、uei、uen 前面加声母时，改为 iu、ui、un，例如 niu（牛），gui（归），lun（论）。

六、16个整体认读音节

声母和韵母不相拼的音节。

zhi chi shi ri zi ci si yi wu yu ye yue yin yun yuan ying

七、隔音符号

ɑ 、o、e开头的音节连接在其他音节后面的时候，如果音节的界限发生混淆，用隔音符号（'）隔开，例如pi'ɑo（皮袄）等。

八、注意儿化音变

“er（n）”作为词尾带在别的字后面，它不能单独构成一个音节，而是和前面一个音节连在一起，使前一音节的韵母带上一个卷舌动作的尾音，这叫儿化韵。拼写儿化韵时，只要在儿化音节的韵母之后加上一个“r”即可。如红花儿（hóng huār）。

九、掌握大写字母的用法

（一）一个句子的开头的第一个字母要大写。如：Yì tiáo dà yú yóu dào hǎi dǐ qù le。

（二）诗歌每一行开头的第一个字母要大写。如：Chuáng qián mǐng yuè guāng，Yí shì dì shàng shuāng。

（三）国名、地名等专用名词要连写，第一个字母要大写。如：Shàng hǎi，Lán zhōu。

（四）姓名算两个专用名词，姓和名第一个字母都要大写。如：Máo Zé dōng。

（五）图书封面、宣传标语、商标和商店名称等文字的拼写全用大写字母，这时可以不标声调，如：JINDASHANGSHANGSHA。

中转站21

侦探推理小故事（答案见332页）

钢笔破案

接到报警，警方在一所豪华别墅发现一人受害，年纪不大。在其身边有一封遗书，从最后落款日期看已经有一个礼拜了。遗书内容无非是悲观厌世，缺乏乐趣之类的话，遗书是用钢笔所写，钢笔就扔在死者脚下，没有笔帽。

报案人是别墅里的看护，他对警方说，大约一个礼拜前他曾听到主人房间发出一种奇怪的声音。可他没敢上去，因为当时只有女主人单身一人在家，恐有不便。

警探是个很心细的人，他拿起掉在地上的钢笔。很快他断定遗书是伪造的，报案的看护成了重点嫌疑对象。经核对笔迹，证明他就是凶手。

警探怎么知道遗书是伪造的呢？

第二章 “一、七、八、不、啊”的变调规律

在普通话中，“一、七、八、不、啊”在与其他音节连接时，会发生一种有规律的变调现象。

一、“一”的变调

“一”的本调是一声，它在单独使用、用在词句末尾或作为序数“第一”的省略时，仍读一声。例如：二十一、第一、初一、一班、一。

在下面几种情况下，“一”会发生变调现象。

（一）在四声前念二声。例如：一样、一下子、一座、一位、一次、一块儿。

（二）在一声、二声、三声字前念四声。例如：大吃一惊、一般、一年、一门、一口、一起、一种。

（三）夹在重叠动词中间时念轻声。例如：试一试、想一想、看一看。

（四）用在动词、形容词与量词中间一般也读轻声。例如：去一趟、认识一下儿、好一点儿、贵一些。

二、“七”“八”的变调

“七”“八”的本调是一声，单用时，在语句末尾，表序数，在一连串数字中，都念本调。在去声前念阳平。例如：七万、八件、七上八下。

三、“不”的变调

“不”的本调是四声，它在单独使用、用在词句末尾或用在非四声字前时，仍读四声。例如：不、不高、不知道、不同、不习惯、不瞒你说、不少、不好、

不满意。

在下面几种情况下，“不”会发生变调现象。

（一）在四声字前念二声。例如：不要、不错、不是、不再、不认识。

（二）用在动补结构的词语中间或相同词语中间时念轻声。例如：起不来、说不定、用不着、差不多、等不及、能不能、会不会、贵不贵、认识不认识。

一七八不记分明，去声音前变阳平；

非去声前一改去，叠中一不读轻声。

释意：“一七八不”四个字，在去声音前变读阳平；“一”在非去声（阴平、阳平、上声）前要变读去声，“一”和“不”两个字，夹在叠词中间要读轻声。其他情况，四个字一律读原声。

四、“啊”的变调

（一）当表示惊异和赞叹时，变调为一声。啊（ā），下大雪啦！啊（ā），今晚月色可真美呀！

（二）当表示追问或难以相信的情感，变调为二声。啊（á）？你说呀，你为什么回来了啊（á）？这种话是他说出来的？

（三）表示惊疑、为难时，变为三声。啊（ǎ）？这可怎么办呢？啊（ǎ）？让他去合适吗？

（四）当表示应诺、认可，或表示明白过来了，或表示较强烈的惊异赞叹，变为四声。啊（à），我是王连长，您是团长吗？祖国啊（à），母亲！

句子中“啊”的变调具体变化主要有以下几种情况：

1. 前面音节末尾是 a、o、e、i、ü 时，“啊”读作“ya”（“呀”）。例如：天好热呀！你去说呀！

2. 前面音节末尾是u或 ao、iao 时，“啊”读作“ua”（“哇”）。例如：你过得好哇？“手真巧哇！”“他是个多面手哇！”

3. 前面音节末尾是n时，“啊”读作“na”（“哪”）。例如：你答的真准哪！

4. 前面音节末尾是ng时，“啊”读作“nga”。例如：“真静啊！”“一起唱啊！”这孩子多漂亮啊！

5. 前面音节是zhi、chi、shi、ri 时，“啊”读作“ra”。例如：“快吃啊！”

第三章
汉字的演变及其造字方法

一、文字的起源

文字产生之前人们为了帮助记忆，交流思想，传递信息采用了各种各样的记事方法，最原始的记事方法是结绳记事和契刻记事。

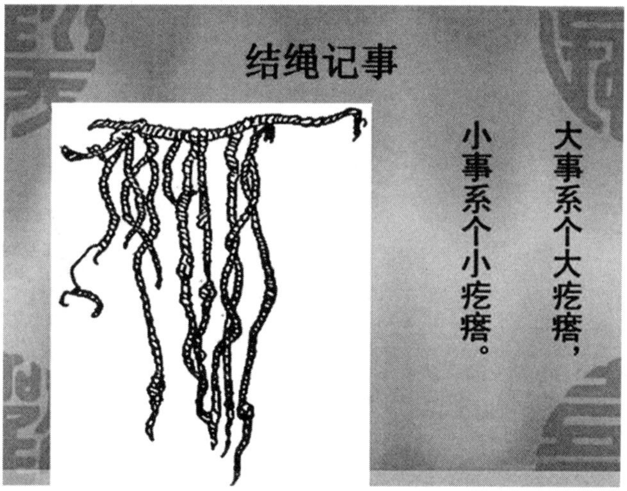

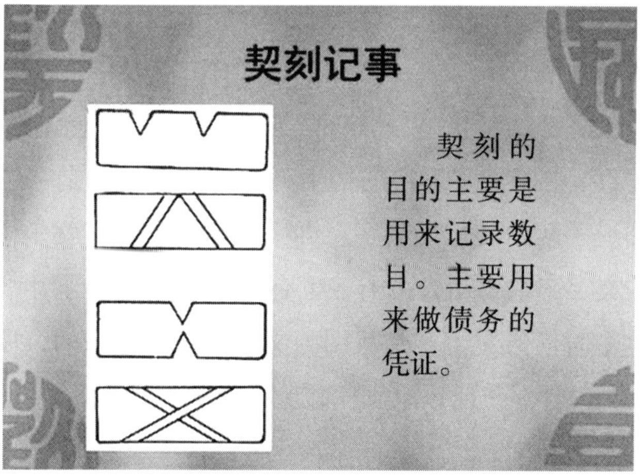

由于结绳记事和契刻记事的不足，人们不得不采用其他的，比如图画的方法，来帮助记忆表达思想，用文字的线条或笔画把要表达的物体的外形特征，具体地勾画出来，绘画导致了文字的产生。

譬如，画了一头象，大家见了才会叫它为“象”。久而久之，大家约定俗成，类似于“象”这样的图画，就介于图画和文字之间，久而用之了。

二、汉字的演变

（一）甲骨文　中国文字汉字的产生，有据可查的，是在约公元前14世纪的殷商后期，这时形成了初步的定型文字，即甲骨文。甲骨文就是用写或刻的方式留在龟甲或兽骨上的文字，主要用来占卜，也有的是用来记事 。甲骨文既是象形字又是表音字，因为这个时候的文字多是从图画文字中演变过来的，所以它的象形程度比较高，因为是刻在兽骨上，所以笔画比较细，直笔比较多。

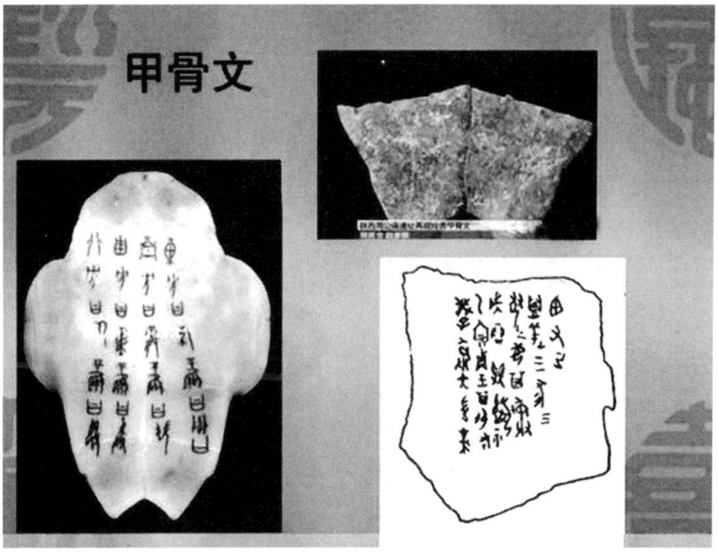

看看象形字，“日”就是个圆圆的太阳，“月”就是弯弯的月亮，“水”像条小溪，“牛”特别突出了两个犄角。如下图所示。

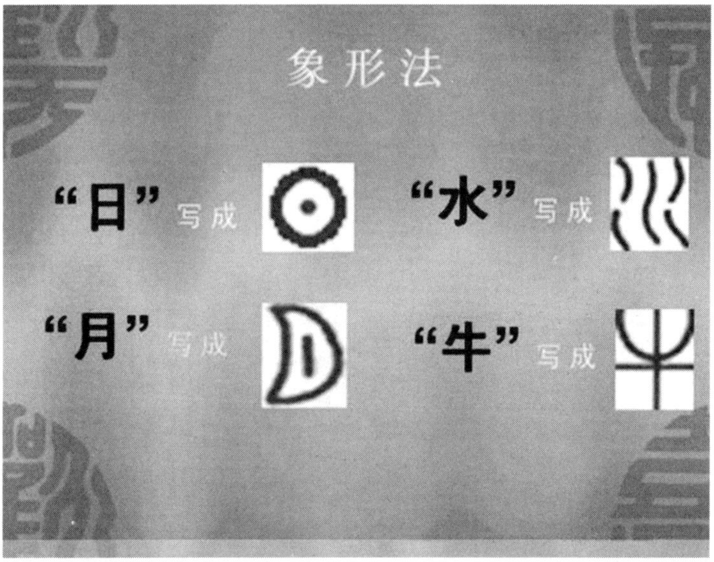

而会意字里“明”写成为，意为“日”和“月”带来的光明。“旦”写成，意意为太阳出地平线而升起。如下图

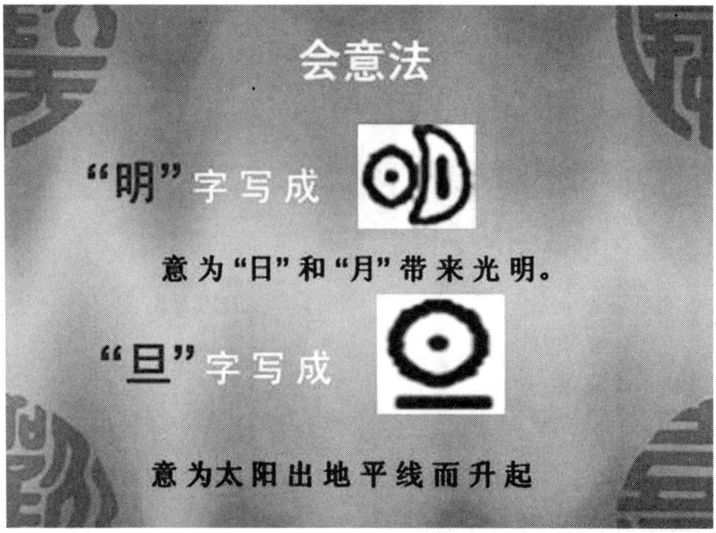

（二）金文 商代后期和西周时期，人们把字铸刻在青铜器上，这就形成了金文（因为青铜器的礼器以鼎为代表，乐器以钟为代表。钟和鼎是青铜器的代名词，所以又叫钟鼎文）。与甲骨文相比，金文的象形程度更高，而且有了线条化、平直化的趋势，金文的笔道肥粗，弯笔多。与甲骨文相比金文填实的写法，更形象生动、逼真。

（三）篆体 （篆体分为大篆与小篆）

（1）大篆 到了西周后期，汉字发展演变为大篆。大篆有两个特点，一是线条化，早期粗细不匀的线条变得均匀柔和了，它们随实物画出的线条十分简练生动；二是规范化，字形结构趋向整齐，逐渐离开了图画的原形，奠定了方块字的基础，缺点是字体繁复，书写不方便。

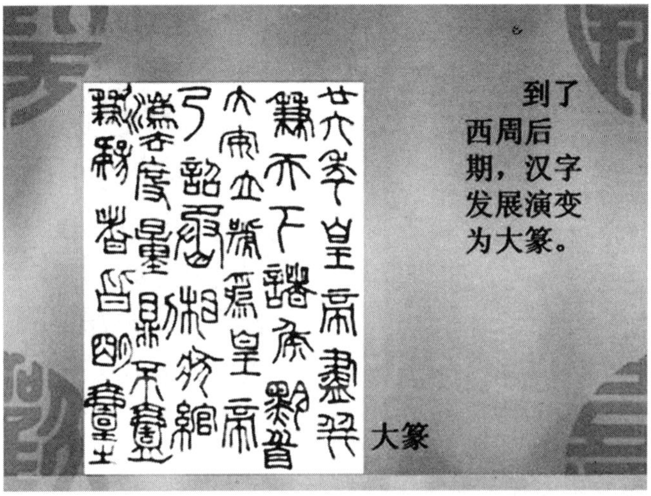

（2）小篆 后来秦朝丞相李斯对大篆加以去繁就简，改为小篆。由于它的字体优美，始终被书法家所青睐，又因为它的笔画复杂，行事古怪，而且可以随意添加曲折，一些印章刻制上，一直采用小篆。

小篆除了把大篆的形体简化之外，并把线条化和规范化达到了完善的程度，几乎完全脱离了图画文字，成为整齐和谐、十分美观的基本上是长方形的方块字体。但是小篆也有它自己的根本性缺点，那就是它的线条用笔书写起来是很不方便的，所以几乎在同时也产生了形体向两边撑开成为扁方形的隶书。

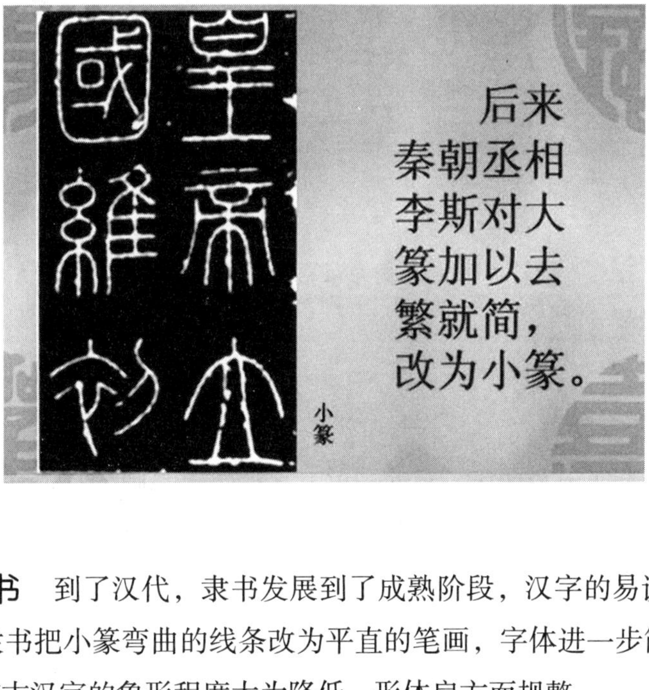

（四）隶书 到了汉代，隶书发展到了成熟阶段，汉字的易读性和书写速度都大大提高。隶书把小篆弯曲的线条改为平直的笔画，字体进一步简化，书写变的简便，但同时使古汉字的象形程度大为降低，形体扁方而规整。

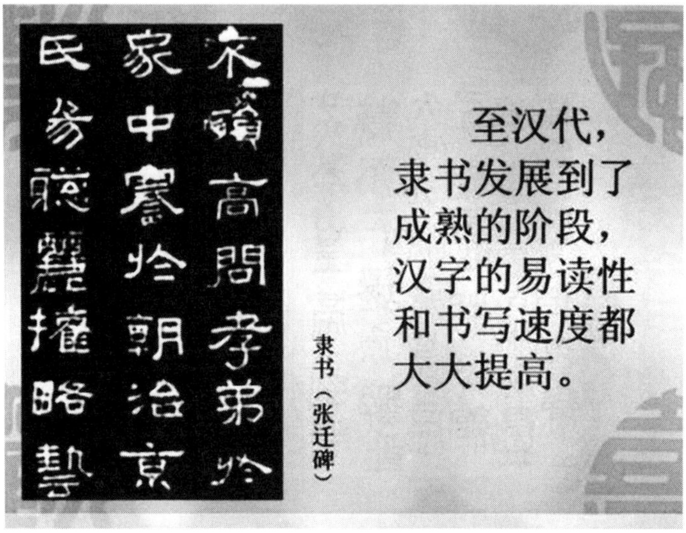

（五）草书 隶书之后又演变为章草（因它多用于奏章而得名），章草又进一步发展成为今草。到了唐朝，又有了抒发情怀，寄情于笔端而表现的狂草。

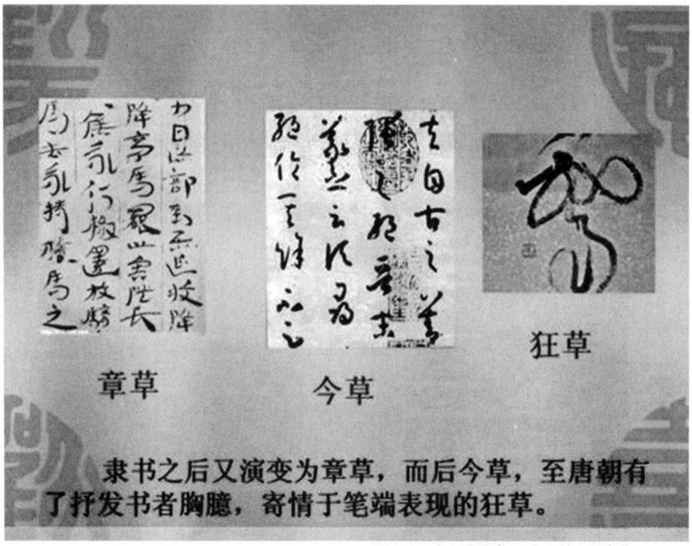

（六）楷书 随后综合了隶书和草书，而自成一体的楷书（又称真书）在唐朝开始盛行，一直使用到现在。它的字形方正严整，笔画平直，有撇、捺和硬钩，更便于书写。我们今天所用的印刷体就是由楷书演变而来的。

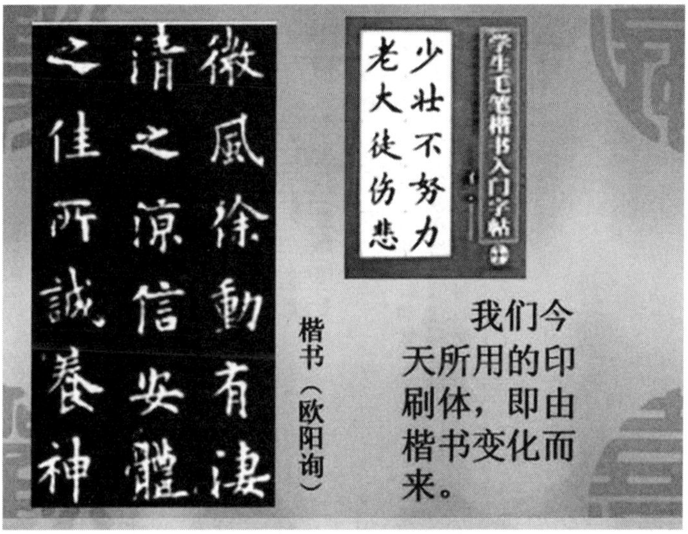

楷书（欧阳询）

（七）行书 介于楷书与草书之间的是行书，它书写流畅，用笔灵活，据传是汉代刘德升所制，传至今日，仍是我们日常书写所习惯使用的字体。

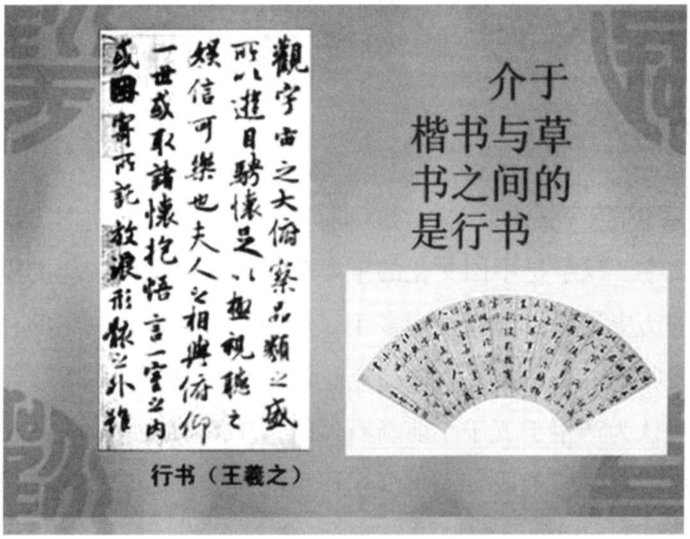

行书（王羲之）

（八）宋体 宋代，随着印刷术的发展，雕版印刷被广泛使用，汉字进一步完善和发展，产生了一种新型书体——宋体印刷字。印刷术发明后，刻字用的雕刻刀对汉字的形体产生了深刻的影响，产生了一种横细竖粗、醒目易读的印刷字体，后世称为宋体。

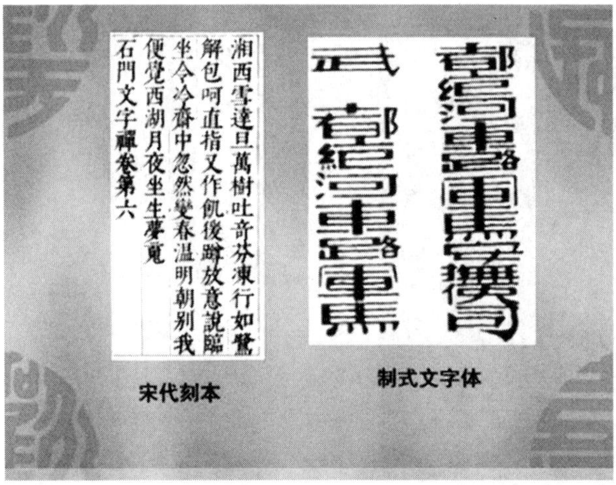

总体来说中国汉字的发展，前后经过了6000多年的变化，其演变过程是：

甲骨文 → 金文 → 小篆 → 隶书→ 草书 → 楷书 → 行书

（商）（周）（秦）（汉）（魏晋）

以上的“甲金篆隶草楷行”七种字体称为 “汉字七体”。由此可知，历史上任何一种新的字体，都是经过长期演变逐渐形成的。

三、汉字的造字方法

（一）汉子的造字规则 汉字是目前世界上最古老的使用人口最多的，唯一的表意系统的文字。汉字是中国文化的重要载体，也是中国文化的重要内容。汉字记录中华民族的历史进程，历经五千多年，魅力依旧，在21世纪的社会主义现代化建设中，仍然展现出迷人的风采，为人类文化做出重要的贡献。

汉字，一般认为产生于五千年前新石器时代中后期的大汶口文化时期。大汶口文化的陶文已有形音义三种成分，是汉字产生的雏形。后来，汉字形体经甲骨文、金文、篆文，至隶书而成熟、定型。

世界上文字产生较早的还有：尼罗河畔的古埃及文字，大约产生于公元前3500年，由于古希腊、古罗马对古埃及的征服，古埃及文字被废除，一部分变为拼音文字。两河流域的美索不达米亚文字，产生于公元前五千年，称楔形文字，后来也消亡了。中美洲墨西哥一带的玛雅文字，产生于公元前后，消亡于16世纪。

汉字是中华民族的伟大创造，是智慧的结晶。汉字对朝鲜、日本、越南等亚洲邻国的文化产生过较大的影响。在计算机网络时代，汉字已能输入计算机，成为现代化的文化工具和载体，成为我们记录、传播文明的重要工具。我们学好汉字，就能掌握开启知识宝库的钥匙。

东汉班固《汉书·艺文志》："周官保氏掌养国子，教六书，谓象形，象事，象意，象声，转注，假借，造字之本也。"

许慎《说文解字》中"六书"的名称是：指事、象形、形声、会意、转注、假借。

"六书"，现在通行的名称是象形、指事、会意、形声、转注、假借。

"六书"中，真正的造字法是四种：象形、指事、会意、形声。而转注、假借并未造出新字，只算"用字法"。

（二）汉子的几种造字规则

1. 象形 《说文解字》："象形者，画成其物，随体诘（jié）诎（qu），日月是也。"根据实物的形状，画出实物外形的特征。

象形是汉字造字之基础。汉字的造字从图画开始。指事、会意、形声都是在象形的基础上进行变化的。

象形字在《说文解字》中有364个。如：日、月、车，牛、虎、犬、止、目、人、女、行、贝、鼎、皿、眉、 高、夕、自、齿、瓜、羊、舟。

象形字多为名词，动词、形容词很少。实物中有些形状难画，而有些抽象意义又画不出来，有很大局限性，于是"指事"方法就产生了。

如正面象形：大、目、自

2. 指事 《说文解字》："指事者，视而可识，察而见意，上下是也。"看字的形状可以知道某种实物形状，再仔细观察指点的部分就知道字的含义了。

指事字，《说文解字》中收集了129字，如：上、下、中等。

3. 会意 会意造字比指事造字要广泛一些，《说文解字》中共收1167个，比指事字多1038个。会意字又分两类。

（1）**象形会意** 如：秉、及、休等。

（2）**象义会意** 如：信、男、明等。

4. 形声 《说文解字》：“形声者，以事为名，取譬相成，江河是也。”按事设形，再取谐声合成。特点是形旁表义，声旁标音，注入了音标的成分，给造字提供了广阔的空间。《说文解字》收形声字7697个，占字的大多数。形声字是汉字从表意走向表音的突破。

（1）形声字的形旁有提示字义的功能，帮助人们理解字义。如：草字头，与植物有关（如：草、花）等。

（2）形声字中有的声旁也有表意功能。如：暮、箕、授、擒、浅、钱等。

（3）形旁在字的形体中的位置不一样。如：形在上：茅、空、简等。

有的同一声旁，但读音不同。如：盒、恰、拾、答、鸽等。

5. 假借 《说文解字》：“假借者，本无其字，依声托事，令长是也。”没有这个字，依声音相同假托于其他事，只要声音相同，与意义没有联系。假借没有创造新字。如：长，原为头发长，后借用为县长的长，等等。

6. 转注 《说文解字》：“转注者，建类一首，同意相受，考老是也。”部首相同，意义相近，用了相互注释内容的含义。转注也不造新字。考与老、顶与颠可互训。

第四章
标点符号

一、标点符号的种类

标点符号是书面语言的重要组成部分，是书面语言不可缺少的辅助工具，是语句意思表达的重要分界线，它帮助人们确切地表达思想感情和理解书面语言。标点符号有16种：逗号、句号、问号、感叹号、冒号、分号、顿号、引号、括号、省略号、书名号、破折号、着重号、专名号、连接号、间隔号。

点号　有七种点号：逗号、句号、问号、感叹号、冒号、分号、顿号，这七种标点符号表示说话时的停顿和语气，书写时紧挨着前面的文字，放在文字的右边偏下，并占一个字格，通常不出现在一行之首。

标号　有九种标号：引号、括号、省略号、书名号、破折号、着重号、专名号、连接号、间隔号。标号的作用是标明，主要标明语句的性质和作用。

二、标点符号的占用格式

引号、括号、书名号都用在文字前后，并占一个字格。这3种标号的前半边，可以出现在一行的开头，不能放在一行的末尾；后半边可以出现在一行的末尾，不能放在一行的开头。

省略号和破折号书写时都应放在字格中部，占两个字格。它们可以出现在一行的开头，也可以出现在一行的末尾，但不能拆散使用，即不能出现在前行末尾占一格，后行开头占一格的情况。

间隔号和连接号均放在被间隔或连接的字词中间，书写时占一个字格。连接号在连接拼音时占半个字格，在铁路、公路等交通部门标志运行起讫点时占两个字格。

注：标点符号的书写格式详见《阅读公式练习册》小学中年级151页。

三、各种标点符号的用法

逗号，	1. 句子内部主语与谓语之间如需停顿，用逗号。 如：我们看得见的星星，绝大多数是恒星。 2. 句子内部动词与宾语之间如需停顿，用逗号。 如：应该看到，科学需要一个人贡献出毕生的精力。 3. 句子内部状语后边如需停顿，用逗号。 如：对于这个城市，他并不陌生。 4. 复句内各分句之间的停顿，除了有时要用分号外，都要用逗号。 如：据说苏州园林有一百多处，我到过的不过十多处。
句号。	1. 用于陈述句的末尾。如：北京是中华人民共和国的首都。 2. 用于语气舒缓的祈使句末尾。如：请您稍等一下。
问号？	1. 用于疑问句的末尾。如：他叫什么名字？ 2. 用于反问句的末尾。如：难道你不了解我吗？ 3. 在多个问句连用或表达疑问语气加重时，可叠用问号。通常应先单用，再叠用，最多叠用三个。如：你这样做对吗？你这个班长是怎么当的？？你怎么可以这样欺骗老师？？？ 4. 问号也有标号用法，即表示存疑或不详。如：马致远（1250？—1321）
叹号！	1. 用于感叹句的末尾。如：为祖国的繁荣昌盛而奋斗！ 2. 用于语气强烈的祈使句末尾。如：停止射击！ 3. 用于语气强烈的反问句末尾。如：我哪里比得上他呀！ 4. 表示声音巨大或声音不断加大时，可叠用叹号；表达强烈语气时也可以叠用叹号，最多叠用三个。如：我要揭露！我要控诉！！我要以死抗争！！！ 5. 当句子包含疑问、感叹两种语气且都比较强烈时，可在问号后再加叹号。如：他连这点起码的常识都不懂，还敢说自己是高科技人才？！

顿号、	1. 用于句子内部并列词语之间的停顿。 如：正方形是四边相等、四角均为直角的四边形。 2. 相邻或相近两数字连用表示概数通常不用顿号。 如：飞机在6000米高空水平飞行时，只能看到两侧八九公里和前方一二十公里范围内的地面。 3. 标有引号的并列成分之间、标有书名号的并列成分之间通常不用顿号。如：《红楼梦》《三国演义》《水浒传》《西游记》是我国长篇小说的四大名著。 4. 若有其他成分插在并列的引号之间或并列的书名号之间，宜用顿号。如：李白的“白发三千丈”（《秋浦歌》）、“朝如青丝暮成雪”（《将进酒》）都是脍炙人口的诗句。
括号（ ）	1. 用于行文中注释的部分。注释句子中某些词语的，括注紧贴在被注释词语之后。 如：中国猿人（全名为“中国猿人北京种”，或简称“北京人”）在我国的发现，是对古人类学的一个重大贡献。 2. 注释整个句子的，括注放在句末标点之后。 如：写研究性文章跟文学创作不同，不能摊开稿纸搞“即兴”。（其实文学创作也要有素养才能有“即兴”） 3. 标示内容的补充说明。 如：我校拥有特级教师（含已退休的）717人。 4. 标示订正或补加的文字。 如：信封上写着：“阿夷（姨），你好！”。建筑工程全部达到优良工程（的标准）。 5. 标示序次语。如：思想有三个条件：（一）事理；（二）心理。 6. 标示引语的出处。 如：他说得好：“未画之前，不立一格；既画之后，不留一格。”（《板桥集·题画》） 7. 标示汉语拼音注音。 如：“的（de）”这个字在现代汉语中最常用。

冒号:	1. 用于称呼语后边，表示提起下文。 如：同志们，朋友们：现在开会了…… 2. 用于“说、想、是、证明、宣布、指出、透露、例如、如下”等词语后边，提起下文。 如：他十分惊讶地说：“啊，原来是你！” 3. 用于总说性话语的后边，表示引起下文的分说。 如: 北京紫禁城有四座城门: 武门、神武门、东华门、西华门。 4. 用于需要解释的词语后边，表示引出解释或说明。 如：外文图书展销会日期：10月20日至11月10日，时间：上午8时至下午4时。地点：北京朝阳区工体东路16号。主办单位：中国图书进出口总公司。 5. 用于总括性话语的前边，以总结上文。 如：张华考上了北京大学；李萍进了中等技术学校；我在百货公司当售货员：我们都有光明的前途。
引号 “ ” ‘ ’	1. 用于行文中直接引用的部分。 如:“满招损,谦受益”这句格言,流传到今天至少有两千年了。 2. 用于需要着重论述的对象。 如：古人对于写文章有个基本要求，叫作“有物有序”。“有物”就是要有内容，“有序”就是要有条理。 3. 用于具有特殊含义的词语。 如：这样的“聪明人”还是少一点好。 4. 引号里面还要用引号时，外面一层用双引号，里面一层用单引号。 如：他站起来问：“老师，‘有条不紊’是什么意思？” 5. 独立成段的引文如果只有一段，段首和段尾都用引号；不止一段时，每段开头仅用前引号，只在最后一段末尾用后引号。 如：我曾在报纸上看到有人这样谈幸福： “幸福是自己喜欢什么和不喜欢什么…… “幸福是自己擅长什么和不擅长什么…… “幸福是在正确的时间做了正确的选择……”

分号；	1. 用于复句内部并列分句之间的停顿。 如：语言，人们用来抒情达意；文字，人们用来记言记事。 2. 用于分行列举的各项之间。 如：中华人民共和国行政区域划分如下： A、全国分为省、自治区、直辖市； B、省、自治区分为自治州、县、自治县、市； C、县、自治县分为乡、民族乡、镇。
破折号——	1. 用于行文中解释说明的部分。 如：迈进金黄色的大门，穿过宽敞的风门厅和衣帽厅，就到了大会堂建筑的枢纽部分——中央大厅。 2. 用于话题突然转变。 如："今天好热啊！——你什么时候去上海？"张强对刚刚进门的小王说。 3. 用于声音延长的拟声词后面。　如："呜——"火车开动了。 4. 用于事项列举分承的各项之前。 如：根据研究对象的不同，环境物理学分为以下五个分支学科：——环境声学；——环境光学；——环境热学；——环境电磁学；——环境空气动力学。
省略号……	1. 用于引文的省略。 如：她轻轻地哼起了《摇篮曲》："月儿明，风儿静，树叶儿遮窗棂啊……" 2. 用于列举的省略。 在广州的花市上，牡丹、吊钟、水仙、梅花、菊花、山茶、墨兰……春秋冬三季的鲜花都挤在一起啦！ 3. 用于话语中间，表示说明断断续续。 "我……对不起……大家，我……没有……完成……任务。" 4. 如果是整段文章或诗行的省略，可以使用十二个小圆点来表示。（这里使用的"十二个小圆点"也被称为"专名号"）

<table>
<tr><td>分隔号（/）</td><td>1. 诗歌接排时分隔诗行。（也可以用逗号和分号）
如：春眠不觉晓 / 处处闻啼鸟 / 夜来风雨声 / 花落知多少。
2. 标示诗文中的音节节拍。
如：横眉 / 冷对 / 千夫指，俯首 / 甘为 / 孺子牛。
3. 分隔供选择或可转换的两项，标示“或”。
如：动词短语中除了作为主体的述语动词之外，还包括述语动词所带的宾语和 / 或补语。
4. 分隔组成一对的两项，表示“和”。
如：T13/14 特别快车　如：羽毛球女双决赛中国组合杜婧 / 于洋两局完胜韩国名将李孝贞 / 李敬元。
5. 分隔层级或类别。
如：我国的行政区划分为：省（直辖市、自治区）/ 省辖市（地级市）、自治州 / 县（县级市、区）/ 乡（镇）。</td></tr>
<tr><td>书名号
《》〈〉</td><td>1. 用于书名、篇名、报纸名、刊物名等。
如：《红楼梦》的作者是曹雪芹。《〈中国工人〉发刊词》发表于 1940 年 2 月 7 日。
2. 标示全中文或中文在名称中占主导地位的软件名。
如：科技人员研制《电脑卫士》杀毒软件。
3. 作品的课程、课题、获奖奖状、商标、证照、组织机构、会议、活动等名称，不应用书名号。
如：《文史杂志社》编辑力量比较雄厚。正确写法为：“文史杂志社”编辑力量比较雄厚。</td></tr>
<tr><td>方括号 [ ]
六角括号〔 〕
方头括号【 】</td><td>1. 标示作者国籍或所属朝代，可用方括号或六角括号。
（1）如：[英] 赫胥黎《进化论与理学》。
（2）如：〔唐〕杜甫著。
2. 报刊标示电讯、报道的开头，可用方头括号。
如：【新华社南京消息】。
3. 标示公文发文字号中的发文年份时，可用六角括号。
如：国发〔2011〕3 号文件。
4. 标示被注释的词语时，可用六角括号或方头括号。
（1）如：〔奇观〕奇伟的景象。
（2）如：【爱因斯坦】物理学家。</td></tr>
</table>

连接号（短横线 - 一字线— 波浪线 ~ ）	1. 以下情况均用短横线“-”（占半个字的位置）： 标示化合物的名称和表格、插图编号；连接号码，包括门牌号码、电话号码，以及用阿拉伯数字表示年月日等；在复合名词中起连接作用；某些产品的名称和型号；汉语拼音、外来语内部分合等。 （1）如：3-戊酮为无色液体。 （2）如：安宁里东路 23 号院 3-2-11 室 （3）如：联系电话：010-88842603 （4）如：2011-02-15 （5）如：吐鲁番-哈密盆地。 （6）如：让-雅克·卢梭（“让-雅克”为双名） 2. 标示下列各种情况，一般用一字线（占一个字的位置），有时也可用波浪线（占一个字的位置）。 （1）标示相关项目（如时间、地域等）的起止。 A. 如：沈括（1031—1095）。 B. 如：2011 年 2 月 3 日—10 日。 C. 如：北京—上海特别快车。 （2）标示数值范围。 A. 如：25 ~ 30g。 B. 如：第五 ~ 八课
间隔号·（打在字与字之间）	1. 用于外国人和某些少数民族人名内各部分的分界。 如：烈奥纳多·达·芬奇、爱新觉罗·努尔哈赤。 2. 用于书名与篇（章、卷）名之间的分隔。 如：《中国大百科全书·物理学》《三国志·蜀志·诸葛亮传》。
着重号·（打在字下面）	提示读者特别注意的字、词、句，用着重号标示。 如：“这个人说的是北方话”，强调他说的是北方话。

注：几种标点容易混淆使用的区分

引号的作用主要有：强调，表示其他含义，直接引用（如别人说的话）。

省略号的作用主要有：表示列举没列完，说话断断续续或消逝。

破折号的作用主要有：解释说明、声音延长以及转折或递进的关系。

四、标点符号常见的重点考点及例题解析

（一）问号的运用

1．句中用了疑问代词但全句是陈述语气的，句末不用问号。

例如 我不知道这种果子能不能吃。（句意重点表达的是“我不知道”，不是“能不能吃”）

2．选择问句中间的停顿不能用问号，要用逗号，问号放在句末。

例如 是英雄造时势，还是时势造英雄？

3．疑问句主谓语倒置，问号放在句末。

例如 怎么了，你？

4．连续问句每一个分句的后面都用问号。

例如 小王怎么还不来？怎么办？我们要继续等吗？

（二）引号的运用

1．普通词语不能用引号。

例如 梨花飘落时，就像漫天的“雪花”在飞舞。（中间的引号应去掉）

2．不是直接引用不用引号。

例如 小明早上跟我说：“他生病了，今天不能去上课了。”

解析：此处显然是间接引用（转述）。如果是直接引用只能是“我生病了，今天不能去上课了。”因此，应去掉例句中的引号并改冒号为逗号。

3．引号在句末的位置。

（1）引用的话是独立的，引号应放在最后面。

例如 在任何工作中，都要记住：“虚心使人进步，骄傲使人落后。”

（2）如果引用的话在语句中间，则引用的话只使用引号。

例如 一想到“虚心使人进步，骄傲使人落后”这句话时，我就想到了上周二发生的一件事。

4．引号在“说”字后面的变化

主要原则是：“说”在语言前，用冒号；“说”在语言中，用逗号；“说”在语言后，用句号。**例如**

A、小明说：“不去不去！说什么也不去。”

B、“不去不去！”小明说，“说什么也不去。”

C、“不去不去！说什么也不去。”小明说。

（三）顿号的运用

1. 表序数时要用顿号。

例如 小学四、五年级。

2. 表示约数的两个数字中间不能用顿号。

例如 两三个　三五天　二十七八岁　六七点钟。

3. 并列词语中又有并列词语时，大并列中的停顿用逗号，内部小并列中的停顿用顿号。

例如 城市发展的近期和远景规划，包括土地的开发与利用，环境的治理与保护，信息的收集、处理和应用等。

4. 并列的短语之间带有语气词时，不用顿号，用逗号。

例如 山啊，水啊，树啊，花啊。

5. “一”“二”“三”等表示序次的词语后面用顿号。“第一”“第二”“第三”和“其一”“其二”“其三”等表示序次的词语后面用逗号。

6. 并列的短语比较长，停顿较大的，不用顿号，用逗号。

例如 严格的教育，严格的训练，严格的管理，使交警支队成为济南城市文明的一个标志。

（四）分号的运用

1. 分句内部都没有出现逗号，分句间的停顿用逗号。

例如 我生平受用的有两句话：一是“责任心”，二是“趣味”。

2. 分句内部有出现逗号，分句间的停顿用分号。

例如 墙上芦苇，头重脚轻根底浅；山间竹笋，嘴尖皮厚腹中空。

（五）叹号的运用

1. 倒装叹句中，叹号放在句末。

例如 多么壮丽啊，祖国的山河！

2. 把句末叹号用在句子中间，割断了句子。

例如 那优美的琴声啊！令我如痴如醉。（叹号应改作逗号）

（六）巧用标点改变句意

1. 你同意他不同意

（1）你同意，他不同意。

（2）“你同意他不？”“同意。”

（3）“你同意他？”不同意。

（4）你同意？他不同意。

2. 下雨天留客天留我不留

（1）下雨天留客，天留我不留。

（2）下雨天，留客天，留我不留？

（3）下雨天，留客天，留我不？留！

（4）下雨，天留客，天留，我不留。

3. 明年逢春好不晦气终年倒运少有余财

（1）明年逢春好不晦气；终年倒运少有余财。

（2）明年逢春好，不晦气；终年倒运少，有余财。

4. 酿酒缸缸好做醋坛坛酸养猪大如山老鼠头头死

（1）酿酒缸缸好，做醋坛坛酸；养猪大如山，老鼠头头死。

（2）酿酒缸缸好做醋，坛坛酸；养猪大如山老鼠，头头死。

第五章
写字笔顺规则、口诀

一、基本规则

（一）先撇后捺：人　八　入

（二）先横后竖：十　王　干

（三）从上到下：三　竟　音

（四）从左到右：理　利　礼　明　湖

（五）先外后里：问　同　司

（六）先外后里再封口：国　圆　园　圈

（七）先中间后两边：小　水

二、补充规则

（一）点在上部或左上，先写点：衣　立　为

（二）点在右上或在字里，后写点：发　瓦　我

（三）上右和上左包围结构的字，先外后里：厅　座　屋

（四）左下包围结构的字，先里后外：远　建　廷

（五）左下右包围结构的字，先里后外：凶　画

（六）左上右包围结构的字，先外后里：同　用　风

（七）上左下包围结构的字，先上后里再左下：医　巨　匠　区

三、笔顺规则口诀

从上到下为主，从左到右为辅。

上下左右俱全，根据层次分组。

横竖交叉先横，撇捺交叉先撇。

中间突出先中，中间突出的字，如“山”“小”“办”“水”“承”等。

右上有点后补，上有点的字，如“犬”“尤”“戈”“龙”“成”等。

上包下时先外，上包下的字，如“冈”“同”“网”“周”等。

下包上时先内，下包上的字，如“凶”“画”“函”“幽”等。

三框首横末折，“三框”也叫“匠字框”，如“区”“匹”“巨”“医”等。

大口最后封底，“大口”即大口框，如“四”“回”“园”“国”等。

第六章 词性的区分

词性的判别是复杂的，这是因为某些词类可能具有一些共同的语法特点，如动词、形容词都可以做谓语。根据某些语法特点并不能确定某一词类，只能对语句、语境等做全面深入的分析才能确定。

一、区分词性的注意事项

（一）熟悉和掌握各类词的语法特点。

（二）辨证灵活地运用这些语法特点，区别主要方面和次要方面。

（三）区分近似的词类，掌握区分和判别的方法。

二、褒义词、贬义词等词类的区分方法

（一）名词、动词、形容词的区分 这个区分有两个层次：区分名词和谓词；区分动词和形容词。

动词和形容词有一些共同的语法特点，都可以做谓语，合称为谓词。

名词和谓词的区分：

1．能否受“不”修饰。

2．经常充当什么句子成分。

3．能否受表示物量的数量短语修饰。

（二）动词和形容词的区分

1．能否受程度副词修饰（除心理动词和助动词以外，动词不能受程度副词修饰）。

2．能否带宾语。

3．重叠形式：双音节动词重叠一般采用ABAB形式，双音节形容词重叠一般采

用AABB形式。

（三）形容词、副词的区分 形容词、副词都可以做状语，因此要注意区分。区分的方法：

1. 只能做状语的是副词（“很”“极”除外）；做状语，又能做定语或谓语的是形容词。

2. 副词一般不能加“很”，形容词可以加“很”。如“突然”“偶然”是形容词，“忽然”是副词。

（四）动词、副词的区分 主要是指“没”“没有”这两个词。“没”“没有”既是动词，又是副词。区分的方法：用在名词性词语前，否定人或事物，是动词，如“没心情”“没有作业”；用在动词、形容词前，否定动作行为或性质状态，是副词，如“没去”“没有谈”。

“没”“没有”位于句末，要看“没”“没有”在语义上否定什么。如“他来没？”是副词。

（五）名词、副词的区分 时间名词和时间副词具有共同的语法特点：都可以做状语，容易混淆。区分的方法：时间副词只能做状语，时间名词除做状语外，还可以做主语、宾语。以上特点也可以概括为两个判断公式：“A是A”、“在A”。符合这个公式的，是名词，不符合的，是副词。如“刚才”“现在”“将来”“以前”“从前”是名词，“刚刚”“刚才”是副词。

（六）动词、介词的区分 现代汉语的大部分介词是从动词虚化演变而来的，其中一些还兼有动词、介词两种词性，如“在”“到”“向”“朝”“通过”等（下面以“在”为例），因而产生了区分的问题。

区分的方法如下所示。

1. 介词不能单独做谓语或动语，必须组成介词短语做状语、补语或定语，因此，当句子里没有其他的词可以做谓语或动语时，“在”就是动词；如果有，“在”就是介词。

2. 动词可以重叠，介词不能重叠。“我比你高”中的“比”不能重叠，是介词；“我们比干劲”中的“比”可以重叠，是动词。

3. 动词后可以加“了”“着”“过”等动态助词，介词不能。

（七）介词、连词的区分 主要区分两类：一是“和”“跟”“与”“同”；二是“因”“因为”“由于”等词。“和”“跟”“与”“同”的区分方法：

1. “和”“跟”“与”“同”做连词时，句子的主语之后有“都”或者在语义不变的情况下可以加“都”；做介词时，“和”等前有状语或可以加进状语。

2. “和”“跟”“与”“同”做连词时，所连接的成分可以相互调换位置而语义不变；做介词时，调换位置影响语义。

3. “和”“跟”“与”“同”位于句首时，是介词。

（八）“因”“因为”“由于”的区分方法

1. “因”“因为”“由于”后面接名词性成分，是介词；接谓词性成分，是连词。

2. 做介词时，句子可以有语音停顿，也可以没有；做连词时，要有语音停顿。

3. 做连词时，常与“所以”“因此”配合；做介词时，一般单用。

（九）助词、语气词的区分 助词、语气词的判别主要涉及“的”“了”两个词。

“的”的助词和语气词词性的区分方法：

1. 助词“的”可以在句中，也可以在句末；语气词“的”只能在句末。

2. 语气词“的”可以去掉而句子语义不变；结构助词“的”不能去掉，或去掉以后语义有变化。

“了”的助词和语气词词性的区分方法：

1. 位于动词、形容词后的是助词，位于句末的是语气词。

2. 既在句末，又位于动词、形容词后的既是助词，也是语气词。

（十）褒义词、贬义词、中性词的区分 褒义词，俗名“好字眼儿”，是含有赞赏、肯定、嘉许、褒扬、奖掖、喜爱、尊崇、美好、吉祥等感情色彩意义上的词。例如喜欢、壮丽、慷慨激昂、喜出望外、昂首挺胸……

贬义词是词义带有贬斥、否定、憎恨、轻蔑感情色彩的词。如：肮脏、见利忘义、遗臭万年……

中性词是属于两种之间，不分好坏的词。名词都属于中性词。

注：有些词在某种特定场合下词性会因语境的改变而发生变化。如“骄傲”在“我为中国而骄傲”中，“骄傲”属褒义，而在“小明得了第一，马上骄傲了起来”中，“骄傲”就属贬义了。

第七章 关联词

在阅读中，关联词及掌握一般是以填空或连接语的方式做题。要想做好阅读中的关联词问题，就要全方面了解关联词。

一、关联词的定义

关联词，是就其语法意义而言的，是指一个或几个词在语义上起到与上下句相关联作用的词语，是连接分句、标明关系的词语。

关联词是不是词？这不能一概而论。因为从构成形式上来说，关联词有两种：一种是由词组成的关联词，如“那么”“因而”等；另一种是由两个或两个以上的词而形成的关联词，如“因为……所以……”“即使……也……”等。这两种形式的关联词之中，我们见的最多的是成对出现的，即第二种形式。显然，第一种是词，而第二种则不是。组成“关联词”的词，常常是连词或副词。

举例说明：

“不是……而是……”是一组表示并列关系的关联词，但有些同学很容易将它错判成递进关系、选择关系或转折关系。究其原因，“不是……而是……”这组表示并列关系的关联词与递进、选择、转折三种关系之间存在着容易让学生产生错觉的因素。如不细加分析，则难以辨别。

（一）“不是……而是……”不同于递进关系的“不但……而且……”。“不但……而且……”前后分句意义上有更深入、更进一层的关系，但它们在肯定否定上是一致的。正因为一致，才能比较其在意义上是否更深入、更进一层。“不是……而是……”这种复句，它前一句否定一种意思，后一句肯定另一种意思，肯定否定不一致。因此，就无法比较其在意义上是否进了一层。

为什么会有进一层的感觉呢？因为“不是……而是……”在客观上起到了强调后一句的作用，所以往往给人以错觉，好像后一句在意思上进了一层。

例如

1. 王昭君不是一个人物，而是一个象征；昭君墓不是一座坟墓，而是一座民族友好的纪念碑。

2. 一个球的输赢，不但关系到个人的声誉，而且关系到祖国的荣誉。

例句1否定王昭君是一个人物，肯定她是一个象征；否定昭君墓是一座坟墓，肯定它是一座民族友好的纪念碑。前后分句否定肯定不一致，所以不能说后一分句比前一分句的意思进了一层。例句2前后两分句都表示肯定，而“关系到祖国的荣誉”比“关系到个人的声誉”在意义上更进一层。

通过这样比较分析，“不是……而是……”与“不但……而且……”这两组关联词所表示的语法意义就十分明确了。

例句1是并列关系，例句2是递进关系。

（二）“不是……而是……”不同于选择关系的“不是……就是……”。“不是……就是……”有“两者必居其一”“非此即彼”的意思，其结论是不确定的，两个结果可供选择。“不是……而是……”否定一个，肯定一个，其结论是确定的，不供我们选择。

例如

1. 蜜蜂酿蜜，不是为自己，而是为人类酿造最甜的生活。

2. 不是东风压倒西风，就是西风压倒东风。

例句1否定蜜蜂为自己酿蜜，肯定它为人类酿蜜，结论十分肯定，不供我们选择。例句2提出两种可能性，它的结论是不确定的，可供我们选择。即不是我们战胜帝国主义，就是帝国主义战胜我们，两者非此即彼，绝没有调和的余地。毛泽东同志用这个选择复句，意在告诫我们：不能对帝国主义抱有任何幻想，要坚决同它们进行斗争，因为帝国主义决不会放下屠刀，立地成佛。

（三）“不是……而是……”不同于转折关系的“虽然……但是……”。“虽然……但是……”前后两个分句其意义上相反或者相对，不是顺着一个方面说的。“不是……而是……”前后两个分句在意义上并不相反相对，没有转化。一个否定一种意思，一个就肯定另一种意思，在句式上是肯定否定的，但在意义上则是一致的。

例如

1. 他不是坏人，而是好人。

2. 王兵同学虽然文化课成绩较差，但体育很突出。

例句2后一分句在意义上转向了前一分句的反面，前一分句指出王兵同学学习上的弱点，后一分句转而赞扬他在体育上的特长与成绩。例句1前一分句否定他是坏人，后一分句肯定他是好人。“不是坏人”与“是好人”在意义上是一致的，并不相反相对。它在意义上没有发生转化，所以不能把它看成转折关系。这样一比较，例句1是并列关系，例句2是转折关系，就非常清楚明了。

二、关联词的作用

关联词能将两个（或两个以上）意义相关、结构独立的分句连接起来，构成复句，起“穿针引线”的作用。它们用来标明分句间的抽象关系，可以作为某类复句特定形式的标志。有些复句必须使用关联词语，否则就无法理解。

三、关联词的种类与用法

（一）并列关系 句子中几个分句之间的关系是平等并列的、没有主次之分，各个分句分别说明几种相关的情况，或表示一件事的几个方面。

常用的关联词 1. 既……又（能）…… 2. 一会儿……一会儿…… 3. 一边……一边…… 4. 一面……一面…… 5. 有时……有时…… 6. 又……又…… 7. 不是……而是……

（二）递进关系 前后分句意义上有更深入、更进一层。

常用的关联词 1. 不但（不仅、不光）……还（也、又、而且、况且、尤其）…… 2. 不但不……反而…… 3. 连……也…… 4. ……何况…… 5. ……甚至…… 6. 除了……还有……

（三）选择关系 几个分句分别说出几件事情，需要从中选择一件。

常用的关联词 1. 是……还是…… 2. 或者……或者…… 3. 不是……就是…… 4. ……还是…… 5. 要么……要么…… 6. 与其……不如…… 7. 宁可……也（决）不……

（四）转折关系 前一个分句说了一个意思，后一个分句不是顺着前一个分句的意思说下来，而是做了一个转折，说出的意思，和前一个分句完全相反或相对。

常用的关联词 1. 虽然（虽是、虽说、固然）……但是（但、可是、却）…… 2. 尽管……还…… 3. 尽管……可是…… 4. ……却…… 5. 然而……可是……

（五）假设关系 句子前面一部分介绍一种假设情况，后面一部分是假设的情况实现后要产生的结果。

常用的关联词 1. 如果（假使、假如、倘若、要是）……那么（就）…… 2. 即使（就算、就是、哪怕、纵使）……也（仍然、还是）…… 3. 只要……就…… 4. 假使……便……

（六）条件关系 句子前面提出条件，后面说明在这种条件下会产生的结果。

常用的关联词 1. 无论……还是……都…… 2. 不管……总…… 3. 只有……才…… 4. 不管……也…… 5. 凡是……都…… 6. 除非……才…… 7. 无论（不论、任凭）……都（也、还）……

（七）因果关系 句子的前一部分表示原因或（结果），后一部分表示结果或（原因）。

常用的关联词 1. 因为……所以…… 2. 既然……就（便、则、那么）…… 3. 之所以……是因为…… 4. 由于……因此（因而）……

（八）承接关系 句与句之间表示几个连续动作，或先后发生的几种情况，它们前后承接，不能颠倒。

常用的关联词 1. 先……再……最后…… 2. 等……一……就…… 3. 首先……然后…… 4. ……便…… 5. ……于是…… 6. ……才…… 7. ……接着…… 8. 先……然后……接着……最后……

运用关联词语要注意以下几点：

1. 关联词语一般都成对出现，只有少数单独使用。（如“可是”“而”“因此”等）

2. 关联词语大都有一定的搭配习惯，不能任意组合。

3. 关联词语起连接作用，可以把两句话并为一句。

四、关联词总结公式表

（一）**并列关系**　句子中几个分句之间的关系是平等并列的、没有主次之分，各个分句分别说明几种相关的情况，或表示一件事的几个方面。常用的关联词有：1. 既……又（能）…… 2. 一会儿……一会儿…… 3. 一边……一边…… 4. 一面……一面…… 5. 有时……有时…… 6. 又……又…… 7. 不是……而是……

（二）**递进关系**　前后分句意义上有更深入、更进一层。1. 不但（不仅、不光）……还（也、又、而且、况且、尤其）…… 2. 不但不……反而…… 3. 除了……还有…… 4. ……何况（甚至）……

（三）**选择关系**　几个分句分别说出几件事情，需要从中选择一件。常用的关联词有：1. 是……还是…… 2. 或者……或者…… 3. 不是……就是…… 4. ……还是…… 5. 要么……要么…… 6. 与其……不如…… 7. 宁可……也不……

（四）**转折关系**　前一个分句说了一个意思，后一个分句不是顺着前一个分句的意思说下来，而是做了一个转折，说出的意思，和前一个分句完全相反或相对。常用的关联词有：1. 虽然（虽是、虽说、固然）……但是（但、可是、却）…… 2. 尽管……还…… 3. 尽管……可是…… 4. ……却…… 5. 然而……可是……

（五）**假设关系**　句子前面一部分介绍一种假设情况，后面一部分是假设的情况实现后要产生的结果。常用的关联词有：1. 如果（假使、假如、倘若、要是）……那么（就）…… 2. 即使（就算、就是、哪怕、纵使）……也（仍然、还是）…… 3. 只要……就…… 4. 假使……便……

（六）**条件关系**　句子前面提出条件，后面说明在这种条件下会产生的结果。常用关联词语有：1. 无论……还是……都…… 2. 不管……总…… 3. 只有……才…… 4. 不管……也…… 5. 凡是……都…… 6. 除非……才…… 7. 无论（不论、任凭）……都（也、还）……

（七）**因果关系**　句子的前一部分表示原因或（结果），后一部分表示结果或（原因），常用关联词语有：1. 因为……所以…… 2. 既然……就（便、则、那么）…… 3. 之所以……是因为…… 4. 由于……因此（因而）……

（八）**承接关系**　句与句之间表示几个连续动作，或先后发生的几种情况，它们前后承接，不能颠倒。常用关联词语有：1. 先……再……最后…… 2. 等……一……就…… 3. 首先……然后…… 4. ……便…… 5. ……于是…… 6. ……才…… 7. ……接着…… 8. 先……然后……接着……最后……

关联词总结公式表

附：关联句

据结构分类，可分为单句和复句。复句是能分成两个或两个以上相当于单句的分段的句子。复句内的各个单句形式，叫作分句。同一个复句里的分句，说的是有关系的事，它们又是由关联词语连接起来的，因此也称作关联句。常见的关联句有七种类型，每类关联句有它们自己常用的关联词语。

（一）因果关系：因为……所以　　因此　　既然……就

（二）条件关系：只有……才　　无论……都　　不管……总

（三）假设关系：如果……就　　只要……就　　哪怕……也　　即使……也

（四）递进关系：不但……而且　　不光……还　　不仅……还

（五）并列关系：既……又　一边……一边　一方面……一方面　一会儿……一会儿

（六）转折关系：虽然……但是　　尽管……还是

（七）选择关系：是……不是　宁可……也不　不是……就是　与其……不如

中转站 22

侦探推理小故事（答案见332页）

地铁站的嫌疑犯

一个冬天的夜里，福尔摩斯和查理警官正在回警局的路上，突然发现前面有个歹徒正在拦路抢劫，便冲上去想抓住他。歹徒一看见他们，掉头就跑，跑了好长一段路，一直跑进了地铁站，福尔摩斯和查理警官紧跟着也追了进去。此时，地铁站上只有六个人，体形和歹徒都很像。

第一个人正在和管理人员争吵，吵得很凶；第二个人在一旁津津有味地看热闹；第三个人正在看一张报纸，报纸把脸遮住了，看不清面目；第四个人正在原地跑步取暖；第五个人一边等地铁，一边不停地看手表，显得很着急；第六个人裹着大衣坐在座位上，冷得直发抖。

福尔摩斯观察了一下，指着其中一个人对查理警官说：“他就是嫌疑犯！”你知道他指的是哪个人吗？

第八章 句子仿写技巧

仿写句子，即依照已有句子的形式造出新的句子来。模仿某些范文的语言、立意、构思、表现手法等技巧，进行写作训练，从仿写开始，懂一点仿写法则，是一条捷径。仿写句子主要是从以下三个方面考查学生能力。

（1）思维角度。①联想能力：相关或相反联想。②想象能力：举一反三的能力。③迁移能力：引用或化用名言名句、格言警句、俗语俚语歇后语、文学文化常识、其他学科知识的能力。④思辨能力：从日常生活中的人、事、物中去发现或体悟某种哲理。

（2）运用假设句、因果句、条件句、转折句、比喻、拟人、排比、对偶等各种句式和多种修辞手法的能力。

（3）表达能力。语言表达得简明、连贯、得体。

仿写有点仿和全仿两种。点仿即片段练习仿写，主要指仿语言。或仿开头，或仿结尾，或仿记叙，或仿描写，或仿议论。这种化整为零的仿写方法，可以较快地提高语言能力（适合低年级），全仿是从整体上模仿作文的方式（适合高年级）。

一、仿写的解题步骤

（一）审题目

1. **命题式** 设定一个语言材料，再另外命题确定内容。这类题目没有前后文，不需要考虑意义内容上的前后关联，只考虑句子本身的句式和意义关系。

2. **嵌入式** 所写句子夹在已供材料的中间，一般限定了句子表达的思维空间，要求与前后语句搭配得当，句式或前或后要相同。

3. **续写式** 根据例句的内容和句式，续写一个或多个句子。

4. **开放式** 一是不提供语言材料，只有内容或形式的要求；或提供语言材料，但所写内容自定。

（二）审例句 审例句，明确隐性要求。不同的例句隐性要求不同，我们一般可从“形神”两方面去考虑。从“形”方面一要考虑句子的类型，看它是单句还是复句，是陈述句还是疑问句，是整句还是散句等；二要考虑句子的基本结构，是单句要注意句子内部短语的结构，是复句要注意分句间关系（特别是关联词）；三要考虑修辞手法的运用。从“神”方面，一要理解原句的意义，把握句子内容上的要求，注意内容上的一致性，二要考虑句子的感情基调、用词的褒贬色彩。

（三）明确解法 一要“想得开”，即抓住例句中关键性词语，充分展开联想和想象。可从“形似”和“神似”两个方面进行相似联想。如“网”，从“形似”可以想到“渔网”“罗网”“铁丝网”“蜘蛛网”“排球网”等；从“神似”可以想到“法网”“因特网”“关系网”“知识网”等，还可进行相关联想，由这些不同的“网”想到相关的人、事、物、情、景、理。

二要“仿得妙”，要组织好语言，句子的语法要正确，语言表达要合乎情理，并力求有文采。具体来说要做到“神似、形似、意达、文雅”。

1．流水是大山的眼睛：飞瀑是泪水，深潭是瞳仁，淙淙潺潺的歌声是流水思绪的表白。

2．森林是地球的衣服：高大的乔木是外套，矮小的灌木是内衣，朵朵小花是森林的纽扣。

3．大地是宇宙的一部剧本：草儿是场景，鸟儿是旁白，人类是土地的主人翁。

二、句子仿写要五统一

（一）话题要统一 话题在此指仿写句子的中心，它一般有两种表现形式。

1．显性话题式，指题目中规定了陈述对象，在仿写时必须以给定的陈述对象为主语。

2．隐性话题式，指给定文段所隐含的中心主旨，仿写时根据上下语境，弄懂文意，把握主旨，并在此基础上发挥联想和想象，合理选材。

（二）修辞要统一 仿写句子的考查一般与对运用修辞的考查联系在一起，因此，仿写时要仔细分析给定句子所运用的修辞格，或比喻或排比，或对偶或比拟等。

（三）句式要统一 仿写句子一个突出的特点就是形式上的约束性，即严格按要求去写。这就要求我们必须弄清例句的结构特点、句型、语气，是常式句还是变式句，是陈述句、疑问句还是祈使句、感叹句；同时还要弄清句子内部的语意关系，是转折、递进、并列，还是因果、假设、总分等，仿写时须严格按例句的句式特点去造句，做到句式的统一。

（四）色调要统一 仿写句子除了必须做到前三项要求外，在选材和造句上还要注意色调的统一。色调即色彩和情调，在这里，既指语境色彩也指感情色彩，同时还包括仿句的创意和境界。

（五）词性的搭配要统一 褒贬义词的用法要统一。

三、联想在仿写中的基本类型

（一）相似联想 由一事物的某一特征、性质联想到具有此特征、性质的另一类事物。（比喻、拟人、通感等修辞均遵循了这一思维规律）

少年——雏鹰、牛犊、小树，少女——花朵、优美的旋律，白云——棉花、轻纱。

（二）相关联想 由一事物联想到与之相关的、有一定内容联系的另一类事物。（借代是这种思维的体现）

红领巾——少先队员，明月——嫦娥、桂树、玉兔、吴刚，发黄的照片——过去的岁月。

（三）对比联想 由对一事物的感知联想起与之特点相反的事物。

百草园——三味书屋，高山——平原，草原——沙漠，盛夏——严冬。

把仿句和写作结合起来将更是一举两得、事半功倍。能根据给定的句式仿写出精彩而整齐的文句，写作时也必定善于旁征博引，巧于铺排，使文章具有一种神采飞扬之势。

四、仿写类型及例题解析

（一）仿写修辞 运用修辞手法仿写句子，这是仿写在形式上最常见的要求。仿写时，应根据试题要求或例句特点，正确使用各种修辞方法，特别注意不能忽略隐含在例句中的修辞方法。如《冬天的松坊溪》中：雪降落下来了，柳絮一般的雪，像芦花花一般的雪，像蒲公英带着绒毛的种子在风中飞，雪降落下来了 。

作者运用了三个比喻把雪花优美的姿态形象鲜活地定格在学生脑海中。如果删去比喻句，表达效果会有什么影响？这三个比喻句是怎样把雪花、柳絮、芦花、蒲公英的种子联系在一起的，他们之间有什么相似之处？

例如 仿照下面的例句，任选一个事物分别从正面和反面立意，写出两个对人生有警示作用的句子。

例句：彩虹　正面：为让别人赏心悦目，献上自己七彩的人生。

反面：只务虚而不务实，决定了它只能昙花一现。

仿写：落叶　正面：为让树干得到滋养，献出自己短暂的生命。

反面：只享乐而不扎根，决定了它只能随风飘落。

简析：两个句子都仿用了例句的句式，都使用了拟人的修辞手法，用象征的手法突出了人生的寓意。

（二）仿写语境 仿写要切合材料的语境，要做到句意的连贯和统一。切合语境是仿写的重要原则。从题型看，仿写主要有嵌入式、续写式和提供范例式三种，前两种形式的仿写不仅要考虑与上下文的衔接和照应，还要注意仿写内容与语境的一致性，甚至也包括用语特点、情感基调和文体风格等，这是仿写时最容易被忽略也是最难以把握的地方。相比于前两种形式，提供范例的仿写就要自由得多，但这种自由主要表现在仿写内容不再受到语料的制约，而在行文特点等方面仍须与提供的范例力求相似。选材料是仿写的重要步骤。仿写时，既要充分发挥联想和想象，还要善于运用选材的技巧。例如，在提供的语段中仿写骈偶句或排比句，根据整句的特点和句意的要求，通常需要上下句前后相承或正反相对，句与句的内容相互关联或前后一致。要做到这一点，最好的办法就是要学会选材的技巧。

例句：金钱能买来花朵，买不来友谊；金钱能买来礼物，买不来真情。

仿句：金钱能买来书籍，买不来知识；金钱能买来奉承，买不来尊敬。

例句：假如生命是一株小草，我愿为春天献上一点嫩绿。

仿句：假如生命是一棵大树，我愿为大地（夏日）撒下一片绿荫（阴凉）。

仿句：假如生命是一朵鲜花，我愿为世界奉上一缕馨香。

仿句：假如生命是一枚果实，我愿为人间留下一丝甘甜。

例句：幸福是贫困中相濡以沫的一块糕饼，幸福是患难中心心相印的一个眼神。

仿句：幸福是父亲一次粗糙的抚摸，幸福是朋友一个温馨的字条。

仿句：幸福是母亲一生温柔的叮咛，幸福是老师一次亲切的问候。

（三）仿写句子 找出不变的词语，找出修辞手法。字数相同或基本相等，结构形式相同，围绕一个主题。

事业说：人生就是建筑历史的一块砖石。

友谊说：人生就是帮助别人攀登的阶梯。

奋斗说：人生就是与风浪搏斗的那双桨。

勤劳说：人生就是耕耘大自然的老黄牛。

（四）仿写句式 一般指的是对文本中前后结构相似、意思相连的句子的仿写。这些句子通常是几个句子排列在一起，在文本中往往能起到加强语势，增强美感的作用。

例如 朱自清《匆匆》：洗手的时候，日子从水盆里过去；吃饭的时候，日子从饭碗里过去；默默时，便从凝然的双眼前过去。

仿写：看书的时候，日子从书本上过去；玩耍的时候，日子从欢笑声中过去；写字的时候，日子从笔尖过去；放风筝的时候，日子随风筝飞走了。

（五）仿写词语 语言的规范恰当主要体现在词汇的运用方面。既要适境得体，又要注意感情色彩的变化。将文本中学到的词汇具体妥帖地运用在仿写当中。用指定的词或不指定的词或短句造出新的独立的句子。

例如 《从百草园到三味书屋》：扫出一块空地来，用短棒支起一个大竹匾，撒下秕谷，看鸟雀下来啄食时，远远地将缚在棒上的绳子一拉，那鸟雀就罩在竹匾下了。

作者运用了一系列的动词，如扫、支、撒、看、拉、罩，这些动词的运用丰富了文本的内容，使整个捕鸟过程在我们的眼前顿时生动起来。

五、仿写的类型总结公式表

仿写的类型总结公式表

（一）**仿写修辞** 运用修辞手法仿写句子，这是仿写在形式上最常见的要求。仿写时，应根据试题要求或例句特点，正确使用各种修辞方法，特别注意不能忽略隐含在例句中的修辞方法。

例句：彩虹

正面：为让别人赏心悦目，献上自己七彩的人生。

反面：只务虚而不务实，决定了它只能昙花一现。

（二）**仿写语境** 仿写要切合材料的语境，要做到句意的连贯和统一。切合语境是仿写的重要原则。

例句：假如生命是一株小草，我愿为春天献上一点嫩绿。

仿句：假如生命是一棵大树，我愿为大地（夏日）撒下一片绿荫（阴凉）。

（三）**仿写句子** 找出不变的词语，找出修辞手法。字数相同或基本相等，结构形式相同，围绕一个主题。事业说：人生就是建筑历史的一块砖石。

奋斗说：人生就是与风浪搏斗的那双桨。

（四）**仿写句式** 一般指的是对文本中前后结构相似，意思相连的句子的仿写。这些句子通常是几个句子排列在一起，在文本中往往能起到加强语势，增强美感的作用。例句：朱自清《匆匆》：洗手的时候，日子从水盆里过去；吃饭的时候，日子从饭碗里过去；默默时，便从凝然的双眼前过去。

仿写：看书的时候，日子从书本上过去；玩耍的时候，日子从欢笑声中过去；写字的时候，日子从笔尖过去；放风筝的时候，日子随风筝飞走了。

（五）**仿写词语** 语言的规范恰当主要体现在词汇的运用方面。既要适境得体，又要注意感情色彩的变化。将文本中学到的词汇具体妥帖地运用在仿写当中。用指定的词或不指定的词或短句造出新的独立的句子。如《从百草园到三味书屋》：扫出一块空地来，用短棒支起一个大竹匾，撒下秕谷，看鸟雀下来啄食时，远远地将缚在棒上的绳子一拉，那鸟雀就罩在竹匾下了。作者运用了一系列的动词，如扫、支、撒、看、拉、罩，这些动词的运用丰富了文本的内容，使整个捕鸟过程在我们的眼前顿时生动起来。

（六）**文章的仿写** 文章的仿写有五种：“仿写文章题目”“仿写文章体裁”“仿写顺序”“仿写结构方法”“ 仿写表达方式”。

六、仿写的重点总结公式表（句子仿写要五统一）

仿写的重点总结公式表（句子仿写要五统一）

（一）**话题要统一**　话题在此指仿写句子的中心，它一般有两种表现形式。

1. 显性话题式，指题目中规定了陈述对象，在仿写时必须以给定的陈述对象为主语。

2. 隐性话题式，指给定文段所隐含的中心主旨，仿写时根据上下语境，弄懂文意，把握主旨，并在此基础上发挥联想和想象，合理选材。

（二）**修辞要统一**　仿写句子的考查一般与对运用修辞的考查联系在一起，因此，仿写时要仔细分析给定句子所运用的修辞格，或比喻或排比，或对偶或比拟等。

（三）**句式要统一**　仿写句子一个突出的特点就是形式上的约束性，即严格按要求去写。这就要求我们必须弄清例句的结构特点、句型、语气，是常式句还是变式句，是陈述句、疑问句还是祈使句、感叹句；同时还要弄清句子内部的语意关系，是转折、递进、并列，还是因果、假设、总分等，仿写时须严格按例句的句式特点去造句，做到句式的统一。

（四）**色调要统一**　仿写句子除了必须做到前三项要求外，在选材和造句上还要注意色调的统一。色调即色彩和情调，在这里，既指语境色彩也指感情色彩，同时还包括仿句的创意和境界。

（五）**词性的搭配要统一**　褒贬义词的用法要统一。

附：文章的仿写

文章的仿写有五种

1. **仿写文章题目** 题目是文章的眼睛。好的作文题目本身就很吸引人，如：抠妈妈、怪老师、傻孩子、凶爸爸等。

2. **仿写文章体裁** 童话故事、寓言故事、记叙文、说明文、读后感、诗歌、书信、日记、应用文等不同体裁的不同写法。

3. **仿写顺序** 顺序有时间顺序、事情发展顺序、方位顺序、倒叙、插叙等。

4. **仿写结构方法** 总分、总分总、结构，包括文章详略。开头结尾方法等都可模仿。

5. **仿写表达方式** 比喻、拟人、象征、动静结合、场景描写等。

中转站23

侦探推理小故事（答案见332页）

玉　　雕

一件名贵的玉雕正在博物馆展出，恰巧这几天天气晴朗，不少游客都赶去参观。快闭馆的时候，一个窃贼也混了进去。他背着照相机，拿着一把晴雨伞，趁人不注意的时候躲到了大厅的楼梯间里。不久，博物馆便清场了。

窃贼听到大厅里没有动静了，便蹑手蹑脚地钻了出来，从晴雨伞的伞柄中取出开锁的工具，接着又从照相机套子中取出赝品。此时，外面恰巧下起了大雨，风雨声遮盖了一切声音，小偷便趁机弄开展柜，换下玉雕，然后将一切恢复原状，又躲进了楼梯间。

第二天一早雨还在下，博物馆里的人比昨天少了一些，窃贼从楼梯间溜了出来，他看到游客们正在欣赏那赝品，不由得暗暗好笑，可是他撑开雨伞准备走出博物馆大门时，却被前来参观的福尔摩斯挡住了。福尔摩斯问他昨天晚上躲在博物馆里干什么？窃贼做贼心虚，解释不清，福尔摩斯立刻说："跟我去趟警局吧！"

你知道福尔摩斯是从哪里看出窃贼破绽的吗？

第九章
怎样修改病句

病句就是指结构不完整，意思表达得不明确、不清楚，有错误的句子。

一、常见病句的病因

（一）用词不当 主要有下面几种情况。

1. 褒词贬用或贬词褒用 如：

张敏同学说的话很对，我们都附和他。

李明同学很顽强，不肯虚心接受同学们的意见。

第一句话中，“附和”多是用于贬义，是贬词褒用，显得感情色彩不合，应把“附和”改为“赞同”。第二句话中，“顽强”是褒词贬用，感情色彩与句子意思也不合，应改“顽强”为“固执”。

2. 用表示整体的词来说个体 如：

我家总共有五个人口。

爷爷给我买了四本书籍。

第一句话中的“人口”和第二句话中的“书籍”，都是表示整体的词，“五个”和“四本”都是表示个体的。所以，应把“人口”改为“人”，“书籍”改为“书”。

3. 有的同所说明的对象不相称 如：

李老师很爱戴学生。

我们大家都很爱护饲养员赵大叔。

这头猪长得很胖。

群众对领导，年轻的对年老的用“爱戴”，领导对群众，年老的对年轻的，同学、同志或朋友之间，兄弟姐妹间用“爱护”。第一句应改为“爱护”，第二句应改为“爱戴”。第三句用胖来说明“猪”是不当的，应改为肥。

4. 有的词语应该是重的说轻了，有的词语应该是轻的说重了。如：

班长对我们班级的贡献非常卓越。

少先队员们明天将要到实验田去考察。

这位老农民种棉花，有点体会。

第一句中的“卓越”，第二句中的“考察”语意都太重了，第一句应改为“非常大”，第二句应改为“参观”。第三句有点体会，语意太轻，应改为“有很丰富的经验”。

（二）搭配不当 在现代汉语中，某些词语之间在一定程度上已经建立了相应的确定性的关系，即形成了一种搭配习惯。如果在使用时，违反了这种约定俗成的使用习惯，就不可避免地犯了“搭配不当”的错误。

1. 主谓搭配不当 如：

老师布置我做的作业，已经在星期五实行了。

这学期，李明的学习成绩大大地增加了。

第一句“作业”是主语，“实行”是谓语，可以说这个措施实行了，不能说作业实行了，应该把“实行”改为“完成”。

第二句话，用谓语“增加”来说明主语“成绩”怎么样，应把“增加”改为“提高”。

2. 动宾搭配不当 如：

我们要继承和发扬老一辈的革命事业。

我一定要发挥优点，改进缺点。

第一句话中的“继承”可以和革命事业搭配，“发扬”则不能和“革命事业搭配”。可以删去“和发扬”，也可以删去“继承和”，但要把“事业”改为“精神”。

第二句话中的“发挥优点”与“改进缺点”的说法都有动宾搭配不当的问题，应把“发挥”改为“发扬”，把“改进”改为“改正”。

3. 附加成分与中心词搭配不当 如：春天的长安是美丽的季节。

中心词是“春天”，应该说“春天是季节”，不能说“长安是季节”，主要成分与附加成分之间搭配不当。这句话应改为“长安的春天是美丽的季节”。

4. 中心词（动词或形容词）与前、后附加成分搭配不当 如：王老师讲完故事后，同学们激烈地鼓掌。

鼓掌是一种欢迎、高兴、感谢的表现。“激烈”这个词多用来说明斗争的尖锐程度，应把“激烈”改为“热烈”。

5. 关联词语搭配不当。如：黄继光不但壮烈牺牲了，而且他永远活在我们的心中。

错用关联词，会造成关联词语与句子所要表达的意思不一致。例句就错把两个分句之间的转折关系当成了递进关系。正确的关联词语应该用“虽然……但是……”

（三）词序颠倒 句子中的词语的位置排的不对，结果产生了语法上的错误，引起意义上的混乱。如：

在学习雷锋活动中同学们普遍觉悟提高了。

我们必须认真克服并随时发现工作中的缺点。

这几句话都是由于词语的位置摆得不对而造成意义上的混乱或语法上的错误。

第一句话中的“普遍觉悟”没有这样的说法。因此，句子的意思是不通的，主要也是词序颠倒造成的。应改为：“在学习雷锋的活动中，同学们的觉悟普遍地提高了。”

第二句话中的“发现”“克服”两个动词共管一个宾语，这两个动词的次序又用颠倒了，按顺序应该是“发现缺点”在先，“克服缺点”在后，所以，应该改成“我们必须随时发现并认真克服工作中的缺点。”

（四）重复啰嗦 如：

我不禁忍不住流下了眼泪。

重复啰嗦，即在同一个句子里连续使用了两个或两个以上意思相同或相近的词语。修改时，只需删去多余的词语即可。例句中，“不禁”与“忍不住”意思大致相同，删去其中一个即可。

这是一朵很美丽、很漂亮、很好看的花。

“美丽”“漂亮”“好看”三个词语的意思重复。所以，三个词只要保留一个就可以了。

（五）前后矛盾 一句话的意思前后应该符合事理，不能前后矛盾。如：

我和李明同学一前一后肩并肩地走出学校。

这篇发言稿我完全同意，但是，有的地方还需要修改。

第一句话中的“一前一后”与“肩并肩”在一个句子中使用，就相互矛盾了，必须去掉一个词。

第二句话中，既然说“有的地方还需要修改”，那就表明“我”还有不同意的地方。这与“完全同意”是自相矛盾的，应该删去“完全”，在“同意”前加上“基本上”。句子改为“这篇发言稿我基本上同意，但是有的地方还需要修改一下。”

（六）前后脱节 就是一句话的意思还没有说完，就又另起炉灶，说别的事去了。所以，造成句子的前言不搭后语，前后意思脱节。如：

这本书有声有色。

我的家乡是锦州市人。

第一句话中的，“书”不会“有声有色”，前后的意思不衔接，所以，应改为：“这本书写得有声有色。”

第二句话中的“家乡”不能是“人”，前后的意思明显是脱节的。应把这个句子改为：“我的家乡是锦州市。”或“我是锦州市人。”

（七）成分残缺 一个句子如果缺少必要的成分，就不是完整的句子。这种病句常见的有：缺主语、缺谓语、缺宾语。

1. 主语残缺 如：为了夺取泸定桥，纷纷报名参加突击队。

“谁”纷纷报名参加突击队？没有说明。主语残缺。应加上主语“战士们”。句子应改为：“为了夺取泸定桥，战士们纷纷报名参加突击队。”

2. 谓语残缺 如：秋天，公园里五颜六色的菊花。

“秋天，公园里五颜六色的菊花。”“菊花”怎么样也没有说出来。可以在句子的后面补充“开得十分鲜艳”。

3. 宾语残缺 如：我们从小就要培养艰苦朴素。

没有说清楚，“培养”什么，缺少宾语。“艰苦朴素”是修饰“培养”的对象的，它本身不是“培养”的对象，可补充“的作风”。

（八）指代不明 如：小刚和小军约好星期天去他家玩。

句中使用代词或量词如果指代不明确，就会造成句意含糊不清。修改的方法是使人或事物具体化。例句中的“他”不知是指小刚还是小军，应将“他”改为“小刚”或“小军”。

（九）分类不当 即句子中把不是一类的归为了一类。如：菜园里种着西红柿、西瓜、黄瓜、扁豆、苹果等蔬菜。

把所属或种类不同的事物混淆在一起，就造成了分类不当的毛病。例句中的“西瓜”“苹果”是水果，“蔬菜”不能包括他们，应把“西瓜”“苹果”删去，或者在“蔬菜”前加上“瓜果”，或将“蔬菜”删去。

（十）不合情理 如：农民们冒着凛冽的寒风收割稻子。

在一个句子中，如果所要表达的意思有违反常规或违背客观事实的现象，即为“不合情理”。例句中“稻子”成熟是秋季，农民不可能“冒着凛冽的寒风”收割稻子。

二、修改病句的原则

把握句意，修改得要少，改动得要巧，要尽可能保住原句的意思，务求全句改得妥帖，避免以错改错。

（一）对症下药，有针对性 简单地说，就是什么地方有毛病，就改什么地方；是什么样的毛病，就用相应方法来改。所以对各种病句的类型一定要心中有数，针对造成语病的原因进行修改。

（二）尽量保持句子的原意 每一个病句，一般都包含双重意义，一是没有正确表达出来的句子的原意，一是已经表达出来的歪曲了原意的错误意思。改正病句时，应尽量分析并把握它所要表达的原意；在尽量保持原意的前提下，将错误的地方加以适当的修改、调整。切忌违背原意，另起炉灶，按自己个人的意志另选一个句子去代替原句，或者添枝加叶来雕饰句子。这样做，往往会背离原意而达不到正确改正语病的目的。

（三）要善于运用多种方法进行修改 每一个病句，几乎都可以从语法、修辞、逻辑的角度来分析其造成语病的原因。这样，同一个病句，也就可以有多种不同的修改方法。至于用哪一种方法来修改更加合适，这就要看病句本身的语病类型，看表达的需要，看具体的语境。我们还要注意，能够用调整语序的方法来修改，就尽量不要增删词语；改一处可以解决问题就决不改两处；修改病句要注意句意的简洁，尽量保持句式或陈述者对象一致。

三、修改病句的步骤

（一）读懂原句，弄清本意 首先要仔细读病句，弄明白它要表达的主要意思。

（二）查找病因，确定病症 围绕句子的主要意思找出病句的原因所在，弄懂属于哪种类型的病句。

（三）对症下药，修改病句 弄清病因后，要针对句子存在的问题，想好删去什么、添上什么、更换什么，然后动手改病句。

（四）仔细检查，完成练习 读修改后的句子，看是否正确，是否保留了句子的原意。

四、修改病句的方法

（一）修改成分残缺的句子，最主要的是要了解缺少哪个部分。如："放声歌唱"。这一句缺少了基本成分"谁"，所以句子表达的意思不明确，修改的办法是补上这一部分，可改为："同学们放声歌唱。"

（二）修改意思重复的句子，最主要的是要了解哪个部分的意思是重复多余的。如："我把不正确的错别字改正过来了。"显然"不正确"重复了"错别字"的含义，修改的办法是把"不正确"或"错别"去掉一个，保留一个，成为："我把不正确的字改正过来了。"或者"我把错别字改正过来了。"

（三）修改用词不当的句子，最主要的是找出哪个词语使用不当，以及错误的性质（用错了近义词，范围使用不当，词语搭配不当）。如："小刚十分爱护时间。""爱护"的意思是爱惜并保护，用在"时间"前面不恰当，可改用"爱惜"（意思是因为重视而不糟蹋），成为："小刚十分爱惜时间。"

（四）修改词序颠倒的句子，最主要的是找出哪个词语的位置错了，如："我们讨论了并且听了校长的报告。”读句子后就能发现先讨论报告再听报告是不符合事情的先后顺序的，必须是先听报告再讨论报告，成为：“我们听了并且讨论了校长的报告。”

五、常用的修改符号

常用的修改符号有12种，另外：1993年11月16日，我国发布了中华人民共和国专业校准GBIT14706—1993《校对符号及其标准》。该标准规定的符号共有21种，常用的有以下12种。

（一）删除号范例 用来删除字、标点符号、词、短语及长句或段落。

（二）恢复号 又称保留号，用于恢复被删除的文字或符号。如果恢复多个文字，最好每个要恢复的字下面标上恢复号。

（三）对调号 用于相邻的字、词或短句调换位置。

（四）改正号 把错误的文字或符号更正为正确的。

（五）增添号 在文字或句、段间增添新的文字或符号。

（六）重点号 专用于赞美写得好的词、句。

（七）提示号 专用于有问题的字、词、句、段，提示作者自行分析错误并改正。

（八）调遣号 用于远距离调移字、标点符号、词、句、段。

（九）起段号 把一段文字分成两段，表示另起一段。

（十）并段号 把下段文字接在上文后，表示不应该分段。

（十一）缩位号 把一行的顶格文字缩两格，表示另起段，文字顺延后移。

（十二）前移号 文字前移或顶格。

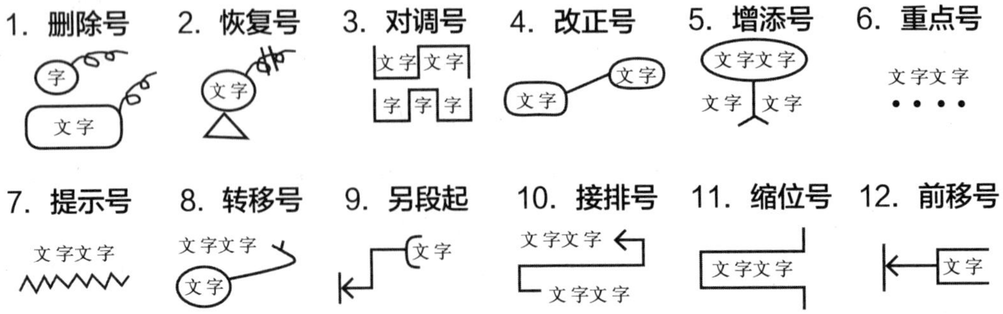

第十章
成语 谚语 俗语 歇后语 格言 警句

一、成语

（一）成语的定义与注释　成语是语言中经过长期使用、锤炼而形成的固定短语。它是比词的含义更丰富而语法功能又相当于词的语言单位，富有深刻的思想内涵，简短精辟易记易用，并常常附带有感情色彩，包括贬义和褒义。成语一共有5万多条，其中96%为四字格式，也有三字、五字、六字、七字等以上成语。有的成语甚至是分成两部分，中间用逗号隔开。

（二）成语的来源有五个方面

1. **神话传说**　如夸父逐日和精卫填海。
2. **寓言故事**　如刻舟求剑和狐假虎威。
3. **历史故事**　如负荆请罪和破釜沉舟。
4. **文人作品**　如老骥伏枥和青出于蓝。
5. **外来文化**　如功德无量和火中取栗。

（三）成语与俗语的区别　俗语以形象为主体；成语以精练为特色。俗语多为完整的句子，长短不一，运用时可以变通；成语多为四个字的稳定结构，形式整齐。俗语流行于人民群众的口头上，文字上保持着通俗的特点；成语多用作书面语，文字上趋向典雅。俗语语句结构如果趋向整齐，就有可能转化为成语；成语如果增加形象化的成分，就有可能转化为俗语。俗语转化为成语，仍然可以保持它的形象性；成语转化为俗语，如果缺少形象，就要加以补充，往往转化为歇后语。俗语与成语，二者既有联系，又有区别。俗语有俗语的优点；成语有成语的长处。俗语使得描写生动活泼，成语使得论述铿锵有力，都值得好好学习。有些图书把俗语、谚语并称为俗谚，把它们汇编在一起。汇编在一起是可以理解的，但二者并不相等。谚语只是俗语的一部分，它是一些总结知识经验，寓有思想意义的俗语。

二、谚语

谚语是在人民群众中广泛流传的固定语句，是人民群众在长期生活实践中总结出来的经验和教训的结晶。谚语虽然简单通俗，但反映的道理却非常深刻，一般都能揭示客观事理，富于教育意义，如“天下乌鸦一般黑”“众人拾柴火焰高”“吃不穷、穿不穷，不会算计一世穷”等。恰当地运用谚语可使语言活泼风趣，增强文章的表现力。谚语不仅是我们中华民族的结晶，同时在外国也受到广泛应用。谚语反映的内容涉及社会生活的各个方面。

（一）谚语根据内容，可以分为三类

1. 认识自然和总结生产经验的谚语

例如 “长虫过道，大雨要到”“东北有三宝：人参、貂皮、乌拉草”。

2. 认识社会和总结社会活动经验的谚语

例如 “人敬富的，狗咬破的”“放虎归山，必有后患”。

3. 总结一般生活经验的谚语

例如 “寒从脚起，病从口入”“早晨起得早，八十不觉老”。

（二）谚语与成语的主要区别 谚语一般是句子，成语大多是词组；谚语一般显得通俗，成语大多显得典雅。农谚往往带有地域性，成语具有全民性。

三、俗语

俗语是汉语语汇里为群众所创造，并在群众口语中流传，具有口语性和通俗性的语言单位，是通俗并广泛流行的定型的语句，简练而形象化，大多数是劳动人民创造出来的，反映人民的生活经验和愿望。俗语，也称常言、俗话，这三者是同义词。俗语来源很广，既来自人民群众的口头创作，也和诗文名句、格言警语、历史典故等有关联。如“冰冻三尺，非一日之寒”“不听老人言，吃亏在眼前”“不养儿不知父母恩”“吃人家饭，受人家管”“大树底下好乘凉”“大意失荆州”“大丈夫能屈能伸”“地在人种，事在人为”……

四、歇后语

歇后语是我国人民在生活实践中创造的特殊语言形式。一般由两个部分构成，

前半截是形象的比喻，像谜面，后半截是解释、说明，像谜底，十分自然贴切。在一定的语言环境中，通常说出前半截，“歇”去后半截，就可以领会和猜想出它的本意，所以就称为歇后语。

歇后语可以分成两种类型

1. 逻辑推理式的，说明部分是从前面比喻部分推理的结果

例如 猪八戒照镜子——里外不是人；水仙不开花——装蒜；哑巴吃黄连——有苦说不出。

2. 谐音的歇后语，它在前面一种类型的基础上加入了谐音的要素

例如 外甥打灯笼——照旧（舅）；孔夫子搬家——净是输（书）；火烧旗杆——长叹（炭）；粪坑关刀——文（闻）也不能，武（捂）也不能；百日不下雨——久情（晴）；百尺竿头挂剪刀——高才（裁）。

五、格言

格言是具有教育意义的警句。一般出于名人之手，而在群众中广泛流传。 例如“穷不失义，富而不骄。”（《孟子》）“兼听则明，偏信则暗。”（《资治通鉴》）“满招损，谦受益。”（《尚书》）格言意在阐发事理，多为警策之辞，所以在议论中引用格言，能够给人以启示，更富于说服力。 格言在形式上与谚语相似，都是完整的句子，在内容上一般都具有教育意义。但二者又有区别：从来源看，谚语多出自群众集体创造，格言则往往出自名人之手；从语体看，谚语多为口语，而格言多为书面语。

综上所述，谚语、俚语（描述性的俗语）、歇后语，这三部分构成俗语的整体。俗语是歇后语、谚语、顺口溜等的总称。俗语属于口语型的语句，与书面语型的成语、格言有所区别，它们是汉语的口语和书面语的两大系统。

六、警句

一般是一句话或一段引语，主要用来激励和告诉当事人某些道理，提醒人们在生活中时刻保持着某种精神品格，所以也叫醒句。也就是指一些名人或普通人说的、写的，历史纪录，经过实践所得出的结论或建议，以及警世的比较有名的言语，是浓缩的精华。它的基本特点是句子简洁而含义深刻动人。如“先天下之忧而忧，后天下之乐而乐！”

七、例题解析（成语、俗语、格言、谚语的例句比较）

（一）成语与俗语 俗语，也称常言、俗话，这三者是同义词。俗语一词，已经普遍用作语言学的术语；常言一词，带有文言的色彩；俗话一词，则有口语的气息。

有的文章中偶尔也把俗语称作成语。俗语和成语都是汉语中的约定俗成的语言形式，二者关系密切。“约定俗成”这一成语，就包含着俗、成二字。但从学习的角度来看，它们还是各有特点的。试比较下列例句：

甲：大鱼吃小鱼，小鱼吃虾米。

乙：弱肉强食。

甲：多年的老歪树，直不起来了。

乙：积重难返 。

甲：后长的牛角，比先长的耳朵长。

乙：后来居上。

甲：捡了芝麻，丢掉西瓜。

乙：因小失大。

甲：你走你的阳关道，我过我的独木桥。

乙：分道扬镳。

甲：前怕狼，后怕虎。

乙：畏首畏尾。

甲：打破砂锅问到底。

乙：刨根问底。

甲：王八看绿豆，对上眼儿。

乙：一见钟情。

以上各组例句，甲、乙意思相同，甲为俗语，乙为成语。俗语以形象为主体，成语以精练为特色。俗语多为完整的句子，长短不一，运用时可以变通；成语多为四个字的稳定结构，形式整齐。俗语流行于人民群众的口头上，文字上保持着通俗的特点；成语多用作书面语，文字上趋向典雅。从这一比较中，可以从主要方面做出界定：俗语是以形象为主体的通俗的口语，它的结构形式相对稳定，而在实际运用中可以灵活变通。

就外延来说，俗语跟成语难免有交错的情况。俗语虽然以形象为主体，但也不排除精练；成语虽然以精练为特色，但也不排除形象。成语虽然绝大多数是四字结构，但也有一些是由四个以上的字组成的；俗语句式虽然长短不齐，但也有少量是由四个字组成的。俗语虽然多为口语，但已广泛进入文学作品，甚至哲学、科技图书中也经常用到；而随着人们教育水准的提高，成语在口语中也经常使用。这样，俗语跟成语，就可能互相渗透，存在着交错现象。例如：

1．城门失火，殃及池鱼。（形象，八个字，成语→俗语）

2．三天打鱼，两天晒网。（形象，八个字，成语→俗语）

3．雪上加霜。（形象，四字，俗语→成语）

4．习惯成自然。（精练，五字，俗语→成语）

5．不敢越雷池一步。（形象，精练，七字，俗语→成语）

俗语是口语型的，成语是书面语型的。这些语例，兼有俗语和成语的某些特点，看来俗语辞典、成语辞典都可以收录，好在这种情况并不算多。

俗语和成语，有时候也可能互相转化，并同时存在。例如：

1．板凳没焐热——席不暇暖。

2．打老鼠又怕碰破玉瓶儿——投鼠忌器。

3．火烧眉毛顾眼前——燃眉之急。

4．鸡蛋碰石头——以卵击石。

俗语语句结构如果趋向整齐，就有可能转化为成语；成语如果增加形象化的成分，就有可能转化为俗语。俗语转化为成语，仍然可以保持它的形象性；成语转化为俗语，如果缺少形象，就要加以补充，往往转化为歇后语。俗语与成语，二者既有联系，又有区别。俗语有俗语的优点，成语有成语的长处。俗语使得描写生动活泼，成语使得论述铿锵有力，都值得好好学习。

（二）谚语和格言　有些图书把俗语、谚语并称为俗谚，把它们汇编在一起。汇编在一起是可以理解的，但二者并不相等。谚语只是俗语的一部分，它是一些总结知识经验，寓有思想意义的俗语。例如：

1．白酒红人面，黄金黑世心。

2．不听老人言，吃亏在眼前。

3．国家的事再小也是大的，个人的事再大也是小的。

4．火车跑得快，全靠车头带。

5．江山易改，本性难移。

6．金子碎了分量在。

7．靠山山倒，靠水水流。

8．留得青山在，不怕没柴烧。

格言也总结知识经验，寓有思想意义。但仔细区分，仍稍有不同。格言所总结的知识经验主要是社会方面的，多属逻辑思维，是哲理性的语句，常出自名人名著；而谚语总结的知识经验不限于社会方面，也包括自然科学、生产实践（如农谚），它出自人民群众之口，多属形象思维，是文学性的语言。这种区别，应该把格言归入书面语一类，把谚语归入口语一类。但是，也难免有交错的情况。例如：

甲：满招损，谦受益。（书面语）

乙：虚心使人进步，骄傲使人落后。（口语）

甲：有志者事竟成。（书面语）

乙：天下无难事，只怕有心人。（口语）

甲：先天下之忧而忧，后天下之乐而乐。（书面语）

乙：吃苦在前，享乐在后。（口语）

以上三组，严格地说，甲为格言，乙为谚语。但是，由于人们教育水准的提高，这些带有文言色彩的格言也进入了口语。我们只能尽可能地加以区分，而不得不承认，实际上存在一些交错现象。

俗语中一部分为谚语，另一部分是描述性的语句，它们并没有总结知识经验，而只是表述一种情态。例如：

1. 不认这壶酒钱。
2. 不知道哪头炕热。
3. 蝉曳残声过别枝。
4. 横挑鼻子竖挑眼。
5. 眉毛胡子一把抓。
6. 起大早，赶晚集。
7. 求爷爷，告奶奶。
8. 外国的月亮比中国的圆。
9. 摇头不算点头算。
10. 中看不中吃。

这一部分语句是描述性的，跟总结知识经验的谚语不同，而又无确定的术语，现在只是笼统地称为俗语，实在有必要把它跟谚语区别开来，给它一个确定的名称。有的图书称之为“惯用语”，但所涉及的语言现象却是“俚语”，如：背靠背、开夜车、乱弹琴、磨洋工、冤大头，等等。有人曾用“熟语”来称呼描述性的俗语。熟语这一术语的定义，也不十分明确，有的辞典又把它当作高于俗语、成语的术语来使用，而它本身又跟“俗语”的读音近似，某些方言区甚至就是同音词，作为术语，自身有不足之处。再三斟酌，觉得不如用“俚语”来代替。

俚语，这个术语有时跟俗语相混，俚俗并称。这个“俚”，跟“乡里”之“里”有关，望文生义，也就是里人（乡下人）的意思。俚语常指带有方言色彩的土语。既然它有时跟俗语相混，而“惯用语”实际上又多指俚语，不如就借用“俚语”一词，来专指这些描述性的俗语。

第九部分 参考答案

●中转站1

百科知识 ①白色 ②月亮 ③红色 ④7 ⑤嘉峪关 ⑥半小时 ⑦牛顿 ⑧湖北 ⑨四川省 ⑩错，是一段小程序

脑筋急转弯 ①都变成人了 ②因为他嗓子哑了 ③要不然怎么穿 ④一只蛐蛐的昵称 ⑤乌贼 ⑥牛粪很臭，两只脚捏住鼻子了 ⑦抛起一个球，待它要落下的时候把另一个抛起 ⑧今天在饭馆里吃饭 ⑨ 变成蝴蝶飞过去 ⑩蚊子

猜成语 ①食不重味 ②见义勇为 ③付诸东流 ④残羹冷炙 ⑤清仓盘库 ⑥自不量力 ⑦气味相投 ⑧置之不顾 ⑨束之高阁

●中转站2

百科知识 ①非洲东岸 ②散热 ③格陵兰岛 ④平流层 ⑤台湾岛 ⑥温度 ⑦日本 ⑧不是 ⑨翅膀振动 ⑩六角形

脑筋急转弯 ①他喝醉酒了 ②雨伞制造商 ③郑板桥 ④你看过猫戴眼镜吗？ ⑤不卖 ⑥哈巴狗 ⑦8个，女儿是最小的 ⑧两张都捡 ⑨ 在下象棋 ⑩火车头

猜成语 ①言必有中 ②爱才如命 ③热气腾腾 ④利令智昏 ⑤旁观者清 ⑥招兵买马 ⑦花言巧语 ⑧胆战心惊 ⑨欺人太甚

●中转站3

百科知识 ①亚洲太平洋 ②坏人 ③田赛和径赛 ④不能 ⑤206块 ⑥青海湖 ⑦长城站 ⑧24小时 ⑨贝尔 ⑩金刚石（钻石）

脑筋急转弯 ①因为它们比赛的是狗刨式游泳 ②是“一” ③喂草呗 ④落水狗 ⑤田、吾 ⑥妈妈的膝盖上 ⑦十二生肖 ⑧再睡一觉 ⑨因为还有一半朋友不知道他破产了 ⑩小象

猜成语 ①枪林弹雨 ②微乎其微 ③可乘之机 ④买空卖空 ⑤双管齐下 ⑥待人接物 ⑦家长里短 ⑧川流不息 ⑨四脚朝天

●中转站4

百科知识 ①迅速切断电源 ②120 ③119 ④五星红旗 ⑤右侧卧 ⑥2

次　⑦1.5小时　⑧六十　⑨金木水火土　⑩太阳

脑筋急转弯　①理发师　②新郎官　③已经挖好，所以没有土　④石家庄　⑤象棋盘上　⑥四十三

猜成语　①称王称霸　②深居简出　③死里求生　④地动山摇　⑤蛛丝马迹　⑥多事之秋　⑦反客为主　⑧点石成金　⑨胆大心细

侦探推理小故事（列车劫案）1. 劫匪戴着只露眼睛的头套，怎么可能吸烟呢？2. 火车声音很响，连说话都听不清，皮特怎么还能听到那两声轻轻的敲门声呢？

●中转站5

百科知识　①光波在空气中的传播速度比声速快　②许海峰　③24小时　④张衡　⑤伏特　⑥小麦　⑦李四光　⑧鸡　⑨长颈鹿　⑩对

脑筋急转弯　①傻瓜　②最后一个小朋友把盆子一起拿走了　③把“冰”字去掉两点，就成了“水”　④理发师　⑤这是“错”字　⑥自己　⑦用来包蛋清和蛋黄　⑧打哈欠　⑨做梦　⑩泥人

猜成语　①大声疾呼　②日行千里　③打成平手　④百里挑一　⑤七零八落　⑥一五一十　⑦千变万化　⑧丢三落四　⑨豆蔻年华

●中转站6

百科知识　①心血管系统　②诸子文集　③1964年10月16日　④产卵　⑤测定地震的方向　⑥36℃~37℃　⑦88个　⑧武汉长江大桥　⑨勤洗头、勤理发、勤洗澡、勤剪指甲、勤换衣　⑩立即用冷水冲洗或浸泡

脑筋急转弯　①睡觉　②小明是聋哑学生　③风车　④每个月都有28天　⑤不如床上舒服嘛　⑥碘酒　⑦考试得的零蛋　⑧打瞌睡　⑨在车轨上　⑩时钟本来就不会走

猜成语　①千头万绪　②听其自然　③解甲归田　④认贼作父　⑤苟延残喘　⑥见利忘义　⑦百川归海　⑧袖手旁观　⑨混淆视听

●中转站7

百科知识　①中华人民共和国　②反客为主　③北冰洋　④海洋面积大　⑤是农历，也叫阴历　⑥苏联　⑦1966年　⑧6月6日　⑨江西省　⑩下午2点

脑筋急转弯　①塑料花　②遗书　③飞机停在地上　④CD　⑤盲人　⑥小明是老师　⑦铁锤当然不会破了　⑧瞌睡虫　⑨鞋底破了　⑩他在倒着走

猜成语　①知人善任　②水泄不通　③以文会友　④光阴似箭　⑤传经送宝　⑥以观后效　⑦寸铁杀人　⑧招摇撞骗　⑨言听计从

●中转站8

百科知识　①南京　②青海湖　③山东　④《孙子兵法》　⑤它一直上升，最后爆炸　⑥42千米　⑦先开显示器，后开主机　⑧重庆　⑨喜鹊　⑩汗水含有盐分

脑筋急转弯 ①是平字 ②马路上的安全岛 ③是企鹅 ④动物园园长 ⑤答案 ⑥电影中的人 ⑦记者 ⑧打电话的人 ⑨日报 ⑩只要用树叶盖住眼睛

猜成语 ①七上八下 ②三姑六婆 ③可歌可泣 ④悲喜交加 ⑤奴颜媚骨 ⑥高人一等 ⑦拖拖拉拉 ⑧好为人师 ⑨喜闻乐见

●中转站9

百科知识 ①为了排出体内多余的盐分 ②猫眼石、祖母绿、金刚宝石、蓝宝石、红宝石 ③文昌鱼 ④狼蛛 ⑤杜鹃 ⑥电鳐和电鳗 ⑦错，企鹅生活在南极 ⑧始祖鸟 ⑨娃娃鱼 ⑩肺

脑筋急转弯 ①朝地 ②害怕咬到自己的手 ③0 ④打国际长途电话 ⑤口罩 ⑥捡起来 ⑦晕过去了 ⑧逃跑的犯人名字叫“都” ⑨ 当然叫小明 ⑩跑去捉老鼠

猜成语 ①囊空如洗 ②不可开交 ③黑白不分 ④战战兢兢 ⑤遮风挡雨 ⑥隐恶扬善 ⑦好说歹说 ⑧抱成一团 ⑨有去无回

●中转站10

百科知识 ①吉祥如意 ②尤伯杯 ③阿波罗11号 ④马上盖上锅盖 ⑤立即用冷水冲洗伤口 ⑥微萍 ⑦一定要及时到防疫部门处理伤口并注射狂犬疫苗 ⑧60 ⑨1997年7月1日 ⑩珠穆朗玛峰

脑筋急转弯 ①右边耳朵 ②再买一根 ③稀饭，物以稀为贵 ④苹果熟了的时候 ⑤一个洞 ⑥死鱼 ⑦生日是2月29日 ⑧吃的康师傅嘛 ⑨ 因为小王爱骂人，所以别人说他口臭 ⑩因为鸡蛋被扔到2米开外的时候还没落地

猜成语 ①犹豫不定 ②人财两空 ③乱臣贼子 ④平安无事 ⑤生搬硬套 ⑥照单全收 ⑦稳扎稳打 ⑧顾此失彼 ⑨深入浅出

●中转站11

百科知识 ①1924年 ②乒乓球 ③居里夫人 ④曼陀罗 ⑤维生素D ⑥京杭大运河 ⑦13亿 ⑧秦始皇兵马俑博物馆 ⑨它一直处于警惕状态 ⑩胡萝卜

脑筋急转弯 ①帐篷被人偷走了 ②拿一根更长的棍子和它一比不就短了吗 ③因为眼睛长在前面 ④绝路 ⑤两个半小时不就是一个小时吗 ⑥骗子 ⑦因为他们是母子关系 ⑧阿拉伯数字 ⑨ 因为书就放在墙角 ⑩保持呼吸，不要断气

猜成语 ①物以类聚 ②应有尽有 ③炙手可热 ④大器晚成 ⑤燕语莺声 ⑥奋起直追 ⑦常来常往 ⑧溃不成军 ⑨屡战屡败

●中转站12

百科知识 ①通过安全通道有秩序下楼逃生 ②30分钟 ③早晚刷牙 ④至少两米 ⑤神经系统 ⑥钨丝升华 ⑦黑色衣服热，因为黑色更容易吸收热量 ⑧因为光速快于音速 ⑨古埃及、古巴比伦、古印度、中国 ⑩东汉蔡伦

脑筋急转弯 ①登上月球时 ②圣诞老人 ③射击 ④人本来就只有一只左眼睛 ⑤假牙 ⑥推开门 ⑦她吃瓜子 ⑧魔术师 ⑨有，里面和外面 ⑩会被偷走

猜成语 ①三令五申 ②有棱有角 ③粗枝大叶 ④逍遥法外 ⑤一纸空文 ⑥茅塞顿开 ⑦齐心协力 ⑧不遗余力 ⑨放虎归山

侦探推理小故事（书房迷案） 外面有大风，而落地窗一直打开，所以，燃烧着的蜡烛应该很快就被熄灭，可是桌上却有一大堆烛液，显然有问题。

●中转站13

百科知识 ①桑树 ②原子弹、氢弹、人造地球卫星 ③光合作用 ④冬至 ⑤北宋毕昇 ⑥中央处理器（CPU） ⑦条形码 ⑧青蛙 ⑨自西向东 ⑩热带、温带、寒带

脑筋急转弯 ①左手拿蛋右手扔石头，鸡蛋怎么会破？ ②四个 ③一个内裤穿里面，一个穿外面 ④得胃肠炎的人 ⑤老天爷 ⑥祖孙3人 ⑦药房 ⑧强盗杀人犯被拉出去枪毙了 ⑨把裤子前后反着穿 ⑩仍然仅需5只鸡

猜成语 ①生死与共 ②众矢之的 ③弹丸之地 ④妖言惑众 ⑤尸位素餐 ⑥妖里妖气 ⑦燃眉之急 ⑧鸡犬不宁 ⑨心里有底

●中转站14

百科知识 ①李贺、杜牧 ②敬爱父母老人礼仪、关爱兄弟姐妹礼仪、家庭餐饮礼仪、家庭供宾客礼仪、家庭电话礼仪、邻里之间礼仪 ③貂蝉、王昭君、西施、杨贵妃 ④投递局 ⑤尼罗河 ⑥24个 ⑦空气的振动 ⑧月球引力 ⑨对 ⑩南极

脑筋急转弯 ①洞 ②用一个个洞做成的 ③问老师啊，作业是老师留的 ④自己的葬礼 ⑤他们都交的白卷 ⑥就是五角和五分，五角当然不是五分啦 ⑦和尚 ⑧因为当时的比赛规则是只许用狗刨，不许用蛙泳 ⑨那是考卷上的“大鸭蛋” ⑩因为睁着眼睛会吓死人的

猜成语 ①一目了然 ②理所当然 ③囤积居奇 ④钢筋铁骨 ⑤鬼哭神嚎 ⑥招摇过市 ⑦步步为营 ⑧包藏祸心 ⑨无懈可击

●中转站15

百科知识 ①北冰洋 ②松、梅、竹 ③梅、兰、竹、菊 ④笔、墨、纸、砚 ⑤蒙恬 ⑥火药、指南针、造纸术和印刷术 ⑦古筝 围棋 ⑧长江 ⑨珠穆朗玛峰 ⑩牡丹

脑筋急转弯 ①因为手太黑 ②两个 ③大理石沉入太平洋 ④有只小蚂蚁在说谎 ⑤蜗牛⑥因为小明不小心吃下一块鱼骨头 ⑦天书 ⑧一年中的最后一天，因为他跨越到第二年 ⑨安哥拉兔身上 ⑩它脑袋里灌水了

猜成语 ①粉身碎骨 ②光彩夺目 ③无字天书 ④一声不响 ⑤混淆黑

白 ⑥信口雌黄 ⑦不正之风 ⑧谈笑风生 ⑨老当益壮

侦探推理小故事（发黄的字据） 如果是10年前的字据，并且是叠起来保存的话，就应当是外面发黄，里面还是白的。而这张字据里外都呈黄色。经审问，张某终于招供：去年他和汪某立字据，有意将时间漏写，拿回家去补填了10年前日期，并用茶汁将字据染色，使纸变黄。

逻辑推理故事 先运猫过河后回来带狗，把狗运过去后把猫换上船，把猫带回来后换上鱼，把鱼送过去后最后回来运猫

●中转站16

百科知识 ①重庆、南京、武汉 ②七种 ③60亿 ④《三字经》 ⑤18 ⑥铅 ⑦瑞典 ⑧《红楼梦》《西游记》《水浒传》《三国演义》 ⑨《西游记》 ⑩魏国、蜀国、吴国

脑筋急转弯 ①亲戚关系 ②8个角，8条边 ③他写的是阿拉伯数字 ④黑鸡。因为黑鸡会下白蛋，白鸡不会下黑蛋 ⑤自己的右手 ⑥打开门后，发现蜈蚣还坐在门口穿鞋⑦脑筋 ⑧世界纪录 ⑨ 因为他是光头 ⑩病

猜成语 ①妙笔生花 ②执法如山 ③表里如一 ④继往开来 ⑤熟门熟路 ⑥此唱彼和 ⑦人云亦云 ⑧ 足智多谋 ⑨不冷不热

●中转站17

百科知识 ①武松 ②《义勇军进行曲》 ③奇峰、怪石、云海、温泉 ④施耐庵 ⑤吴承恩 ⑥曹操和刘备 ⑦关羽 ⑧冥王星 ⑨大气层 ⑩瓦特

脑筋急转弯 ①是鸵鸟 ②黑夜，地球的影子 ③要逃命 ④因为没人敢叫它起床 ⑤他转身向房间里跳的 ⑥影子 ⑦熊猫，它熬得眼圈都黑了 ⑧先送狗和白菜 ⑨ 监狱里的人 ⑩用力

猜成语 ①来者不拒 ②秀外慧中 ③取而代之 ④化整为零 ⑤龙楼凤池 ⑥以牙还牙 ⑦闭门谢客 ⑧称孤道寡 ⑨白玉无瑕

●中转站18

百科知识 ①内含一种对眼睛有害的紫外线 ②电视机的屏幕和图像都比较小，在黑暗中看，视力要高度集中和扩展，对电视机屏幕上的光线的强烈反映特别敏感，会使眼睛受到刺激，视力下降 ③朱德、彭德怀、贺龙、陈毅、刘伯承、罗荣桓、徐向前、聂荣臻、林彪、叶剑英 ④因为兔子的主食青菜里有大量水分，足够身体的需要了，如果肠里的水一多，就会患肠胃炎。但兔子体内缺水时，也是可以喝水的 ⑤指太空很小的固体或尘埃闯入地球大气层所产生的光迹 ⑥王安石 ⑦西班牙语⑧加拿大 ⑨ “瓷都”之称 ⑩《明史》

脑筋急转弯 ①因为人是猴子变的 ②出生时就有 ③因为那是潜水艇 ④火柴 ⑤因为他想到挖这么大的坑，可能会累死 ⑥温度 ⑦流星 ⑧他在洗别人的

衣服 ⑨状状是一只羊 ⑩因为树根本就不会跳

猜成语 ①大煞风景 ②同心协力 ③炎黄子孙 ④难解难分 ⑤膏泽脂香 ⑥故步自封 ⑦丹青妙手 ⑧移花接木 ⑨好自为之

●中转站19

百科知识 ①荷兰语 ②秦代 ③一氧化碳 ④1901 ⑤杜牧 ⑥120 ⑦因为鸟儿小，通过身体的电流小 ⑧60 ⑨39 ⑩29

脑筋急转弯 ①西瓜 ②人比太阳睡得晚 ③停在海滩上的船 ④还是一群 ⑤起床 ⑥没有彩色照片 ⑦“炒鱿鱼” ⑧想买一本书时，猛然发现包里没钱 ⑨餐厅里 ⑩借光

猜成语 ①笔下生花 ②快言快语 ③耳听八方 ④反面教材 ⑤鹤发童颜 ⑥老奸巨猾 ⑦可有可无 ⑧绘声绘色 ⑨口蜜腹剑

●中转站20

百科知识 ①稻子、黍子、高粱、麦子、豆子 ②中国 ③鲁迅 ④李时珍 ⑤对 ⑥芙蓉花 ⑦蜂鸟 ⑧晚上 ⑨是 ⑩塑料垃圾污染

脑筋急转弯 ①四个角的东西切去一个角 ②脾气 ③没有人知道 ④爆竹 ⑤不必担心被晒黑 ⑥田鸡 ⑦牙可以嚼出肉的老嫩 ⑧人造卫星 ⑨火葬 ⑩棺材

猜成语 ①美中不足 ②红装素裹 ③喋喋不休 ④清清楚楚 ⑤自圆其说 ⑥有求必应 ⑦师出无名 ⑧美不胜收 ⑨喜气洋洋

●中转站21

侦探推理小故事（钢笔破案） 原来，他用那支钢笔居然能写出字来，没戴笔帽过了一个礼拜的钢笔绝对不会有墨水的，只能证明遗书是刚写完的。那个报案人说了谎。

●中转站22

侦探推理小故事（地铁站的嫌疑犯） 第四个人。因为福尔摩斯想到嫌疑犯跑了很长一段路，一定气喘吁吁，而这六个人中，只有第四个人在大口大口地喘气，并试图用跑步取暖来掩饰，因此可以判断这个人就是嫌疑犯。

●中转站23

侦探推理小故事（玉雕） 其他人进来时雨伞是湿的，而小偷的雨伞是干的，证明他呆在这里一夜没出去。